UTB 3338

**Eine Arbeitsgemeinschaft der Verlage**

Böhlau Verlag · Köln · Weimar · Wien
Verlag Barbara Budrich · Opladen · Farmington Hills
facultas.wuv · Wien
Wilhelm Fink · München
A. Francke Verlag · Tübingen und Basel
Haupt Verlag · Bern · Stuttgart · Wien
Julius Klinkhardt Verlagsbuchhandlung · Bad Heilbrunn
Lucius & Lucius Verlagsgesellschaft · Stuttgart
Mohr Siebeck · Tübingen
Orell Füssli Verlag · Zürich
Ernst Reinhardt Verlag · München · Basel
Ferdinand Schöningh · Paderborn · München · Wien · Zürich
Eugen Ulmer Verlag · Stuttgart
UVK Verlagsgesellschaft · Konstanz
Vandenhoeck & Ruprecht · Göttingen
vdf Hochschulverlag AG an der ETH Zürich

**Für R. J. + 2 x D. J**

Hans-Joachim Jarchow

# Grundriss der Geldpolitik

9., aktualisierte und neu bearbeitete Auflage

Lucius & Lucius · Stuttgart

Anschrift des Autors:

Prof. Dr. Hans-Joachim Jarchow
Ludwig-Beck-Straße 11
37075 Göttingen

Jarchow.Goe@t-online.de

Hans-Joachim Jarchow, geb. 1935 in Oldenburg/H., studierte Betriebswirtschaftslehre und Volkswirtschaftslehre an den Universitäten Hamburg und Kiel und schloss sein Studium 1959 mit dem volkswirtschaftlichen Diplomexamen in Kiel ab. Nach seiner Promotion zum Dr. sc. pol. (1961) war er zunächst Assistent, später Oberassistent bei E. Schneider und Direktionsassistent am Institut für Weltwirtschaft in Kiel. 1966 habilitierte er sich in Kiel mit einer geldtheoretischen Arbeit. 1967 übernahm er einen volkswirtschaftlichen Lehrstuhl an der Universität Göttingen. Seit 2003 ist er emeritiert. – Veröffentlichungen insbesondere über Geldtheorie, Außenwirtschaftstheorie und internationale Währungspolitik.

Bibliographische Information der Deutschen Nationalbibliothek

Die Deutsche Nationalbibliothek verzeichnet diese Publikation in der Deutschen Nationalbibliographie; detaillierte bibliographische Daten sind im Internet über http://dnb.ddb.de abrufbar

ISBN 978-3-8282-0494-2 (Lucius)
ISBN 978-3-8252-3338-9 (UTB)



Druck und Einband: F. Pustet, Regensburg
Printed in Germany

UTB-Bestellnummer: ISBN 978-3-8252-3338-9

# Vorwort

Vorläufer dieser Veröffentlichung sind sieben Auflagen eines UTB-Bandes zur Geldpolitik. Sie befassten sich mit der Frage: In welchem Rahmen, wo, womit und wie wird Geldpolitik betrieben. Ihre Beantwortung erfolgte im Rahmen der deutschen Geldpolitik. Nach Bildung der Europäischen Wirtschafts- und Währungsunion und der Errichtung der Europäischen Zentralbank wurde eine umfassende Neubearbeitung erforderlich, wobei der Geldpolitik-Band in die 11. Auflage des UTB-Lehrbuchs „Theorie und Politik des Geldes“ integriert wurde. Nachdem dieses Buch seit einiger Zeit vergriffen ist, wird der Geldpolitik-Teil als selbständiger Band unter dem Titel „Grundriss der Geldpolitik“ in Form der 9., aktualisierten und neu bearbeiteten Auflage fortgeführt. Dem Geldpolitik-Band wird ein Geldtheorie-Band folgen, der ebenfalls aus der 11. Auflage der „Theorie und Politik des Geldes“ hervorgegangen ist. Sein Erscheinen unter dem Titel „Grundriss der Geldtheorie“, 12., neu bearbeitete und wesentlich erweiterte Auflage ist ebenfalls für 2010 vorgesehen.

*Kapitel I* des vorliegenden Bandes befasst sich mit *institutionellen und konzeptionellen Aspekten der Geldpolitik*. Der institutionelle Aspekt betrifft einen Eckpfeiler der Geldverfassung: die politische Unabhängigkeit der Zentralbank. Insbesondere wird ihre Bedeutung im Zusammenhang mit der Preisniveaustabilisierung hervorgehoben. Der konzeptionelle Aspekt bezieht sich auf die geldpolitische Strategie der Zentralbank, wobei einführend auf die Frage „Geldmengenfixierung versus Zinsfixierung“ auf der Basis der Pooleschen Regel eingegangen wird und danach insbesondere folgende Konzepte behandelt werden: das Wechselkursziel und Geldmengenziel sowie das Konzept der Preislücke bzw. P*-Konzept, das direkte Inflationsziel und geldpolitische Regeln vom Taylor-Typ. Da zeitliche Verzögerungen geldpolitischer Maßnahmen auf geldpolitische Endziele für die Anwendung einer geldpolitischen Strategie eine wichtige Rolle spielen, werden sie der Behandlung der angeführten Konzepte vorangestellt.

*Kapitel II* behandelt die *Deutsche Geldpolitik*. Die deutschen Erfahrungen machen deutlich, welche konkrete Bedeutung der Geldverfassung für den Erfolg oder Misserfolg der Geldpolitik zukommt. Ihre Darstellung ist dreigeteilt. Der erste Teil behandelt die Geldpolitik der Reichsbank von ihrer Errichtung als deutsche Notenbank im Jahre 1875 bis zum Ende des Zweiten Weltkrieges. Danach werden im zweiten Teil die Nachkriegsreformen beschrieben, die im Jahre 1948 in Westdeutschland zur Errichtung der Bank Deutscher Länder sowie zur Ersetzung der Reichsmark durch die Deutsche Mark führten und durch die im Jahre 1990 (als wichtiger Schritt zur Wiedervereinigung) ein einheitlicher deutscher Währungsraum geschaffen wurde. Der dritte Teil befasst sich mit der Geldpolitik der Deutschen Bundesbank (Nachfolgerin der Bank Deutscher Länder) und berücksichtigt dabei auch ihre veränderte Rolle seit Errichtung der Europäischen Wirtschafts- und Währungsunion (EWWU) im Jahre 1991.

Im Zentrum des Bandes steht die von der Europäischen Zentralbank (EZB) betriebene Geldpolitik. Da der *Geldmarkt im Euro-Währungsgebiet* operationaler Ansatzpunkt geldpolitischer Maßnahmen der EZB ist und damit die erste Stufe bei der Transmission geldpolitischer Impulse auf die Realwirtschaft darstellt, wird er in *Kapitel III* ausführlich beschrieben. Nach Abgrenzung des Geldmarktes wird zunächst kurz auf die Entstehung von Liquiditätsdivergenzen im Bankensystem eingegangen, da diese die Geldmarktaktivitäten begründen. Danach werden ausführlich die verschiedenen Formen von Geldmarktgeschäften behandelt, wobei zwischen dem unbesicherten und besicherten Geldhandel, dem Regulierungs-Geldmarkt, dem Markt für Geldmarktpapiere und dem Markt für Geldmarktderivate (Zinsswaps, Zinsfutures, Devisenswaps und Währungsswaps) unterschieden wird. Insofern bietet dieser Abschnitt auch eine Grundlage für die regelmäßig von der EZB veröffentlichten Studien zur jüngeren Geldmarktentwicklung im Euroraum. Schließlich werden noch die Bestimmungsfaktoren für das Zinsniveau auf dem Geldmarkt aufgezeigt, wobei zunächst die Bestimmungsfaktoren der Geldmarktsituation und danach der Einfluss der EZB-Politik auf die Zinsbildung auf dem Geldmarkt, genauer: auf den ihr als Operationsziel dienenden Tagesgeldsatz, herausgestellt werden.

In *Kapitel IV* steht die Europäische Zentralbank im Mittelpunkt der Ausführungen. Sie befassen sich mit der *Europäischen Geldpolitik*, genauer: mit der Geldpolitik des Eurosystems. Das Eurosystem besteht aus der Europäischen Zentralbank als zentraler Schaltstelle und den nationalen Zentralbanken jener EU-Mitglieder, die der EWWU beigetreten sind und damit den Euro eingeführt haben. Es ist für die einheitliche Geldpolitik im Euro-Währungsgebiet zuständig. Bei der Darstellung der Europäischen Geldpolitik wird wie folgt vorgegangen: Zunächst werden die Ziele, Aufgaben und Organisation des im EG-Vertrag vereinbarten Europäischen Systems der Zentralbanken (ESZB) beschrieben, danach wird auf die von der Europäischen Zentralbank verfolgte geldpolitische Strategie eingegangen, und den größten Raum nimmt dann eine ausführliche Behandlung des dem Eurosystem zur Verfügung stehenden geldpolitischen Instrumentariums ein. Dabei finden die Auswirkungen der globalen Finanzkrise, wie schon bei der Behandlung des Euro-Geldmarktes, auch im Zusammenhang mit den geldpolitischen Gegenmaßnahmen der EZB eingehend Berücksichtigung.

Sämtliche institutionelle Regelungen im Bereich der Geldpolitik und davon abhängige Darstellungen, z. B. im Bereich des Geldmarktes, wurden so verändert bzw. angepasst, dass sie dem *Stand von Herbst 2009* entsprechen. Darüber hinausgehende Aktualisierungen des Stoffes findet der Leser auf der Internetseite: www.utb.de/jarchow.pdf.

Zu danken habe ich meinen ehemaligen Mitarbeitern Professor Dr. N. Angermüller, Dr. G. Grebe und Professor Dr. J. Graf Lambsdorff, ersteren für spezielle Auskünfte zu Geldmarktgeschäften, Letzterem für eine empirische Schätzung. Herr Dr. A. Worms, Deutsche Bundesbank, hat mir durch eine ausführliche, präzise Beantwortung eines Fragenkatalogs zur Eigenkapitalunterlegung von Geldmarktgeschäften sehr geholfen. Herr Dr. U. Bindseil, Europäische Zentralbank, hat eingehend Fragen im Zusammenhang mit den EZB-Ankäufen von gedeckten Schuldverschreibungen beantwortet und mir ein ergiebiges Manuskript zu Outright-Ankäufen von Wertpapieren durch Zentralbanken als Reaktion auf die globale Finanzkrise zur Verfügung gestellt. Beiden bin ich zu großem Dank verpflichtet.

Frau B. Heitmann vom Lehrstuhl meines Nachfolgers half mir bei der redaktionellen Arbeit immer dann weiter, wenn der PC nicht das tat, was ich von ihm wollte. Auch dafür bedanke ich mich. Last not least habe ich meiner Frau D. Jarchow für das Korrekturlesen des gesamten Manuskripts und der Fahnen zu danken.

Göttingen, im November 2009 Hans-Joachim Jarchow

# Zeittafel zur Geldverfassung

| | |
|---|---|
| 1871 | **Münzgesetze** (Etablierung der Goldwährung für das Deutsche Reich mit der Mark als Recheneinheit) |
| Januar 1876 | **Inkrafttreten des Bankgesetzes von 1875 zur Gründung der Reichsbank** (Goldeinlösungspflicht der Noten, Dritteldeckung u.a.) |
| 1923 | **Hyperinflation in Deutschland** |
| November 1923 | **Stabilisierung durch die Rentenmark** (1 Rentenmark = 1 Billion Mark) |
| August 1924 | **Neues Bankgesetz** (Reichsmark als Recheneinheit; Restauration der Goldwährung; Unabhängigkeit der Reichsmark wie schon im Autonomiegesetz von 1922) |
| Juni 1939 | **Neues Reichsbankgesetz** (Reichsbank wird endgültig zu einer weisungsgebundenen Reichsbehörde) |
| März 1948 | **Gründung der Bank Deutscher Länder** (Zweistufiges Zentralbanksystem für die westlichen Besatzungszonen) |
| Juni 1948 | **Währungsreformen in den west- und östlichen Besatzungszonen** (Deutsche Mark als Recheneinheit) |
| Juli 1957 | **Errichtung der Deutschen Bundesbank** (Einstufiges Zentralbanksystem für die Bundesrepublik Deutschland) |
| März 1979 | **Inkrafttreten des Europäischen Währungssystems** (Block-Floating im Rahmen der Europäischen Gemeinschaft; Einführung der Europäischen Währungseinheit ECU) |
| Juli 1990 | **Deutsche Währungsunion** (Einheitlicher Währungsraum für die Bundesrepublik und die DDR) |
| Dezember 1991 | **Vertrag von Maastricht** (Vollendung der Europäischen Wirtschafts- und Währungsunion) |
| Juni 1998 | **Errichtung des Europäischen Systems der Zentralbanken mit der Europäischen Zentralbank** (EZB) |
| Januar 1999 | **Beginn der gemeinsamen Geldpolitik** (Eintritt in die dritte Stufe der Europäischen Währungsunion) |
| Januar 2002 | **Einführung der Euro-Noten und -Münzen im Euro-Währungsgebiet** |

# Inhaltsverzeichnis

## *Kapitel I*

# Institutionelle und konzeptionelle Aspekte der Geldpolitik

Der in diesem Kapitel zu behandelnde *institutionelle* Aspekt bildet einen Eckpfeiler der Geldverfassung: die Unabhängigkeit der Zentralbank bei der Verfolgung wirtschaftspolitischer Endziele von Weisungen politischer Instanzen (politische Unabhängigkeit). Der *konzeptionelle* Aspekt beinhaltet die geldpolitische Strategie einer Zentralbank. Da hierfür zeitliche Verzögerungen geldpolitischer Maßnahmen in ihrer Wirkung auf geldpolitische Endziele eine wichtige Rolle spielen, werden sie der Behandlung der geldpolitischen Strategie vorangestellt.

## 1. Zur politischen Unabhängigkeit der Zentralbank

Aufgabe und Handlungsspielraum der Zentralbank sind für die Durchführung der Geldpolitik wesentlich. Wie in Kapitel II noch ausgeführt wird, war die zentrale Aufgabe der Deutschen Bundesbank *„die Sicherung der Währung"*, von der Bundesbank als Geldwertstabilität bzw. Preisniveaustabilität interpretiert. Bei der Erfüllung dieser Aufgabe war sie - wie ebenfalls in Kapitel II dargelegt wird - von Weisungen der Bundesregierung unabhängig. Preisniveaustabilität ist auch das vorrangige Ziel für die Europäische Zentralbank, und bei der Erfüllung dieser Aufgabe ist sie ebenfalls politisch unabhängig (siehe hierzu Unterabschnitt IV. 1a)). Genauer betrachtet, besteht für die Europäische Zentralbank (wie früher für die Deutsche Bundesbank) *Zielabhängigkeit* (goal dependence), da ihr die Verfolgung der Preisniveaustabilität als vorrangige Aufgabe durch Gesetz vorgegeben ist. In Bezug auf die *Realisierung* dieses Ziels durch den Einsatz ihres geldpolitischen Instrumentariums ist sie jedoch (wie früher auch die Deutsche Bundesbank) weisungsunabhängig, d.h. sie besitzt *Instumentenunabhängigkeit* (instrument independence)[1]. Wie sich diese Form politischer Unabhängigkeit begründen lässt, ist eine Frage, auf die im Folgenden näher eingegangen wird.

---

[1] Zur Ziel- und Instrumentenunabhängigkeit siehe F. S. MISHKIN, What Should Central Banks Do? „Federal Reserve Bank of St. Louis Review", Vol. 82, No. 6, (2000), S. 5 f., 9 f.

## a) Begründung der Zentralbankunabhängigkeit

Dass die Notenbank politisch unabhängig ist und damit eigenständig Geldpolitik betreiben kann, ist keine Selbstverständlichkeit[2]. Vielmehr liegt es in einer demokratischen Gesellschaftsordnung nahe, die Legitimation dieser besonderen Rolle in Frage zu stellen, zumal andere Bereiche der Wirtschaftspolitik allgemein als Angelegenheit des Parlaments bzw. der Regierung angesehen werden, z.B. die Fiskalpolitik und damit die Entscheidungen über Art und Umfang von Staatsausgaben und Steuern. Daneben könnte es auch wegen zu vermutender Koordinationsschwierigkeiten bedenklich erscheinen, Geld- und Fiskalpolitik unterschiedlichen Trägern zuzuordnen.

Dem durchaus gewichtigen staatspolitischen Argument kann man zunächst einmal entgegenhalten, dass die Unabhängigkeit der Zentralbank - wenn sie besteht - auf einem vom Parlament ratifizierten Gesetz beruht, ihre Basis also demokratisch legitimiert ist. Für die Begründung der Zentralbankautonomie ergeben sich weitere Argumente, wenn man bedenkt, dass es in einem demokratischen System auch andere Institutionen gibt, die wichtige öffentliche Aufgaben erfüllen und dabei politisch unabhängig entscheiden, z.B. die *Justiz*. Die Justiz schafft Rechtssicherheit, indem sie für die Einhaltung der vom Gesetzgeber vorgegebenen Rechtsordnung sorgt. Sie stellt damit eine für alle Mitglieder der Gesellschaft vorteilhafte Rahmenbedingung her. Dabei wendet der Richter im Idealfall nur das von der Legislative vorgegebene Recht an, ohne selbst wertbehaftete Abwägungen vorzunehmen[3]. In Analogie[4] hierzu könnte man die Unabhängigkeit der Notenbank begründen: Preisniveaustabilität wird vom Gesetzgeber, sofern von der Gesellschaft allgemein als vorteilhaft angesehen[5], als Ziel kodifiziert und der Notenbank die Aufgabe übertragen, dieses Ziel zu realisieren. Dabei lassen sich wertbehaftete Interessenabwägungen bei geldpolitischen Maßnahmen eher vermeiden, wenn die Notenbank in Hinblick auf die Geldmengenentwicklung eine langfristig orientierte Verstetigungspolitik verfolgt. Diese Auffassung ließe sich mit der verbreiteten, durch den Monetarismus wiederbelebten Ansicht begründen, dass Geldmengenänderungen zwar *vorübergehend* Produktion, Beschäftigung und Realeinkommen beeinflussen, auf *lange Sicht* aber nur die Preisentwicklung. Ist die Geldmenge somit langfristig *neutral* in Bezug auf Höhe, Verwendung und Verteilung des realen Inlandsprodukts, dann kann die Zentralbank das vorgegebene Ziel der Preisniveaustabilität verfolgen, ohne wegen wirtschaftspolitisch

---

2 Vgl. hierzu R. Caesar, der die Unabhängigkeit der Notenbank im Endergebnis befürwortet (Die „Autonomie" der Deutschen Bundesbank - Ein Modell für Europa? In: Europäische Zentralbank. Europas Währungspolitik im Wandel. (Hrsg. v. R. H. Hasse, W. Schäfer). Göttingen 1990. S. 117 f.).

3 Vgl. hierzu die Überlegungen von J. M. Buchanan, The Limits of Liberty. Between Anarchy and Leviathan. Chicago, London 1975, S. 68 ff.

4 Vgl. zu dieser Betrachtung G. Engel, Verstetigung des Geldmengenwachstums und politische Unabhängigkeit der Zentralbank. „Kredit und Kapital", 17. Jg. (1984), S. 546 ff.

5 Zur Begründung der Preisniveaustabilität siehe im Einzelnen H.-J. Jarchow, Theorie und Politik des Geldes. 11., neu bearb. u. wesentlich erw. Aufl. Göttingen 2003. S. 311 ff.

relevanter Nebenwirkungen ihrer Maßnahmen Ermessensentscheidungen treffen zu müssen[6].

Neben diesen Erwägungen gibt es weitere Argumente, die für eine Unabhängigkeit der Zentralbank sprechen. Abgesehen davon, dass die Zentralbank im Allgemeinen *schneller* geldpolitische Entscheidungen treffen kann als ein Parlament oder eine Regierung, laufen diese Gründe letztlich darauf hinaus, einem unabhängigen Expertengremium eher eine *kontinuierliche* Durchsetzung der Preisniveaustabilisierung zuzutrauen als politischen Instanzen. Diese Vorstellung lässt sich aus theoretischer Sicht in *zweierlei* Weise begründen: Eine Möglichkeit hierzu bieten Überlegungen, die auf einem monetaristischen Angebots-Nachfrage-Modell mit extrapolativen bzw. adaptiven (also *vergangenheitsorientierten*) Inflationserwartungen basieren[7] und zusätzlich bestimmte Erwägungen der an einer Wiederwahl interessierten Politiker berücksichtigen. Die oben schon angedeutete zeitliche Verteilung der Geldmengeneffekte spielt dabei eine wichtige Rolle. Bei einer Geldmengenexpansion entstehen kurzfristig (und vorübergehend) Produktions- und Beschäftigungsgewinne; langfristig ergibt sich dagegen nur eine Inflationserhöhung. Bei einer Geldmengenkontraktion tritt kurzfristig eine Stabilisierungskrise mit rückläufiger Produktion und Beschäftigung ein; erst langfristig geht dann die Inflationsrate zurück. Politiker, deren Entscheidungen durch die begrenzte Legislaturperiode und den Wunsch nach Wiederwahl nicht unbeeinflusst bleiben, werden bei dieser zeitlichen Verteilung der Geldmengeneffekte dazu neigen, im Allgemeinen eine Geldmengenexpansion gegenüber einer Geldmengenkontraktion zu *präferieren*. Die Begründung hierfür liegt nahe: Bei einer Geldmengenexpansion kommt zunächst der wirtschaftspolitische Erfolg, nämlich eine Stimulierung von Produktion und Beschäftigung; erst später - möglicherweise nach erfolgter Wiederwahl - stellt sich das ungünstige Endergebnis ein, die Erhöhung der Inflationsrate. Bei einer Geldmengenkontraktion verhält es sich genau umgekehrt: Zunächst ergibt sich eine unerwünschte Wirkung, nämlich eine rückläufige Produktion und Beschäftigung; erst später - möglicherweise nach verlorener Wahl - wird der Erfolg der Politik sichtbar, die angestrebte Reduktion der Inflationsrate[8].

Die Vermutung einer inflationsträchtigen Geldpolitik bei politisch abhängiger Zentralbank lässt sich - neueren Ansätzen folgend - aber auch durch eine Argumentation stützen, die mit der rationalen Erwartungshypothese *zukunftsorientierte* Inflationserwartungen unterstellt und auf dem Modell der Neuen klassischen Makroökonomik basiert[9]. In diesem Modell führt eine nicht antizipierte

6 *Fiskalpolitische Maßnahmen*, mit denen beispielsweise Vollbeschäftigung herbeigeführt werden soll, haben demgegenüber auch auf lange Sicht wirtschaftspolitisch relevante Nebenwirkungen. So beeinflusst eine Senkung der Steuern die personelle Einkommensverteilung und bewirkt zudem (wie eine Staatsausgabenerhöhung) eine andere Verwendung des realen Inlandsprodukts, z.B. einen Anstieg des privaten Konsums (bzw. der Staatsausgaben) und (zinsinduziert) eine Abnahme privater Investitionen.

7 Siehe JARCHOW, Theorie und Politik des Geldes, a.a.O., S. 256 ff.

8 Die zeitliche Entwicklung der *Zinsänderungen* dürfte die Argumentation unterstützen: Bei einer Geldmengenexpansion sinkt der Zinssatz zunächst, später steigt er wieder an; bei einer Geldmengenkontraktion ist es umgekehrt.

9 Siehe hierzu JARCHOW, Theorie und Politik des Geldes, a.a.O., S. 270 ff.

Änderung des Geldmengenwachstums im Wege einer Überraschungsinflation zu einer (kurzfristigen) Stimulierung von Produktion und Beschäftigung. Diese Möglichkeit werden jedoch – anders als bei nur vergangenheitsorientierter Erwartungsbildung – rationale Wirtschaftssubjekte in ihr zukunftsorientiertes Erwartungskalkül einbeziehen, und zwar insbesondere dann, wenn die Zentralbank *politisch abhängig* ist und deshalb kurzfristige beschäftigungspolitische Erwägungen der auf ihre Wiederwahl bedachten Politiker für die Entscheidungen innerhalb der Zentralbank besonderes Gewicht erhalten. Bekenntnissen zur Geldwertstabilität begegnen die privaten Wirtschaftssubjekte deshalb mit Skepsis, müssen sie doch befürchten, dass die Zentralbank nach einer Stabilisierung der *Inflationserwartungen* auf einem niedrigeren Niveau (und nach Abschluss darauf basierender Lohnkontrakte) wegen kurzfristiger Beschäftigungserfolge – entgegen ihren Bekundungen – einen expansiven Kurs einschlägt. Sie erkennen also die sog. **Zeitinkonsistenz**[10] der Zentralbankstrategie; und die hierdurch bedingten Glaubwürdigkeitsverluste der Zentralbank erschweren deren Bemühungen, Inflationserwartungen nach unten zu korrigieren[11]. Niedrige Inflationserwartungen erfordern deshalb eine glaubwürdige Antiinflationspolitik, und Glaubwürdigkeit wird durch politische Unabhängigkeit der Zentralbank gefördert.

Die bisherigen Überlegungen führen wegen der zu vermutenden Präferenz der Politiker für expansive geldpolitische Maßnahmen zu der Hypothese, dass inflationäre Entwicklungen in Ländern mit einer politisch abhängigen Zentralbank stärker ausgeprägt sind als in den anderen Ländern. Für diese Hypothese spricht noch ein weiteres Argument. Auch die *Budgetfinanzierung* stellt für Politiker nicht selten eine Versuchung dar, aus kurzfristigen Erwägungen eine Geldmengenexpansion zu betreiben und dabei die langfristigen Inflationseffekte außer Acht zu lassen. Bietet ihnen Geldschöpfung doch zumindest kurzfristig die Möglichkeit, Ausgabeneinschränkungen und Steuererhöhungen zu vermeiden sowie Zinssteigerungen entgegenzuwirken, die bei einer Deckung des Finanzierungsbedarfs durch Begebung von Anleihen zu erwarten wären. Außerdem lassen sich Geldschöpfungsgewinne in Form der sog. Seigniorage[12] realisieren. Für die Verursachung inflationärer Entwicklungen auf Grund von Budgetproblemen ist es dabei unerheblich, ob die Zentralbank veranlasst wird, die Notenpresse zu bedienen, Staatstitel von der Regierung anzukaufen oder expansive geldpolitische Maßnahmen zur Vermeidung eines Zinsanstiegs durchzuführen.

### b) Empirische Zusammenhänge

Für die Hypothese, dass eine politische Abhängigkeit der Zentralbank die Inflationsgefahr vergrößert, gibt es *empirische Belege.* Die Abb. I.1 stellt für den Zeitraum von 1973 bis 1986 die durchschnittliche Inflationsrate und Arbeitslo-

---

10 Siehe hierzu genauer ebenda, S. 285.

11 Wenn die Zentralbank zu einer kontraktiven Geldpolitik übergeht, um die Inflationsrate zu senken, dadurch aber nicht die *erwartete* Inflationsrate zurückgeht, ergibt sich eine Stabilisierungskrise, deren Ausmaß umso größer ist, je mehr die Inflationserwartungen verhärtet sind (vgl. hierzu ebenda, S. 268 ff.).

12 Zur *Seigniorage* siehe genauer ebenda, S. 304 ff.

senquote für 17 Länder mit einem unterschiedlichen Grad an politischer Unabhängigkeit ihrer Zentralbank dar. Wie man erkennen kann, fällt die Inflationsrate umso niedriger aus, je weniger politisch abhängig die Zentralbank ist[13]. Dementsprechend wiesen Länder mit dem höchsten Grad politischer Abhängigkeit ihrer Zentralbanken (wie z.B. damals Spanien) die größten Inflationsraten auf, während Länder mit dem geringsten Grad an Zentralbankabhängigkeit (wie u.a. die USA, die Schweiz und die Bundesrepublik Deutschland) in der Antiinflationspolitik am erfolgreichsten waren.

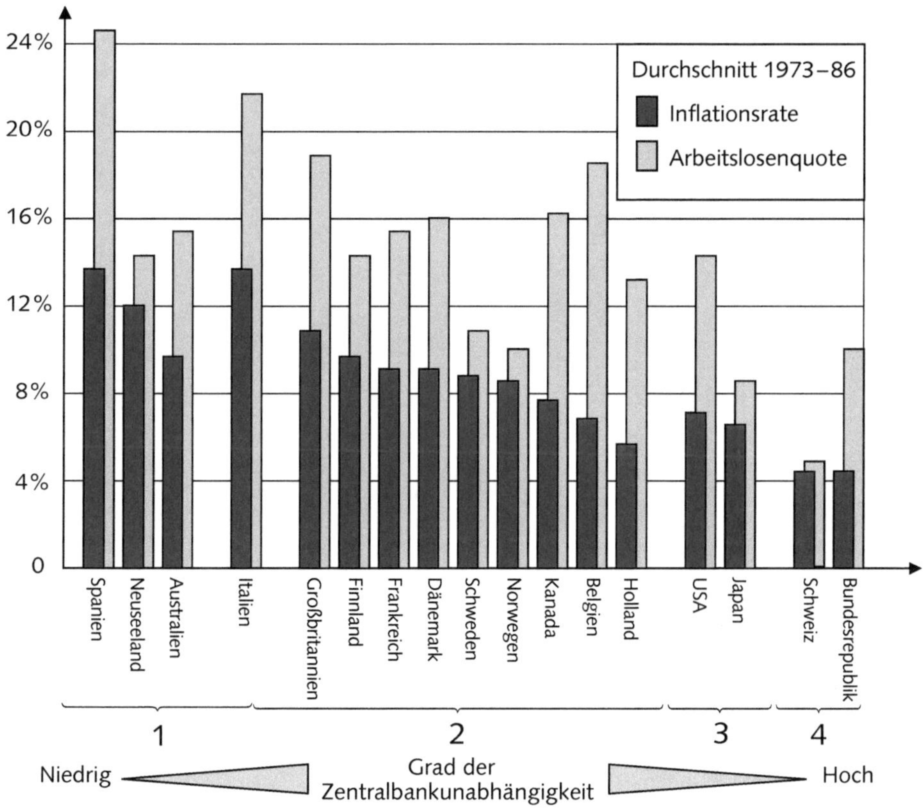


Abb. I.1: *Zentralbankunabhängigkeit, Inflationsrate und Arbeitslosenquote*[14]

[13] Dieses Ergebnis bestätigen für die achtziger Jahre A. Grilli, D. Masciandaro, G. Tabellini, Political and monetary institutions and public financial policies in the industrial countries, „Economic Policy", Vol. 13 (1991), S. 342 ff., insbesondere S. 373, 375. Siehe hierzu auch die graphische Darstellung bei M. C. Burda, C. Wyplosz, Makroökonomie. Eine europäische Perspektive. 2., völlig überarb. Aufl. München 2003. S. 494.

[14] Die durch das Schaubild ausgewiesenen Angaben beruhen auf Ergebnissen der Untersuchung von A. Alesina, Politics and business cycles in industrial democracies. „Economic Policy, A European Forum", Vol. 8, (1989), S. 80 f.

Daneben zeigt Abbildung I.1, dass niedrigere Inflationsraten - im Durchschnitt gesehen - nicht mit höheren Arbeitslosenquoten erkauft werden mussten[15].

Die o.a. Hypothese, dass eine politische Abhängigkeit der Zentralbank die Inflationsgefahr erhöht, lässt sich auch durch eine jüngere, 60 Länder umfassende Querschnittsanalyse empirisch untermauern. Dargestellt wird der Zusammenhang zwischen der durchschnittlichen Inflationsrate für den Zeitraum 1974-2007[16] und dem Grad der Zentralbankabhängigkeit[17].

Abb. I.2 lässt Folgendes erkennen: Länder mit einer weniger politisch abhängigen Zentralbank weisen typischerweise erheblich niedrigere Inflationsraten auf. Deutlich höhere Inflationsraten ergeben sich dagegen zumeist in Ländern mit

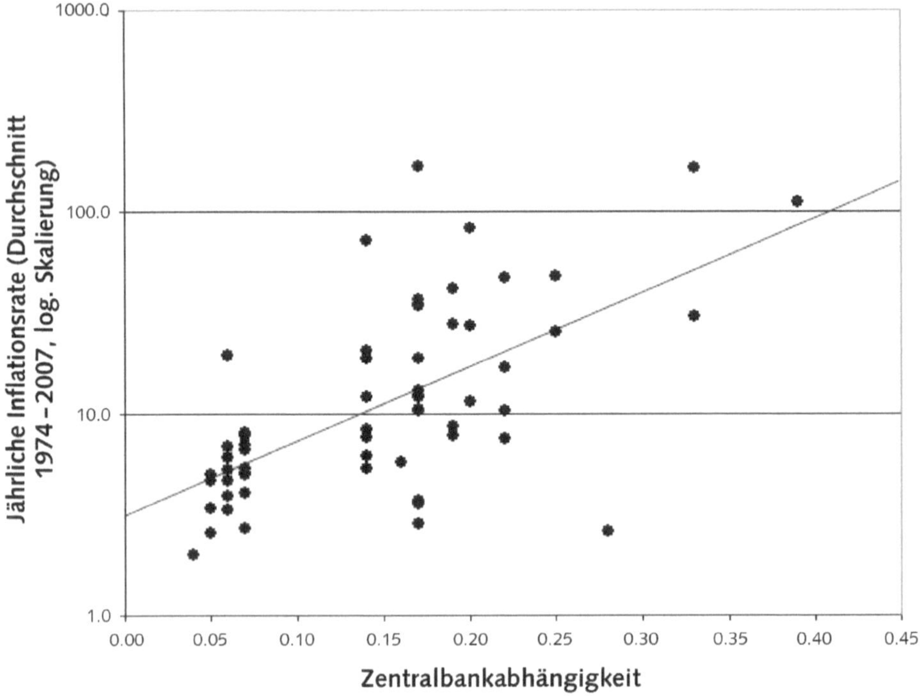


Abb. I.2: *Zentralbankabhängigkeit und Inflation*

15 Dem entspricht das Ergebnis bei GRILLI, MASCIANDARO, TABELLINI, a.a.O, S.375, dass von der Zentralbankunabhängigkeit kein systematischer Einfluss auf die Produktion ausgeht. Deshalb gelangen die drei Verfasser auch unter Berücksichtigung des inflationssenkenden Einflusses der Zentralbankunabhängigkeit zu der Aussage: „Thus having an independent central bank is almost like having a free lunch; there are benefits but no apparent costs in terms of macroeconomic performance".

16 Die entsprechenden Jahresangaben wurden entnommen aus: www.imfstatistics.org/imf/.

17 Die entsprechenden Angaben stammen aus D. ROMER, Openness and Inflation: Theory and Evidence. „Quarterly Journal of Economics", Vol. 108 (1993) S. 897 ff.

einem höheren Grad an politischer Abhängigkeit. Dementsprechend zeigt die dargestellte Regressionsgerade[18] auch einen positiven Anstieg.

Dass Geldschöpfung speziell im Zusammenhang mit der Finanzierung von *Budgetdefiziten* zu einer Quelle von Inflation werden kann, belegen schließlich auch Beispiele aus der deutschen Wirtschaftsgeschichte. Hierzu zählen insbesondere die Hyperinflation nach dem I. Weltkrieg mit ihrem Höhepunkt im November 1923 und die aus dem II. Weltkrieg resultierende starke Entwertung der Reichsmark, die 1948 zu einer Währungsreform führte. Diese besonderen Erfahrungen in Deutschland erklären mit, weshalb die deutsche Bevölkerung besonders sensibel auf Inflationsgefahren reagiert und in der öffentlichen Meinung wohl auch die Ansicht vorherrscht, dass die Sicherung der Geldwertstabilität einer politisch unabhängigen Notenbank überlassen werden sollte[19]. Diese durch Erfahrungen begründete und verbreitete Auffassung ist sicherlich ein wesentlicher Grund dafür, dass der Deutschen Bundesbank – auch im Ländervergleich – nicht nur ein hohes Maß an Unabhängigkeit zugestanden wurde, sondern sie diesen gesetzlich verankerten Handlungsspielraum auch erhalten und nutzen konnte.

## Zusammenfassung

Makroökonomische Erwägungen unter Berücksichtigung von (vergangenheitsbzw. zukunftsorientierten) Inflationserwartungen sowie Probleme der Budgetfinanzierung sprechen in Verbindung mit politökonomischen Erwägungen für die These, dass eine politische Unabhängigkeit der Zentralbank die Chancen für eine erfolgreiche Antiinflationspolitik verbessert. Empirische Belege stützen diese These.

---

18 Der Regressionsgeraden liegt folgende Regressionsgleichung zu Grunde:

$$\underset{}{\ln \pi = \underset{(0{,}23)}{-3{,}47} + \underset{(1{,}40)}{8{,}61}\,\delta}, \quad R^2 = 0{,}40,$$

wobei $\pi$ die Inflationsrate in v.H. darstellt (z.B. ergibt sich für Deutschland mit einer durchschnittlichen Inflationsrate von 2 Prozent der Wert 0,02), $\delta$ den Grad der *Zentralbankabhängigkeit* bezeichnet und die eingeklammerten Zahlen den Standardfehler angeben. Der Zusammenhang zwischen $\ln \pi$ und $\delta$ wird nur unwesentlich verändert, wenn weitere erklärende Variablen (wie das reale Bruttoinlandsprodukt/Kopf) in die Regression einbezogen werden.

19 Siehe hierzu auch CAESAR, a.a.O., S. 116.

## 2. Wirkungsverzögerungen in der Geldpolitik

Wie in der Einführung zu diesem Kapitel bereits erwähnt, spielen *zeitliche Verzögerungen* geldpolitischer Maßnahmen für die Konzipierung einer geldpolitischen Strategie eine wesentliche Rolle. Deshalb soll an diese Stelle etwas näher auf sie eingegangen werden: Anzunehmen ist, dass die Anpassungsvorgänge im Geschäftsbankenbereich, die durch geld- und währungspolitische Maßnahmen ausgelöst werden, bei den relevanten Variablen (insbesondere Zentralbankverschuldung und Kredite an Nichtbanken) mit unterschiedlicher Geschwindigkeit verlaufen[20]. So ist bei einem Zufluss an Zentralbankgeld bei den Geschäftsbanken infolge von Devisenankäufen der Zentralbank damit zu rechnen, dass zunächst die Zentralbankverschuldung angepasst wird und erst mit der Zeit die *Kreditgewährung* an Nichtbanken und damit auch das Geldangebot auf das der neuen Situation entsprechende Niveau gebracht werden. Dementsprechend ist zu vermuten, dass zwischen dem Zeitpunkt des Einsatzes geld- und währungspolitischer Aktionsparameter und dem Zeitpunkt, in dem eine spürbare Wirkung auf das Kredit- und Geldangebot eintritt, eine gewisse Zeit verstreicht. Diese auch als **intermediate lag** bezeichnete Verzögerung ist jedoch nicht die einzige für die Wirkungsweise der Geldpolitik relevante zeitliche Verzögerung (vgl. Schaubild I.3[21]).

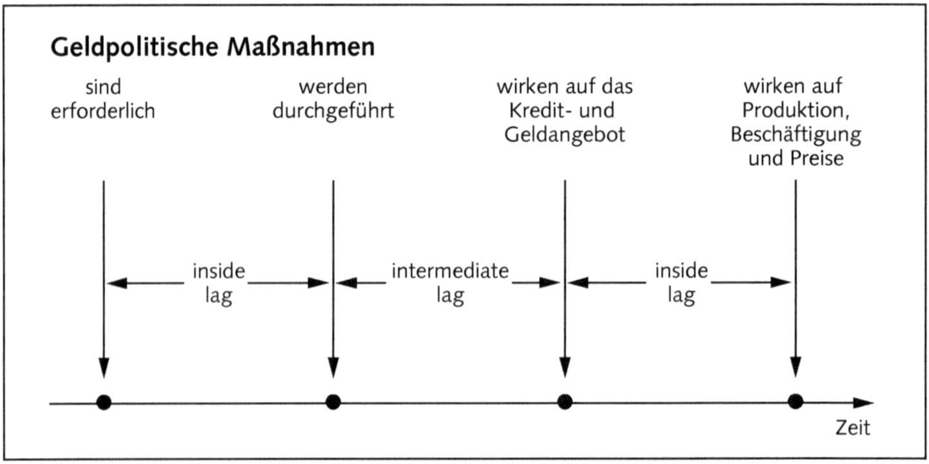


Abb. I.3: *Zeitliche Verzögerungen geldpolitischer Maßnahmen*

[20] Siehe hierzu Jarchow, Theorie und Politik des Geldes, a.a.O., S. 142 ff..

[21] Zu den Begriffen siehe: A. Ando, E. C. Brown, J. Kareken, R. M. Solow, Lags in Fiscal and Monetary Policy. In: Stabilization Policies. A Series of Research Studies Prepared for the Commission on Money and Credit, Englewood Cliffs, N. J., 1963, S. 2 ff. – Vgl. hierzu und zum Folgenden auch W. Neubauer, Strategien, Techniken und Wirkungen der Geld- und Kreditpolitik. Eine theoretische und empirische Untersuchung für die Bundesrepublik Deutschland. Göttingen 1972, S. 62 ff.

Dem *intermediate lag* zeitlich *vorgelagert* ist der sog. **inside lag**. Dieser bezeichnet die Periode zwischen dem Zeitpunkt der Notwendigkeit geld- und währungspolitischer Maßnahmen und dem Zeitpunkt des tatsächlichen Einsatzes geld- und währungspolitischer Aktionsparameter[22]. Dem *intermediate lag* zeitlich *nachgelagert* ist der sog. **outside lag**. Dieser umfasst die Periode zwischen dem Zeitpunkt der Änderung des Kredit- und Geldangebots der Geschäftsbanken und dem Zeitpunkt spürbarer Auswirkungen bei denjenigen Größen, die letztlich Ziel jeder wirtschaftspolitischen Aktivität sind, nämlich bei der gesamtwirtschaftlichen Produktion und Beschäftigung sowie beim Preisniveau bzw. der Inflationsrate. Dabei wird zunächst die Produktion, danach die Beschäftigung und erst später (etwa zwei bis drei Jahre nach Einsatz geld- und währungspolitischer Aktionsparameter) das Preisniveau bzw. die Inflationsrate reagieren.

## Zusammenfassung

Hinsichtlich der zeitlichen Verzögerungen (time lags) geldpolitischer Maßnahmen lassen sich unterscheiden: die Zeitspanne, die zwischen dem Zeitpunkt der Notwendigkeit geldpolitischer Maßnahmen und dem Zeitpunkt des Einsatzes geldpolitischer Aktionsparameter verstreicht (inside lag), die Zeitspanne, die zwischen dem Zeitpunkt des Einsatzes geldpolitischer Aktionsparameter und dem Zeitpunkt spürbarer Wirkungen auf das Kredit- und Geldangebot verstreicht (intermediate lag), und die Zeitspanne, die zwischen dem Zeitpunkt der Änderungen des Kredit- und Geldangebots und dem Zeitpunkt spürbarer Wirkungen auf die wirtschaftspolitischen Zielvariablen verstreicht (outside lag).

---

[22] Der *inside lag* kann in einen **recognition lag** (Erkennungsverzögerung) und in einen **administrative lag** (Handlungsverzögerung) weiter unterteilt werden. Ersterer bezeichnet die Periode zwischen dem Zeitpunkt der Notwendigkeit geldpolitischer Maßnahmen und dem Zeitpunkt, in dem diese Notwendigkeit erkannt wird; letzterer die Periode zwischen dem Zeitpunkt, in dem die Notwendigkeit geldpolitischer Maßnahmen erkannt wird, und dem Zeitpunkt des tatsächlichen Einsatzes geldpolitischer Aktionsparameter (vgl. W. L. SMITH, On the Effectiveness of Monetary Policy. „The American Economic Review", Vol. 46 (1956), S. 605).

## 3. Zur geldpolitischen Strategie

### a) Einführung

Eine geldpolitische Strategie beschreibt die konzeptionelle Vorgehensweise einer Zentralbank bei Verfolgung ihres wirtschaftspolitischen Endziels. Sie betrifft den geldpolitischen Entscheidungsprozess innerhalb der Zentralbank sowie die Darstellung und Begründung der Entscheidungen nach außen. Im Zusammenhang mit der geldpolitischen Strategie spielen insbesondere eine Rolle: Indikatoren, Zwischenziele, Einschätzungen der zukünftigen Inflation (Inflationsprognosen) und geldpolitische Regeln. Mit der Verwendung von Indikatoren und Zwischenzielen, d.h. von Variablen, die auf dem Übertragungsweg geldpolitischer Impulse den wirtschaftspolitischen Endzielen zeitlich vorgelagert sind, und mit Inflationsprognosen wird dem Umstand Rechnung getragen, dass der Einsatz des geldpolitischen Instrumentariums erst mit beträchtlicher Verzögerung auf wirtschaftspolitische Endziele wie die Inflationsrate einwirkt, wobei die time lags in ihrer zeitlichen Verteilung unsicher sind. Deshalb kann die Zentralbank ihre geldpolitischen Maßnahmen nicht an der aktuellen Entwicklung wirtschaftspolitischer Endziele orientieren.

Geldpolitische **Indikatoren** sind Größen, die signalisieren, wie geldpolitische Maßnahmen der unmittelbar zurückliegenden Vergangenheit (oder umfassender: Impulse aus dem monetären Bereich) auf die zukünftige Entwicklung der wirtschaftspolitischen Endziele einwirken. Eine Indikatorvariable hat also eine *Prognosefunktion* in der Informationsphase des geldpolitischen Entscheidungsprozesses. Geldpolitische **Zwischenziele** dienen den Trägern der Geldpolitik bei Verfolgung eines bestimmten geldpolitischen Kurses als Leitlinie für ihre *laufenden* geldpolitischen Aktionen. Mit dem Einsatz geldpolitischer Instrumente wird angestrebt, bestimmte Werte der Zwischenzielvariablen beizubehalten oder zu erreichen, um auf diese Weise die Realisierung der letztlich relevanten wirtschaftspolitischen Ziele zu gewährleisten. Eine Zwischenzielgröße hat also eine *Lenkungsfunktion*.

Auf das Indikatorproblem wird im Folgenden nicht weiter eingegangen. Mit der Behandlung der sog. POOLEschen Regel und der damit zusammenhängenden Frage „Geldmengenfixierung versus Zinsfixierung" werden die Ausführungen eingeleitet (siehe Unterabschnitt b). Die Behandlung von Zwischenzielgrößen beschränkt sich danach auf den Wechselkurs und die Geldmenge bzw. ihre Wachstumsrate[23]. Neben dem Wechselkurs- und dem Geldmengen(zwischen)ziel werden als weitere Konzepte einer geldpolitischen Strategie im Unterabschnitt c) behandelt: das Konzept der Preislücke (bzw. $P^*$-Konzept), das direkte Inflationsziel und geldpolitische Regeln vom TAYLOR-Typ.

---

23 Als Zwischenziele bzw. Indikatoren werden in der Literatur noch weitere Größen diskutiert, z.B. das Zinsniveau, die Zinsstruktur und das nominale Bruttoinlandsprodukt. Siehe hierzu O. ISSING, Einführung in die Geldpolitik. 6., überarb. Aufl. München 1996. S. 179 ff. – P. BOFINGER, J. REISCHLE, A. SCHÄCHTER, Geldpolitik. Ziele, Institutionen, Strategien und Instrumente. München 1996. S. 248 ff. – E. GÖRGENS, K. RUCKRIEGEL, F. SEITZ, Europäische Geldpolitik. Theorie, Empirie, Praxis. 5., völlig neu bearb. Aufl. mit einem Geleitwort von J. STARK. Stuttgart 2008. S. 133 ff.

### b) Geldmengen- versus Zinsfixierung (POOLEsche Regel)

*aa) Einführung.* – W. POOLE[24] lieferte 1970 mit der nach ihm benannten Regel einen frühen Beitrag zum Problembereich geldpolitischer Strategien. Die *POOLEsche Regel* behandelt die Frage, ob bei nicht vorhersehbaren gesamtwirtschaftlichen Störungen, sog. stochastischen (zufallsbedingten) Schocks, eine Geldmengenfixierung oder eine Zinsfixierung besser geeignet ist, Schwankungen des realen Inlandsprodukts zu dämpfen oder zu vermeiden[25]. Wie sich zeigt, hängt die Beantwortung dieser Frage davon ab, ob die Störungen auf dem Geldmarkt[26] oder auf dem Gütermarkt erfolgen. Bei der entsprechenden Analyse werden deshalb Schocks sowohl auf dem Geld- als auch auf dem Gütermarkt betrachtet, und zwar (wie bei POOLE) im Rahmen eines einfachen KEYNESianischen Modells mit konstantem Preisniveau. Dieses Modell enthält Gleichgewichtsbedingungen für den Geld- und den Gütermarkt und lässt sich durch das bekannte HICKSsche Diagramm mit der *LM*- und *IS*-Kurve darstellen (vgl. Abb. I.4).

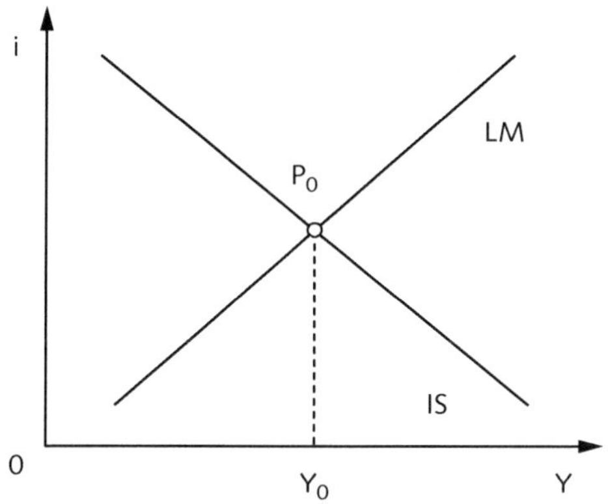


Abb. I.4: *HICKSsches Diagramm*

Die *LM*-Kurve bildet die Beziehung $M = L(i, Y)$ ab und ist *positiv* geneigt, weil eine *Erhöhung* des Inlandsprodukts $Y$ die Geldnachfrage $L$ steigen lässt und deshalb für die Aufrechterhaltung des Geldmarkt-Gleichgewichts bei gegebener Geldmenge $M$ eine Senkung der Geldnachfrage erforderlich ist, was einen *Anstieg* des Zinsniveaus $i$ voraussetzt. Die *IS*-Kurve bildet die Beziehung $S(Y) = I(i)$ ab und ist *negativ* geneigt, weil eine *Erhöhung* des Inlandsprodukts die Ersparnis ($S$) steigen lässt und deshalb für die Aufrechterhaltung des Gütermarkt-Gleichgewichts auch eine Erhöhung der Investitionen ($I$) erforderlich ist, was

[24] Siehe W. POOLE, Optimal Choice of Monetary Policy Instruments in a Simple Stochastic Macro Model. „The Quarterly Journal of Economics", Vol. 84 (1970), S. 197 ff.

[25] Genauer zielen die Überlegungen von POOLE darauf ab, das reale Inlandsprodukt so nahe wie möglich am Vollbeschäftigungsniveau zu halten.

[26] *Geldmarkt* wird in diesem Kapitel als makroökonomisches Konzept verstanden und ist vom Geldmarkt im Sinne eines Interbankenmarktes, wie er in Kapitel III behandelt wird, zu unterscheiden.

eine *Senkung* des Zinssatzes voraussetzt. Der Schnittpunkt der beiden Kurven bestimmt das gesamtwirtschaftliche Gleichgewicht (bei $P_0$).

*bb) Störungen auf dem Geldmarkt.* – Die zu analysierende Störung soll darin bestehen, dass sich die Geldnachfrage unabhängig vom laufenden Zinssatz und Inlandsprodukt als Folge eines exogenen Schocks verändert. *Sinkt* die Geldnachfrage exogen, dann entsteht ein Angebotsüberschuss auf dem Geldmarkt. Zur Aufrechterhaltung des Geldmarkt-Gleichgewichts muss deshalb die Geldnachfrage bei jedem Zinsniveau zunehmen, was eine *Erhöhung* des Inlandsprodukts erfordert. Die *LM*-Kurve verschiebt sich deshalb nach rechts und wird zur $LM_1$-Kurve (siehe Abb. I.5). *Steigt* die Geldnachfrage exogen, dann entsteht ein Nachfrageüberschuss auf dem Geldmarkt. Zur Aufrechterhaltung des Geldmarkt-Gleichgewichts muss deshalb die Geldnachfrage bei jedem Zinsniveau abnehmen, was eine *Senkung* des Inlandsprodukts erfordert. Die *LM*-Kurve verschiebt sich deshalb in diesem Fall nach links und wird zur $LM_2$-Kurve (siehe Abb. I.5).

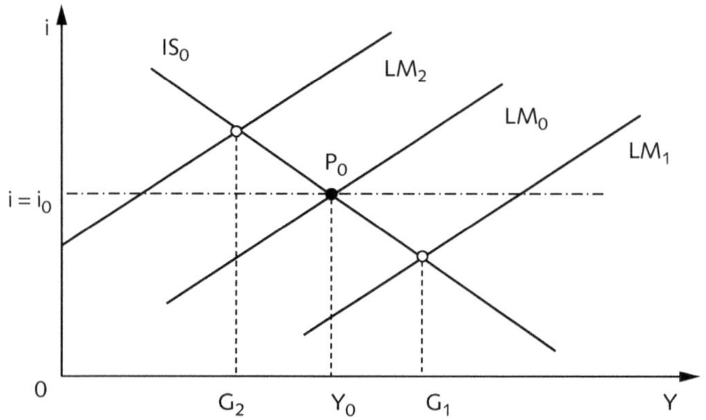


Abb. I.5: *Störungen auf dem Geldmarkt*

Wie die Schnittpunkte der neuen *LM*-Kurven mit der unveränderten *$IS_0$-Kurve* zeigen, ergibt sich im ersten Fall eine Zinssenkung, im zweiten eine Zinserhöhung. Die Veränderungen des Zinssatzes werden bei *Zinsfixierung* mit dem angestrebten Niveau $i = i_0$ im ersten Fall durch eine entsprechende Einschränkung der Geldmenge und im zweiten Fall durch eine entsprechende Ausweitung der Geldmenge beseitigt. Der Gleichgewichtspunkt $P_0$ bleibt also bestehen, und das reale Inlandsprodukt bleibt demzufolge unverändert auf dem Ausgangsniveau $Y_0$.

Bei *Geldmengenfixierung* ergibt sich demgegenüber im ersten Fall eine Veränderung des Inlandsprodukts auf das Niveau $G_1$ und im zweiten Fall auf $G_2$ (siehe dazu die Schnittpunkte der neuen *LM*-Kurven mit der unveränderten $IS_0$-Kurve in Abb. I.5). Offenbar erweist sich in dem betrachteten Fall eine *Zinsfixierung* als überlegen, wenn das Inlandsprodukt gegenüber Störungen auf dem

Geldmarkt möglichst weitgehend abgeschirmt werden soll[27]. Für eine Zentralbank, die grundsätzlich eine Geldmengenfixierung betreibt, ergibt sich hieraus die Folgerung, dass sie eine Anpassung der Geldmenge vornehmen und damit eine Verletzung ihres Geldmengenziels hinnehmen sollte, wenn sie Störungen auf dem Geldmarkt erkennt und ihre Auswirkungen vermeiden will[28].

*cc) Störungen auf dem Gütermarkt.* – Die zu analysierende Störung soll darin bestehen, dass sich Komponenten der gesamtwirtschaftlichen Nachfrage, z.B. die Nettoinvestitionen, auf Grund eines Schocks verändern. *Steigen* die autonomen Investitionen, dann verschiebt sich die *IS*-Kurve nach rechts, da die Ersparnis zur Aufrechterhaltung des Gütermarkt-Gleichgewichts ($S = I$) bei jedem Zinssatz entsprechend zunehmen muss, was eine *Erhöhung* des Inlandsprodukts erfordert (vgl. Abb. I.6). *Sinken* die autonomen Investitionen, dann verschiebt sich die *IS*-Kurve nach links, da die Ersparnis zur Aufrechterhaltung des Gütermarkt-Gleichgewichts bei jedem Zinssatz entsprechend abnehmen muss, was eine *Senkung* des Inlandsprodukts erfordert (vgl. Abb. I.6).

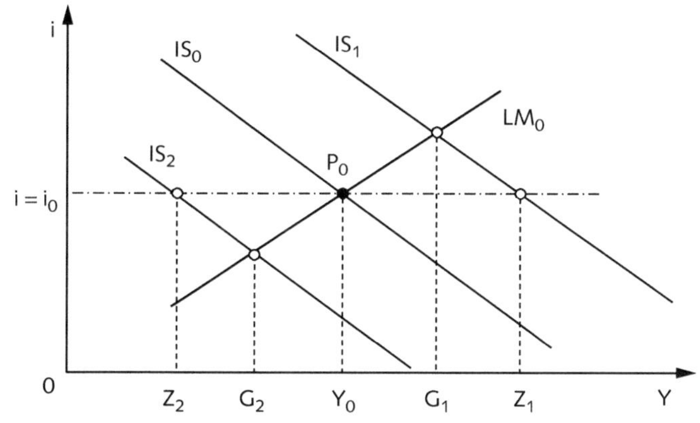


Abb. I.6: *Störungen auf dem Gütermarkt*

Wie die Schnittpunkte der neuen *IS*-Kurven mit der unveränderten $LM_0$-Kurve zeigen, ergibt sich im ersten Fall eine Zinserhöhung, im zweiten eine Zinssenkung (siehe Abb. I.6). Die Veränderungen des Zinssatzes werden bei *Zinsfixierung* mit dem angestrebten Niveau $i = i_0$ im ersten Fall durch eine entsprechende Ausweitung der Geldmenge und im zweiten Fall durch eine entsprechende Einschränkung der Geldmenge kompensiert. Wie aus den Schnittpunkten der neuen *IS*-Kurven mit der $i = i_0$-Parallelen hervorgeht, steigt das reale Inlandsprodukt im ersten Fall auf das Niveau $Z_1$ und im zweiten Fall sinkt es auf $Z_2$.

[27] In einem deterministischen Modell, in dem nicht nur die Lage der *LM*- und *IS*-Kurve, sondern auch ihre Veränderungen bekannt sind, besteht zwischen einer Zins- und Geldmengenfixierung, mit der ein bestimmtes reales Inlandsprodukt realisiert werden soll, kein substantieller Unterschied. Siehe POOLE, a.a.O., S. 200, 204.

[28] Sie wird allerdings dem Publikum ihre Vorgehensweise überzeugend begründen müssen, damit die Verfolgung einer preisniveaustabilen Geldpolitik glaubwürdig bleibt.

Bei einer Geldmengenfixierung erhöht sich das Inlandsprodukt demgegenüber im ersten Fall nur auf das Niveau $G_1$ und im zweiten Fall sinkt es nur auf $G_2$ (siehe dazu die Schnittpunkte der neuen *IS*-Kurven mit der unveränderten $LM_0$-Kurve in Abb. I.6). Deshalb erweist sich hier die *Geldmengenfixierung* – anders als bei dem zuerst betrachteten Fall einer Geldmarktstörung – als die überlegene Strategie. Zusammengefasst ergibt sich also im Sinne der **Pooleschen Regel** folgendes Fazit: Eine *Zinsfixierung* erweist sich als überlegen (im Sinne einer Dämpfung bzw. Vermeidung von Schwankungen des Inlandsprodukts), wenn Störungen vorwiegend auf dem *Geldmarkt* entstehen (z.B. bei der Geldnachfrage), eine *Geldmengenfixierung* erweist sich als überlegen, wenn Störungen vorwiegend auf dem *Gütermarkt* entstehen (z.B. bei der Investitionsgüternachfrage).

Bisher ist die Frage offen geblieben, weshalb eine Abschirmung des Inlandsprodukts gegenüber exogenen Störungen auf dem Geld- und Gütermarkt sinnvoll ist. Zu ihrer Beantwortung sei angenommen, dass das Inlandsprodukt in der Ausgangslage $Y_0$ (wie bei Poole[29]) dem Vollbeschäftigungsniveau entspricht. Exogene Störungen, die zu einer Abnahme der Güternachfrage und des Inlandsprodukts führen, bewirken dann eine Unterauslastung der Kapazitäten und Arbeitslosigkeit. Diese Folgen sollen vermieden werden. Wirken sich exogene Störungen demgegenüber expansiv auf die Güternachfrage aus, dann resultiert hieraus – neben einer Überbeanspruchung der Kapazitäten und einem daraus resultierenden übermäßigen Verschleiß – ein Preisauftrieb. Die Preisauftriebskräfte werden dabei umso mehr abgeschwächt, je stärker die expansiv wirkenden (exogenen) Einflüsse auf das Inlandsprodukt durch Zinsanpassungen gedämpft werden, d.h. umso mehr das Inlandsprodukt gegenüber exogenen Störungen abgeschirmt wird. Insofern lässt sich das bisherige Fazit auf das Preisniveau übertragen, d.h: Wird eine Preisniveaustabilisierung angestrebt, dann ist bei Störungen auf dem Geldmarkt eine Zinsfixierung vorteilhaft und bei Störungen auf dem Gütermarkt eine Geldmengenfixierung[30].

*dd) Geldpolitische Implikationen.* – Aus der Analyse der Pooleschen Regel lässt sich die für die geldpolitische Praxis relevante Vermutung herleiten, dass eine Geldmengenfixierung in Hinblick auf eine Preisniveaustabilisierung der Zinsfixierung überlegen ist, wenn sich die Geldnachfrage empirisch als vergleichsweise stabiler erweist als die Komponenten der Güternachfrage. Diese empirische Hypothese wird von M. Friedman[31] vertreten, dem Wegbereiter des **Monetarismus**[32]. Deshalb ist es nahe liegend, dass von monetaristischer Seite die Geldmengenfixierung empfohlen wird. Auch wird vor dem Hintergrund der theoretischen Analyse verständlich, weshalb die Deutsche Bundesbank, die über zwanzig Jahre in pragmatischer Weise eine Geldmengenfixierung betrieben hat,

29 Siehe Poole, a.a.O., S. 200.

30 Eine genauere Analyse der Pooleschen Regel unter dem Aspekt der Preisniveaustabilisierung findet sich bei: Jarchow, Theorie und Politik des Geldes, ..., a.a.O., S. 218 ff., und P. Bofinger in colloboration with J. Reischle and A. Schächter, Monetary Policy. Goals, Institutions, Strategies, and Instruments. Oxford 2001. S.116 ff.

31 Vgl. M. Friedman, The Quantity Theory of Money: A Restatement. In: The Optimum Quantity of Money and Other Essays. Chicago 1956. S. 62.

32 Siehe Jarchow, Theorie und Politik des Geldes, a.a.O., S. 238 ff., 256 ff.

den empirischen Befund einer recht stabilen Geldnachfragefunktion für Deutschland immer wieder betont hat. Allerdings zeigen neuere ökonometrische Untersuchungen, dass seit 2001 die bis dahin ermittelten stabilen Langfristbeziehungen zwischen Geldmenge, Zins und Einkommen nicht mehr in gleicher Weise fortbestehen, sondern weitere Einflussgrößen zu berücksichtigen sind wie das Anlagerisiko alternativer Finanzanlagen sowie das Finanzvermögen (und damit auch die Immobilienpreise)[33].

### c) Konzepte geldpolitischer Strategien

*aa) Wechselkursziel.* – Eine Zentralbank verfolgt ein **Wechselkursziel**, wenn sie ihre Geldpolitik so ausrichtet, dass sie den Wechselkurs zwischen ihrer Währung und einer anderen Währung stabilisiert. Die Bezugswährung weist dabei die beiden folgenden Eigenschaften auf: Sie spielt im Außenhandel des betreffenden Landes eine bedeutsame Rolle, und sie ist kaufkraftstabil. Indem die Zentralbank die kaufkraftstabile Fremdwährung als nominalen Anker ihrer Geldpolitik verwendet, bindet sie die eigene Geldpolitik an die des Landes mit der Ankerwährung. Auf diese Weise wird über den Außenhandel „Preisniveaustabilität" importiert. Die Stabilisierung des Wechselkurses erreicht die Zentralbank, indem sie den Einsatz ihres geldpolitischen Instrumentariums an diesem Zwischenziel orientiert. Bei einer Abwertungstendenz betreibt sie eine kontraktive Geldpolitik, die sich zinssteigernd auswirkt, bei einer Aufwertungstendenz eine expansive Geldpolitik, die sich zinssenkend auswirkt. Sie verliert also durch eine Wechselkursbindung geldpolitischen Handlungsspielraum.

Vor Errichtung der Europäischen Wirtschafts- und Währungsunion (EWWU) hatten innerhalb der Europäischen Union (EU) Österreich und die Niederlande schon seit längerem (und später auch Belgien einschließlich Luxemburg sowie Dänemark) eine wechselkursorientierte Geldpolitik betrieben, und zwar gegenüber der D-Mark. Im Transformationsprozess ehemaliger sozialistischer Staaten in Mittel- und Osteuropa wurde in einer Reihe von Ländern eine Wechselkursfixierung gegenüber einer kaufkraftstabilen Ankerwährung als geldpolitische Strategie zur schnellen Reduzierung hoher Inflationsraten benutzt[34], und bei praktisch allen Stabilisierungsprogrammen in Lateinamerika spielte die Verwendung eines Wechselkursankers aus ähnlichem Grund eine wesentliche Rolle[35].

Aus der Sicht der Theorie optimaler Währungsräume spricht speziell für den Fall *kleiner Länder mit großem Offenheitsgrad* in Bezug auf den Außenhandel noch ein zusätzliches Argument für eine Wechselkursstabilisierung gegenüber einer Ankerwährung. *Wechselkursänderungen* würden nämlich in solchen Ländern insbesondere wegen einer Anpassung der Importpreise in Inlandswährung relativ umfassend und schnell zu Veränderungen der Preise für im Inland produzierte Güter führen, z.B. eine Abwertung zu einer *Preiserhöhung*, durch die die Wirkungen der Wechselkursänderungen auf den Außenbeitrag und damit auch auf die Binnen-

---

[33] Siehe Deutsche Bundesbank, Monatsbericht September 2008, S. 45 f.

[34] Siehe dazu H.-J. Jarchow, P. Rühmann, Monetäre Außenwirtschaft, II. Internationale Währungspolitik, 5. neu bearb. u. wesentlich erw. Aufl. Göttingen 2002. Kapitel VIII.

[35] Vgl. Bank für Internationalen Zahlungsausgleich, 64. Jahresbericht 1. April 1993–31. März 1994, S. 52.

konjunktur abgeschwächt bzw. kompensiert werden. Aus diesem Grund kommt Wechselkursänderungen ebenso wie Maßnahmen der Geldpolitik, die auf Grund von Kapitalbewegungen rasch zu Wechselkursänderungen führen, für kleine Länder mit großem Offenheitsgrad nur eine relativ geringe Bedeutung in Hinblick auf eine mögliche Beeinflussung von Produktion und Beschäftigung zu.

Allerdings darf bei einer Stabilisierung des nominalen Wechselkurses als Mittel zur Disinflation nicht außer Acht gelassen werden, dass eine derartige Strategie u.U. *außenwirtschaftliche* Probleme nach sich ziehen kann. Sie treten ein, wenn sich die Ankerwährung beträchtlich aufwertet und dabei die an sie gebundene Währung des Inlands mit sich zieht oder wenn trotz Bindung an eine Ankerwährung die Inflation im Inland höher ausfällt als bei wichtigen Handelspartnern. In diesen Fällen erfährt die Inlandswährung eine nominale bzw. reale Aufwertung, die die Wettbewerbsfähigkeit beeinträchtigt und demzufolge zu einer Verschlechterung der Leistungsbilanz führt. Erfahrungen im Transformationsprozess ehemaliger sozialistischer Staaten[36], mit Stabilisierungsprogrammen in Lateinamerika[37] und aus der südostasiatischen Finanz- und Währungskrise[38] belegen die Relevanz der Problematik von realen Aufwertungen in Ländern, die eine Wechselkursbindung als Stabilitätsanker gewählt hatten.

Für eine große Region mit relativ geringem Offenheitsgrad, wie sie der Euro-Währungsraum darstellt, erscheint eine Wechselkursbindung als geldpolitische Strategie ohnehin nicht zweckmäßig. *Wechselkursflexibilität* gegenüber den Währungen anderer großer Länder sichern ihre geldpolitische Autonomie bei der Verfolgung ihrer wirtschaftspolitischen Ziele, und im Rahmen der geldpolitischen Strategie kann sie zur Sicherung der Preisniveaustabilität auf andere Konzepte zurückgreifen.

*bb) Geldmengenziel.* – Analytischer Ausgangspunkt für die Quantifizierung des Geldmengenziels ist die **Quantitätsgleichung**

(1) $MV = pY^r$.

wobei $V$ die Einkommenskreislaufgeschwindigkeit bzw. Einkommensumlaufgeschwindigkeit des als Zwischenziel dienenden Geldmengenkonzepts darstellt[39].

In Wachstumsraten kann man hierfür auch schreiben[40]:

$$m + v = \pi + y^r$$

bzw.

(2) $m = \pi + y^r - v$.

---

36 Siehe JARCHOW, RÜHMANN, Monetäre Außenwirtschaft II, a.a.O., Kapitel VIII.

37 Siehe ebenda, Abschnitt IX. 4. – BANK FÜR INTERNATIONALEN ZAHLUNGSAUSGLEICH, 64. Jahresbericht, a.a.O., S. 52.

38 Siehe JARCHOW, RÜHMANN, Monetäre Außenwirtschaft II, a.a.O., Abschnitt IX. 4.

39 Siehe hierzu genauer JARCHOW, Theorie und Politik des Geldes, a.a.O., S. 168 ff.

40 Wird (1) logarithmiert, ergibt sich

$$\log M + \log V = \log p + \log Y^r.$$

Werden die Logarithmen auf beiden Seiten nach der Zeit differenziert, dann erhält man eine entsprechende Summe von Wachstumsraten (wie in Gleichung (2)).

Die Wachstumsrate der Geldmenge ($m$) entspricht also der Summe aus der Inflationsrate ($\pi$) und der Wachstumsrate des realen Volkseinkommens bzw. des realen (Brutto-)Inlandsprodukts ($y^r$) abzüglich der Wachstumsrate der Einkommensumlaufgeschwindigkeit der Geldmenge ($v$).

Wird ein Geldmengenziel im Rahmen einer **potenzialorientierten Verstetigungsstrategie** verfolgt (wie z.B. früher durch die Deutsche Bundesbank[41]), dann werden die Wachstumsraten auf der rechten Seite von (2) durch normative bzw. prognostizierte Werte ersetzt, und zwar $\pi$ durch eine Preis- bzw. Inflationsnorm $\pi^*$ (z.B. in Höhe von $\pi^* = 2$ v.H.), $y^r$ durch die Wachstumsrate des realen Produktionspotenzials $y^{r*}$, die das bei Normalauslastung der Kapazitäten mögliche Wachstum des (realen) Inlandsprodukts bezeichnet (z.B. in Höhe von $y^{r*} = 2\frac{1}{2}$ v.H.), und $v$ durch die längerfristige (trendmäßige) Veränderungsrate der Einkommensumlaufgeschwindigkeit des Geldes $v^*$ (z.B. in Höhe von $v^* = -1$ v.H.). Für die Ableitung des Geldmengenziels erhält man dann folgende Bestimmungsgleichung:

$$m = \pi^* + y^{r*} - v^*.$$

Bei den beispielhaft (in Klammern) angegebenen gesamtwirtschaftlichen Eckdaten wäre also ein angestrebtes Geldmengenwachstum von $m = 5\frac{1}{2}$ v.H. zu veranschlagen. Mit seiner Realisierung sollen die finanziellen Vorraussetzungen für eine Ausschöpfung des gesamtwirtschaftlichen Produktionspotenzials bei Realisierung der angestrebten Inflationsnorm geschaffen werden.

Da sich das angestrebte Geldmengenwachstum im Rahmen einer potenzialorientierten Verstetigungsstrategie nicht am prognostizierten Wert für das Wachstum des *tatsächlichen* realen Inlandsprodukts, sondern des *potenziellen* realen Inlandsprodukts orientiert, impliziert diese Strategie eine Geldpolitik mit **antizyklischer** Komponente. In einer Rezessionsphase mit *unterausgelasteten Kapazitäten* ($y^{r*} > y^r$) fällt das Geldmengenwachstum höher aus als zur Finanzierung des tatsächlichen Produktionswachstums erforderlich. Die Liquiditätsversorgung durch die Zentralbank ist also reichlich und geht mit einer Zinssenkung einher, die konjunkturstimulierend wirkt. Umgekehrt fällt das Geldmengenwachstum in einer *Boomphase* mit überausgelasteten Kapazitäten ($y^{r*} < y^r$) schwächer aus als zur tatsächlichen Finanzierung des Produktionswachstums erforderlich. Die Liquiditätsversorgung der Zentralbank ist also knapp und geht mit einer Zinserhöhung einher, die konjunkturdämpfend wirkt.

*cc) Das Konzept der Preislücke.* – aaa) Das Preislückenkonzept – auch als ***P**-Konzept** (*P*-Stern-Konzept) bekannt – wurde Ende der achtziger Jahre von Mitarbeitern des Federal Reserve Board entwickelt[42].Ausgangspunkt der Betrachtungen ist wie bei der potenzialorientierten Geldmengenstrategie die Quantitätsgleichung. Anders als bei der im vorhergehenden Unterabschnitt beschriebenen Konzeption

---

[41] Siehe dazu den Unterabschnitt II. 3d).

[42] Siehe J. J. HALLMAN, R. D. PORTER, D. H. SMALL, M2 per Unit of Potential GNP as an Anchor for the Price Level. „Board of Governors of the Federal Reserve System. Staff Study", No. 157 (1989). – J. J. HALLMAN, R. D. PORTER, D. H. SMALL, Is the Price Level Tied to the M2 Monetary Aggregate in the Long Run? „The American Economic Review";Vol. 81 (1991), S. 841 ff.

steht aber die Preisentwicklung *während des Anpassungsprozesses* von einem längerfristigen Gleichgewicht zum anderen im Vordergrund der Analyse.

In Anlehnung an die Quantitätsgleichung (1) wird zunächst ein sich langfristig einstellendes Gleichgewichtspreisniveau

$$(3) \quad p^* = \frac{MV^*}{y^{r*}}$$

definiert. Das langfristige Gleichgewichtspreisniveau ($p^*$) ergibt sich, wenn die tatsächliche Geldmenge $M$ bei normaler Auslastung der Kapazitäten, d.h. bei $Y^r = Y^{r*}$, und langfristig herrschender Einkommensumlaufgeschwindigkeit, d.h. $V = V^*$, gehalten wird. In logarithmierter Form ergibt sich hierfür

$$(4) \quad lnp^* = lnM + lnV^* - lnY^{r*}.$$

Wird $lnp^*$ zum tatsächlich in jeder Periode herrschenden Preisniveau

$$p = \frac{MV}{Y^r}$$

in ebenfalls logarithmierter Form

$$(5) \quad lnp = lnM + lnV - lnY^r$$

in Beziehung gesetzt, indem (5) von (4) subtrahiert wird, dann erhält man

$$(6) \quad lnp^* - lnp = (lnY^r - lnY^{r*}) + (lnV^* - lnV).$$

Die Differenz $(lnp^* - lnp)$ wird - entsprechend der Vorgehensweise der Deutschen Bundesbank - als **Preislücke** bezeichnet[43]. Ist $(lnp^* - lnp) > 0$, dann wird das Preisniveau mit der Zeit auf sein langfristiges Niveau ansteigen. Insofern liegt in diesem Fall eine *inflatorische Preislücke* vor[44]. Ist umgekehrt $(lnp^* - lnp) < 0$, dann wird das Preisniveau mit der Zeit auf sein langfristiges Niveau fallen. Insofern liegt in diesem Fall eine *deflatorische Preislücke* vor[45]. Die Preislücke kann folglich als Indikator der zukünftigen Preisentwicklung aufgefasst werden.

Die möglichen Ursachen für die Bildung einer positiven oder negativen Preislücke und damit für die Entstehung von Preissteigerungs- bzw. Preissenkungsprozessen finden sich auf der rechten Seite von (6). So entsteht eine positive (d.h. inflatorische) Preislücke, wenn $V < V^*$ und (oder) $Y^r > Y^{r*}$. Im ersten Fall liegt die tatsächliche Einkommensumlaufgeschwindigkeit des Geldes unter ihrem langfristigen Wert oder anders ausgedrückt: Die Liquiditätshaltung ist höher als es ihrem langfristigen Durchschnitt entspricht, d.h. es besteht ein *Liquiditätsüberhang*. Wird er abgebaut, indem mehr Güter nachgefragt werden, steigen mit der Zeit die Preise. Im zweiten Fall liegt die tatsächliche Produktion über der potenziellen, d.h. die Produktionskapazitäten sind über ihr normales Maß hinaus ausgelastet. Somit entsteht auf dem Gütermarkt eine (*positive*) Produktionslücke, die bei überausgelasteten Kapazitäten durch Preissteigerungen beseitigt wird. Eine positive Preislücke erfasst somit das Inflationspotenzial sowohl von Geldbeständen, die noch nicht nachfragewirksam geworden sind und in Form eines Liquiditätsüberhangs Kaufkraft speichern, als auch von Geldbeständen, die be-

---

43 Siehe Monatsberichte der DEUTSCHEN BUNDESBANK, Januar 1992, S. 25, 28. - Verschiedentlich wird auch $(lnp - lnp^*)$, also der negative Wert von (5), als Preislücke definiert.

44 Siehe Monatsberichte der DEUTSCHEN BUNDESBANK, Januar 1992, S. 25.

45 Siehe ebenda.

reits nachfragewirksam geworden sind und eine Produktionslücke in Form einer Überauslastung der Kapazitäten bewirken[46]. Analog lässt sich für eine negative Preislücke argumentieren, die auf eine überdurchschnittlich hohe Einkommensumlaufgeschwindigkeit $(V > V^*)$ und (oder) eine Unterauslastung der Produktionskapazitäten $(Y^r < Y^{r*})$ zurückgeht.

bbb) Eine partielle Schwäche des oben dargestellten Konzepts der Preislücke ist darin zu sehen, dass die langfristige Einkommensumlaufgeschwindigkeit des Geldes als *konstant* angenommen wurde. Dem widerspricht, dass die Einkommensumlaufgeschwindigkeit für weit abgegrenzte Geldmengenkonzepte (wie *M3*) für Deutschland und auch im Euro-Währungsraum einen *sinkenden* Trend aufweist. In einer *empirischen* Untersuchung des Preislückenkonzepts berücksichtigt die Deutsche Bundesbank[47] diese Beobachtung und erweitert insofern den traditionellen Ansatz.

Ausgangspunkt für die Herleitung ihres Schätzansatzes ist eine einfache Geldnachfragefunktion in der Form

(7) $$\frac{L}{p} = \frac{Y^{r\beta}}{V_0},$$

wobei $V_0$ eine Konstante ist und $\beta$ die Einkommenselastizität der realen Geldnachfrage darstellt. Im Geldmarktgleichgewicht gilt

$$\frac{M}{p} = \frac{Y^{r\beta}}{V_0}.$$

Wird der Kehrwert dieses Ausdrucks in die Bestimmungsgleichung für die Einkommensumlaufgeschwindigkeit

$$V = \frac{pY^r}{M}$$

eingesetzt, erhält man

$$V = \frac{V_0 Y^r}{Y^{r\beta}} = V_0 Y^{r(1-\beta)}$$

und in langfristiger Sicht

(8) $$V^* = V_0 Y^{r*(1-\beta)}.$$

Aus empirischen Untersuchungen für weiter abgegrenzte Geldmengenaggregate ergeben sich für die Einkommenselastizität $(\beta)$ Werte von deutlich über eins[48]. Relativ hohe Werte für $\beta$ können darauf beruhen, dass das für die Nachfrage nach Transaktionskasse maßgebliche *Transaktionsvolumen*, das auch die kräftig wachsenden Finanztransaktionen einschließt, überproportional mit dem Inlandsprodukt zunimmt und zudem Vermögenseffekte durch das Inlandsprodukt

---

46 Siehe Monatsberichte der DEUTSCHEN BUNDESBANK, Januar 1992, S. 28.

47 Siehe ebenda, S. 28 f.

48 Siehe z.B. ebenda, S. 28 f., sowie H. MÖLLER, H.- J. JARCHOW, Zur Einkommensumlaufgeschwindigkeit von M3. „Jahrbücher für Nationalökonomie und Statistik", Bd. 215 (1996), S. 318 f., und S. GERLACH, L. E. O. SVENSSON, Money and inflation in the Euro Area: A case for monetary indicators? „Bank for International Settlements. Working Papers", No. 98 (2001), S. 10.

miterfasst werden[49]. Ist $\beta > 1$, dann folgt aus (8), dass die langfristige Einkommensumlaufgeschwindigkeit mit dem trendmäßigen Wachstum des Produktionspotenzials abnimmt und dadurch einen abnehmenden Trend erhält[50].

Wird die langfristige Einkommensumlaufgeschwindigkeit $(V^*)$ aus (8) in (3) berücksichtigt, dann wird aus dem tautologischen Zusammenhang der zu (3) umgeformten Quantitätsgleichung ein theoretischer. Einsetzen von (8) in (3) ergibt

$$p^* = \frac{MV_0 Y^{r*(1-\beta)}}{Y^{r*}} = \frac{MV_0}{Y^{r*\beta}}$$

bzw. in Logarithmen

$$lnp^* = lnM + lnV_0 - \beta lnY^{r*}.$$

In einer derartigen Form wurde das langfristige Gleichgewichtspreisniveau in den Schätzansatz der Bundesbank einbezogen. Wie die Schätzergebnisse zeigen, geht von der Preislücke ein signifikanter Einfluss auf die Preisentwicklung aus. Allerdings ist der entsprechende geschätzte Koeffizient recht klein, so dass die Preislücke nach einer Störung nur langsam geschlossen wird, die Preisanpassung also stark verzögert erfolgt.

ccc) Eine neuere Variante des Preislückenkonzepts erhält man, indem die Preislücke $(lnp^* - lnp)$ zu einer *realen Geldlücke* umgeformt wird. Der entsprechende Ansatz[51] ergibt sich aus folgender Identität:

$$(9) \quad lnp^* - lnp = (lnM - lnp) - (lnM - lnp^*).$$

Der erste Klammerausdruck auf der rechten Seite von (9) bezeichnet die tatsächliche reale Geldmenge, der zweite die langfristige (gleichgewichtige) reale Geldmenge und die Differenz aus beiden die **reale Geldlücke**. Offenbar liegt eine positive, zukünftige Preissteigerungen signalisierende Preislücke vor, wenn die tatsächliche reale Geldmenge größer ist als die langfristige reale Geldmenge. Umgekehrtes gilt für eine negative Preislücke. Bei der Operationalisierung des Konzepts der realen Geldlücke für *empirische* Zwecke wird auch hier eine langfristige Geldnachfragefunktion entsprechend (7) berücksichtigt[52]. Sie bestimmt den langfristigen Gleichgewichtswert der realen Geldmenge $(lnM - lnp^*)$ in Gleichung (9). Auf diese Weise wird auch hier ein tautologischer Zusammenhang (nämlich die Identität (9)) zu einem theoretischen. Aus der Schätzung des entsprechenden ökonometrischen Ansatzes geht hervor, dass die reale Geldlücke eine substanzielle Prognosefähigkeit in Hinblick auf die zukünftige Inflation besitzt[53].

---

49 Siehe hierzu genauer MÖLLER, JARCHOW, Zur Einkommensumlaufgeschwindigkeit ..., a.a.O., S. 309 ff., 319.

50 Eine langfristig konstante Einkommensumlaufgeschwindigkeit würde sich bei $\beta = 1$ ergeben.

51 Siehe hierzu L. E. O. SVENSSON, Does the $P^*$ Model Provide Any Rational for Monetary Targeting? „German Economic Review", Vol. 21 (2000), S. 70 f. – GERLACH, SVENSSON, a. a. 0.

52 Siehe GERLACH, SVENSSON, a.a.O., S. 6.

53 In diesem Sinne gelangen GERLACH, SVENSSON (a.a.O., S. 12) in ihrer empirischen Untersuchung für den Euro-Währungsraum zu dem Ergebnis, „that the real money gap has substantial predictive power for future inflation …".

*dd) Direktes Inflationsziel.* – aaa) Im Rahmen einer Strategie des **direkten Inflationsziels** („inflation targeting"), wie sie innerhalb der EU in der ersten Hälfte der neunziger Jahre in Großbritannien, Schweden, Finnland und Spanien eingeführt wurde[54], gibt die Zentralbank (bzw. die Regierung) im Voraus bekannt, welchen Preisanstieg sie als tolerierbar betrachtet. In dieser Hinsicht entspricht sie der Strategie eines Geldmengenziels. Grundsätzlich kann sich die Festlegung dabei auf eine Zielgröße für die *Inflationsrate* oder auf einen Zielpfad für die Entwicklung des *Preisniveaus* beziehen. Die zweite Variante impliziert – anders als die erste –, dass bei Überschreiten des Zielpfades in einer Periode die Inflationsrate in der nächsten Periode reduziert werden muss, um wieder auf die Ziellinie zu gelangen[55]. In der geldpolitischen Praxis fand bisher nur die erste (bezüglich der Preisniveaustabilität weniger strenge) Variante Anwendung[56].

Da die Inflationsrate mit unsicheren, langen und variablen time lags auf geldpolitische Maßnahmen reagiert, sind zur Umsetzung einer Strategie des direkten Inflationsziels regelmäßige *Inflationsprognosen* erforderlich, und zwar für *den* zukünftigen Zeitraum, auf den sich die Ankündigung der angestrebten Inflationsrate bezieht. Zeigt sich dann, dass die prognostizierte Inflationsrate höher ist als die angestrebte, werden die geldpolitischen Instrumente kontraktiv, im umgekehrten Fall expansiv eingesetzt.

Da die prognostizierte Inflationsrate somit beim Einsatz geldpolitischer Instrumente eine Lenkungsfunktion ausübt, übernimmt sie im Rahmen der Strategie eines direkten Inflationsziels in gewisser Weise die Rolle eines geldpolitischen Zwischenziels.

Transparenz des geldpolitischen Entscheidungsprozesses erfordert, dass die Inflationsprognosen *veröffentlicht* werden. Veröffentlichte Inflationsprognosen sind also wesentlicher Bestandteil der Strategie eines direkten Inflationsziels. In die Prognose der Inflationsrate gehen eine ganze Reihe von Indikatorgrößen ein, z.B. Wechselkurse, Rohstoffpreise, Lohnentwicklungen, Kapazitätsauslastung, Zinssätze, Zinsstruktur sowie Geldmengenaggregate. In empirischer Hinsicht setzt eine Strategie des direkten Inflationsziels demnach voraus, dass zwischen derartigen Indikatorgrößen und der zukünftigen Inflationsrate eine stabile Beziehung besteht. Ob ein solcher Zusammenhang im Einzelnen tatsächlich besteht und wie eng er ist, bleibt eine offene Frage. Dessen ungeachtet zeigen aber Erfahrungen in Ländern , die – wie das Vereinigte Königreich, Neuseeland, Kanada und Schweden – ein inflation targeting betreiben, dass dieser Strategie eine wichtige Rolle bei der Senkung ihrer Inflationsraten zukam[57].

---

54 Eine Zusammenstellung aller Länder, die ein direktes Inflationsziel im Rahmen ihrer geldpolitischen Strategie verfolgen, wird regelmäßig veröffentlicht in DEUTSCHE BUNDESBANK, Devisenkursstatistik unter IV. – Gegenwärtig gehören zu diesen Ländern u.a. Australien, Kanada, Neuseeland, Polen, Tschechische Republik sowie das Vereinigte Königreich.

55 Zu den Unterschieden der beiden Varianten siehe genauer F. S. MISHKIN, A. S. POSEN, Inflation Targeting: Lessons from Four Countries. „Federal Reserve Bank of New York Economic Policy Review", Vol. 3, No. 3 (1997), S. 17 f.

56 Vgl. ebenda, S. 93.

57 Vgl. V. V. CHARI, P. J KEHOE, Modern Macroeconomics in Practice: How Theory is Shaping Policy. "The Journal of Economic Perspectives", Vol. 20, 4 (2006), S. 15 f.

bbb) Die geschilderte Strategie eines direkten Inflationsziels ist insofern durch eine Hierarchie der Endziele bestimmt, als sie der Inflationsbekämpfung eine Vorrangstellung einräumt. Gegen diese Form eines strikten inflation targeting wird deshalb eingewendet, dass sie andere Ziele wie die Vermeidung von Unterbeschäftigung und die Sicherung der Finanzmarktstabilität vernachlässigt. Diesem Einwand wird mit dem Hinweis auf die Möglichkeit eines *flexiblen inflation targeting* entgegengetreten. Diese Strategie würde neben der Inflationsnorm weitere Ziele berücksichtigen, z.B. die Vermeidung einer Produktionslücke mit Unterbeschäftigung. Im Sinne von SVENSSON präzisiert[58], würde ein **flexibles inflation targeting** auf die Optimierung einer Kosten- bzw. Verlustfunktion mit veröffentlichten Zielgrößen und ihrer Gewichtung hinauslaufen. Bei ihrer Implementierung wären neben der zukünftigen Inflationsrate weitere Größen zu prognostizieren wie das zukünftige potenzielle und aktuelle Produktionswachstum. In der Praxis der Zentralbankpolitik dürfte die Verwendung einer expliziten Verlustfunktion und ihre Optimierung auf Probleme stoßen.

*ee) TAYLOR-Regel.* – aaa) Anders als bei einer diskretionär gehandhabten Geldpolitik, bei der geldpolitische Entscheidungen von Fall zu Fall, also ad hoc getroffen werden, besteht ein derartiger Handlungsspielraum nicht, wenn **geldpolitische Regeln** Anwendung finden. Sie schränken den Handlungsspielraum der Zentralbank ein, indem sie geldpolitische Entscheidungen an vorgegebene Ziele binden. Damit sollen sie verhindern, dass die Zentralbank in Versuchung gerät, das aktuelle Inlandsprodukt zur Beschäftigungsstimulierung über das potenzielle hinaus auszudehnen, und damit eine Schlagseite zur Inflation bewirkt[59]. Je nach der Art der Bindung kann man dabei drei Kategorien unterscheiden: einfache Regeln, Rückkoppelungsregeln (feedback-Regeln) bzw. Reaktionsfunktionen und optimale Regeln.

**Einfache (unbedingte) Regeln** binden die Zentralbankpolitik *situationsunabhängig*. Ein Beispiel hierfür bietet das System des *klassischen Goldstandards*. Ein konstitutives Merkmal dieses Warenstandards ist die Festlegung einer Goldparität, d.h. die wertmäßige Bindung der inländischen Geldeinheit an eine bestimmte Goldmenge[60]. Ein weiteres Beispiel für eine situationsunabhängige Regel ist die Strategie eines konstanten Geldmengenwachstums. Wie bereits erwähnt[61], wurde hierfür unter dem Aspekt der Preisniveaustabilisierung schon Ende der sechziger Jahre von MILTON FRIEDMAN plädiert.

**Geldpolitische Reaktionsfunktionen** legen von vornherein fest, wie die Zentralbank kurzfristige Operationsziele oder mittelfristige Zwischenziele anpasst, wenn Störungen des Wirtschaftsablaufs zu Zielabweichungen führen, z.B. zu einer übermäßigen Inflationierung und (oder) einer Überauslastung der Produktionskapazitäten. Als kurzfristige Operationsziele können die monetäre Basis

58 Siehe hierzu L. E. O. Svensson, Commentary. „Federal Reserve Bank of St. Louis Review", Vol. 86 (2004), S. 161 ff.

59 Siehe hierzu genauer JARCHOW, Theorie und Politik des Geldes, a.a.O., S. 285 f.

60 Einzelheiten zum Goldstandard und zu seiner preisstabilisierenden Wirkung siehe JARCHOW, RÜHMANN, Monetäre Außenwirtschaft. II, a.a.O., Kapitel II.

61 FRIEDMAN schätzt die mit Preisniveaustabilisierung vereinbare Wachstumsrate für ein weit gefasstes Geldmengenaggregat auf 3 bis 5 v. H. Siehe FRIEDMAN, The Role of ..., a.a.O., S. 16.

oder ein von der Zentralbank steuerbarer kurzfristiger Geldmarktzins verwendet werden[62]. Letzterer hat die monetäre Basis als Operationsziel in der Diskussion der letzten Jahre in den Hintergrund gedrängt[63]. Geldpolitische Reaktionsfunktionen sind – anders als einfache Regeln – *situationsabhängig*, weil die Geldpolitik in systematischer Weise auf bestimmte Ereignisse reagiert.

**Optimale Regeln** ergeben sich aus einer geldpolitischen Zielfunktion, die unter Nebenbedingungen maximiert (im Falle einer Nutzenfunktion) oder minimiert wird (im Falle einer Kosten- bzw. Verlustfunktion). Die Nebenbedingungen stellen dabei die Funktionsweise der modellmäßig abgebildeten Volkswirtschaft dar. Ein entsprechender (vereinfachter) Ansatz enthält als seine zentralen Bestandteile eine gesamtwirtschaftliche Kostenfunktion sowie zwei Gleichungen, die die Angebots- und Nachfrageseite einer Volkswirtschaft unter Berücksichtigung von Angebotsschocks beschreiben. Als Ergebnis der Kostenminimierung ergibt sich dann eine optimale Regel[64].

Optimale Regeln erscheinen aus theoretischer Sicht wegen ihrer logischen Stringenz befriedigend; ihre Ergebnisse sind aber nahe liegender Weise stark von der Art des verwendeten Modells abhängig. Ihre Modellabhängigkeit lässt derartige Ansätze angesichts der Unsicherheit, mit der sich die Funktionsweise einer Volkswirtschaft abbilden lässt, nicht hinreichend „robust" erscheinen[65], so dass ihre praktische Anwendung für geldpolitische Zwecke problematisch ist. Im Folgenden wird ausführlicher auf (situationsabhängige) Regeln vom Taylor-Typ eingegangen. Sie gehören als geldpolitische Reaktionsfunktionen in die zweite Kategorie.

bbb) Die **Taylor-Regel** beschreibt die Reaktion eines kurzfristigen, von der Zentralbank steuerbaren Zinssatzes (wie des Tagesgeldsatzes) auf Abweichungen der tatsächlichen bzw. erwarteten Inflationsrate $\pi$ bzw. $\pi^*$ und des realen Inlandsprodukts $Y^r$ von vorgegebenen Zielwerten. In der Literatur trifft man auf verschiedene Varianten dieser Regel, die sich in Hinblick auf ihren Aussagewert aber nicht wesentlich unterscheiden. Hier werden eine *traditionelle* und eine *neuere* Variante genauer behandelt. Die traditionelle Variante geht auf Taylor[66] zurück und lässt sich durch folgende Beziehung formulieren:

$$(10) \quad i = r' + \pi + 0{,}5\,(\pi - \bar{\pi}) + 0{,}5\,\hat{y}^r,$$

wobei $\hat{y}^r = \dfrac{Y^r - \overline{Y}^r}{\overline{Y}^r} \cdot 100.$

62 B. T. Mc.Callum verwendet die *monetäre Basis* als Operationsziel in einer geldpolitischen Reaktionsfunktion, in deren Mittelpunkt die Abweichung des nominalen Bruttonationaleinkommens von einem Zielwert steht (Robustness Properties of a Rule for Monetary Policy. „Carnegie-Rochester Conference Series on Public Policy", Vol. 29 (1988), S. 173 ff.). – Ein *kurzfristiger Geldmarktzins* bildet das Operationsziel in der im Folgenden genauer zu behandelnden Taylor-Rule.

63 Siehe auch Europäische Zentralbank, Monatsbericht Oktober 2001, S. 46.

64 Siehe hierzu die Gleichung (25) in Verbindung mit (29) bei Jarchow, Theorie und Politik des Geldes, a.a.O., S. 299 f.

65 Siehe Europäische Zentralbank, Monatsbericht Oktober 2001, S. 53 ff.

66 Siehe hierzu J. B. Taylor, A Historical Analysis of Monetary Policy Rules. In: Monetary Policy Rules. (Ed. by J. B. Taylor). Chicago, London 1999, S. 323, in Verbindung mit J. B. Taylor, Discretion versus policy rules in practice. „Carnegie-Rochester Conference Series on Public Policy", Vol. 39 (1993), S. 202.

Die bisher noch nicht benutzten Symbole haben dabei folgende Bedeutung: Das Symbol $i$ bezeichnet das Operationsziel der Zentralbank, d.h. einen kurzfristigen nominalen Zinssatz wie den Tagesgeldsatz, auch **TAYLOR-Zins** genannt, das Symbol $r'$ den langfristig realisierten Gleichgewichtswert des kurzfristigen Realzinssatzes (kurz: realer Gleichgewichtszins), $\bar{\pi}$ gibt den Zielwert für die Inflationsrate (in v.H.) an, und das reale potenzielle Inlandsprodukt $\overline{Y}^r$ wird hier als Zielwert für das reale Inlandsprodukt angesehen. Die Differenz $(\pi - \bar{\pi})$ stellt die *Inflationslücke* und $\hat{y}^r$ die (relative, in v.H. ausgedrückte) *Produktionslücke* dar. Die Zielabweichungen werden von TAYLOR mit den Koeffizienten von jeweils 0,5 bewertet, d.h. gleich gewichtet. Bezüglich des realen Gleichgewichtszinses und des Zielwerts für die Inflationsrate ging TAYLOR jeweils von einem Wert von 2 v.H. aus. Eine so spezifizierte TAYLOR-Regel charakterisiert annäherungsweise die amerikanische Geldpolitik in der Periode 1987 - 92[67], die in Hinblick auf die Inflations- und Produktionsentwicklung als erfolgreich angesehen wurde[68] .

Die TAYLOR-Regel kann in einem normativen und in einem positiven Sinne verstanden werden. *Normativ* interpretiert, bedeutet sie für die Zentralbank eine Handlungsregel. Ihre Anwendung setzt voraus, dass eine Stabilisierung sowohl der Inflationsrate als auch des realen Inlandsprodukts auf bestimmten Zielniveaus als geldpolitisches Ziel akzeptiert wird. *Positiv* interpretiert, bietet die TAYLOR-Regel eine Erklärung für die Entwicklung eines von der Zentralbank steuerbaren kurzfristigen Zinssatzes, z.B. des Tagesgeldsatzes. Im Folgenden wird eingehender auf die TAYLOR-Regel in normativer Interpretation eingegangen.

Die TAYLOR-Regel in einem normativen Sinne besagt, dass der von der Zentralbank gesteuerte TAYLOR-Zins *über* dem nominalen Gleichgewichtszins $(r' + \pi)$ fixiert werden soll, wenn - wie für eine Boomphase typisch - die (aktuelle) Inflationsrate über dem Inflationsziel liegt $(\pi > \bar{\pi})$ und (oder) das Inlandsprodukt sein potenzielles Niveau überschreitet, d.h. eine positive Produktionslücke vorliegt $(\hat{y}^r > 0)$. Entsprechen die Inflationsrate und das reale Inlandsprodukt ihren Zielwerten, d.h. besteht weder eine Inflations- noch eine Produktionslücke, dann soll die Zentralbank den nominalen TAYLOR-Zins auf dem Niveau des nominalen Gleichgewichtszinssatzes fixieren. Liegt schließlich die Inflationsrate unter dem Inflationsziel und (oder) ist die Produktionskapazität nicht voll ausgelastet (wie für eine Rezession typisch), dann soll der TAYLOR-Zins *unter* dem nominalen Gleichgewichtszins fixiert werden.

Das genaue Ausmaß der Veränderungen des (nominalen) TAYLOR-Zinses lässt sich unmittelbar aus der traditionellen TAYLOR-Regel ablesen, wenn (10) wie folgt umgeformt wird:

$$(11) \quad i = r' + 1{,}5\pi - 0{,}5\bar{\pi} + 0{,}5\hat{y}^r.$$

Bei mechanistischer Anwendung der TAYLOR-Regel impliziert (11) die beiden folgenden Empfehlungen[69]:

---

67 Vgl. TAYLOR, Discretion versus policy rules …, a.a.O., S. 202 ff. - Siehe auch M. WOODFORD, Interest and Prices. Foundations of a Theory of Monetary Theory. Princeton, Woodstock 2003. S. 40.

68 Siehe WOODFORD, a.a.O., S. 40.

69 Siehe J. B. TAYLOR, The ECB and the Taylor-Rule. „The International Economy", September/October 1998, S. 58.

- Steigt die Inflationsrate um 1 Prozentpunkt, dann ist der kurzfristige Zinssatz um 1 ½ Prozentpunkte zu erhöhen.
- Fällt das tatsächliche reale (Brutto-)Inlandsprodukt um 1 Prozentpunkt unter das potenzielle, dann ist der kurzfristige Zinssatz um 0,5 Prozentpunkte zu senken.

Die *neuere Variante* der TAYLOR-Regel lässt sich wie folgt formulieren[70]:

(12) $i = r' + \bar{\pi} + \lambda_I(\pi^* - \bar{\pi}) + \lambda_P \hat{y}^r.$

Von der traditionellen Variante in (10) unterscheidet sich die neuere in *zweierlei* Hinsicht: *Erstens* wird der langfristig realisierte Gleichgewichtswert des nominalen kurzfristigen Zinssatzes (kurz: nominaler Gleichgewichtszins) nicht durch $(r' + \pi)$, sondern durch $(r' + \bar{\pi})$ bestimmt und *zweitens* tritt in der Inflationslücke an die Stelle der aktuellen Inflationsrate $(\pi)$ die erwartete Inflationsrate $(\pi^*)$. Die erste Modifikation erscheint insofern folgerichtig, als die Zentralbank bei zielkonformer Wirtschaftsentwicklung, d.h. bei $\pi^* = \bar{\pi}$ und $\hat{y}^r = 0$, den TAYLOR-Zins so fixiert, dass er dem nominalen Gleichgewichtszins entspricht und für die dabei zu berücksichtigende erwartete Inflationsrate $(\pi^*)$ dann das langfristige Inflationsziel $(\bar{\pi})$ einzusetzen ist. Die zweite Modifikation ist sinnvoll, weil die Inflationsrate nur verzögert auf geldpolitische Maßnahmen reagiert und diese deshalb an der für die Zukunft erwarteten bzw. prognostizierten Inflationsrate ausgerichtet werden sollte[71]. Eine derartige Orientierung entspricht im Übrigen auch der Vorgehensweise bei der bereits behandelten Strategie eines direkten Inflationsziels.

Die TAYLOR-Regel in der neueren Variante (12) ist hinsichtlich ihrer Anwendung analog zur traditionellen Variante (10) zu erklären. Bei Bezugnahme auf die Inflationslücke ist lediglich zu beachten, dass an die Stelle der aktuellen Inflationsrate $(\pi)$ die erwartete Inflationsrate $(\pi^*)$ tritt. Aussagen zum Ausmaß der Veränderungen des (nominalen) TAYLOR-Zinses sind auch hier möglich, wenn (12) so umgeformt wird, dass auf der linken Seite dieser Gleichung der *reale* TAYLOR-Zins erscheint. Dazu wird auf beiden Seiten von (12) die erwartete Inflationsrate $(\pi^*)$ subtrahiert. Man erhält dann

$$i - \pi^* = r' + \bar{\pi} - \pi^* + \lambda_I(\pi^* - \bar{\pi}) + \lambda_P \hat{y}^r$$

bzw.

(13) $i - \pi^* = r' + (\lambda_I - 1)(\pi^* - \bar{\pi}) + \lambda_P \hat{y}^r.$

---

70 Sie entspricht - etwas vereinfacht dargestellt - der Darstellung bei R. CLARIDA, J. GALI, M. GERTLER, Monetary policy rules in practice. Some international evidence. „European Economic Review“, Vol. 42 (1998), S. 1036 f. - Eine ähnliche Beziehung wird von der Europäischen Zentralbank formuliert (Monatsbericht Oktober 2001, S. 46). Sie unterscheidet sich von (12) dadurch, dass anstelle der erwarteten Inflationsrate $(\pi^*)$ die aktuelle Inflationsrate $(\pi)$ verwendet wird. Auch E. GÖRGENS, K. RUCKRIEGEL, F. SEITZ (a.a.O., S. 255) formulieren die TAYLOR-Regel ähnlich wie in (12). Ihre Formulierung unterscheidet sich jedoch von (12) dadurch, dass sie zu $r'$ nicht $\bar{\pi}$ (wie auf der rechten Seite von (12)), sondern $\pi^*$ addieren. - Siehe hierzu auch H.-P. SPAHN, Geldpolitik. Finanzmärkte, neue Makroökonomie und zinspolitische Strategien. München 2006. S. 207.

71 Insofern trifft die Kritik der DEUTSCHEN BUNDESBANK am traditionellen TAYLOR-Zins, dass „er der Notwendigkeit vorausschauenden Verhaltens nicht hinreichend Rechnung trägt“ (Monatsbericht April 1999, S. 51), auf die neuere Variante nicht zu.

Damit bei einer zu hohen erwarteten Inflationsrate (d.h. bei $\pi^* > \bar{\pi}$) von der dann erforderlichen Erhöhung des nominalen TAYLOR-Zinses eine kontraktive (inflationsdämpfende) Wirkung ausgeht, muss der reale TAYLOR-Zins *über* dem realen Gleichgewichtszins *(r')* liegen; umgekehrt müsste er *unter* dem realen Gleichgewichtszins liegen, wenn $\pi^* < \bar{\pi}$. Erforderlich ist für beide Fälle als *Koeffizientenrestriktion* nach Gleichung (13): $\lambda_I > 1$[72]. Aus (12) folgt dann z.B. für einen Anstieg der erwarteten Inflationsrate um 1 Prozentpunkt, dass der kurzfristige Zinssatz um *mehr* als 1 Prozentpunkt zu erhöhen ist. Diese Aussage ist also mit der 1,5 Prozentpunkte-Empfehlung aus der traditionellen Variante vereinbar.

Wird berücksichtigt, dass viele Zentralbanken die erforderliche Zinsanpassung in der geldpolitischen Praxis in kleinen Schritten vollziehen, dann ist Gleichung (12) - und entsprechend Gleichung (10) - wie folgt zu modifizieren:

$$(14) \quad i = \varrho i_{t-1} + (1 - \varrho)(r' + \bar{\pi} + \lambda_I(\pi^* - \bar{\pi}) + \lambda_P \hat{y}^r).$$

Die Größe $\varrho$ gibt dabei den Grad der Zinsglättung durch die Zentralbank an. Für den Spezialfall $\varrho = 0$ erhält man Gleichung (12).

ccc) Die Verwendung des TAYLOR-Zinses als Operationsziel könnte zu dem Eindruck verleiten, es würde eine Strategie der *Zinsfixierung* betrieben. Das ist nicht der Fall. Vielmehr bestehen zwischen der TAYLOR-Regel und der *Geldmengensteuerung* bei konjunkturell bedingten Zielabweichungen *Gemeinsamkeiten*. Sie hängen mit der bereits behandelten antizyklischen Komponente der Geldmengenstrategie zusammen und ergeben sich wie folgt[73]: In einer Boomphase mit überausgelasteten Kapazitäten und einer über dem Zielwert liegenden (erwarteten) Inflationsrate geht das *tatsächliche* Geldmengenwachstum wegen der konjunkturell bedingten hohen Geldnachfrage tendenziell über das *angestrebte* Wachstum hinaus. Deshalb wird die Zentralbank bei Verfolgung eines Geldmengenziels das Geldmengenwachstum in dieser konjunkturellen Situation dämpfen und dazu auf den kurzfristigen Geldmarktsatz als Operationsziel erhöhend einwirken - wie bei Anwendung der TAYLOR-Regel. Umgekehrt wird sie - wiederum wie bei Anwendung der TAYLOR-Regel - das Geldmengwachstum anregen und dazu auf den kurzfristigen Geldmarktsatz als Operationsziel senkend einwirken, wenn sich die Wirtschaft in einer Rezessionsphase befindet und das *tatsächliche* Geldmengenwachstum geldnachfragebedingt schwächer ausfällt als das *angestrebte*. Der Zinssatz wird also bei Anwendung der TAYLOR-Regel (ebenso wie bei einer Geldmengensteuerung) nicht stabilisiert (wie bei einer Zinsfixierung), sondern entsprechend der konjunkturellen Lage angepasst.

ddd) Bei der Interpretation der TAYLOR-Regel ist bisher davon ausgegangen worden, dass sich die Inflations- und Produktionslücke gleichgerichtet, zumindest aber nicht entgegengerichtet, entwickeln. Diese Annahme erscheint gerechtfertigt, solange die Störungen die Nachfrageseite der Volkswirtschaft betreffen, also *Nachfrageschocks* darstellen. Probleme mit der Anwendung der TAYLOR-Regel ergeben sich jedoch, wenn sich die (erwartete) Inflation und die Produktion bei Stö-

---

72 Für den Koeffizienten vor der (relativen) Produktionslücke reicht demgegenüber $\lambda_p > 0$, um die bei $\hat{y}^r > 0$ bzw. $\hat{y}^r < 0$ erforderliche Erhöhung bzw. Senkung des realen TAYLOR-Zinses sicherzustellen.

73 Eine formale Darstellung der entsprechenden Zusammenhänge findet sich in DEUTSCHE BUNDESBANK, Monatsbericht April 1999, S. 53.

rungen *auseinanderentwickeln* und sich die Änderung der Inflationsrate dabei möglicherweise auch nur als vorübergehend erweist. Mit derartigen Entwicklungen muss im Falle von *Angebotsschocks* gerechnet werden, z.B. bei einem Anstieg des Rohölpreises, einer Erhöhung der Mehrwertsteuer oder der Lohnnebenkosten sowie bei Lohnabschlüssen, die über den Produktivitätsanstieg hinausgehen. Entwickeln sich nach einer derartigen Störung die Inflations- und Produktionslücke gegenläufig, dann kann die Frage, ob der kurzfristige Geldmarktzins nach der TAYLOR-Regel herauf- oder herabgesetzt werden soll, nur in Kenntnis der genauen Werte der Koeffizienten $\lambda_I$ und $\lambda_P$ beantwortet werden. Bei Nachfrageschocks ist dieses Wissen demgegenüber nicht erforderlich, solange es nur um die *Richtung* der Veränderung des TAYLOR-Zinses geht, da sich dann die Inflations- und Produktionslücke gleichgerichtet, zumindest aber nicht entgegengerichtet entwickeln. Abgesehen hiervon entsteht überhaupt die Frage, ob der Einsatz geldpolitischer Mittel bei Zielabweichungen infolge von Angebotsschocks, z.B. bei einem drastischen Anstieg des Erdölpreises, die angemessene Therapie darstellt. Steigt die (erwartete) Inflationsrate z.B. nach einem Rohölpreisanstieg nur vorübergehend, weil der Rohölpreisanstieg nicht andauert und sich keine gravierenden Zweitrundeneffekte (z.B. wegen Geldlohnsatzerhöhungen) einstellen, dann erscheint eine Erhöhung des TAYLOR-Zinses als Reaktion auf die nur temporäre (positive) Inflationslücke wegen der kontraktiven Wirkungen auf die Produktion nicht angemessen. Problematisch erscheint es aber auch in diesem Fall, in Hinblick auf eine entstehende (negative) Produktionslücke den Versuch zu unternehmen, diese durch eine expansive Geldpolitik zu beseitigen, weil hierdurch Inflationserwartungen erzeugt werden können. Schließlich ist auch zu bedenken, dass sich die entgegengerichtete Entwicklung der Inflations- und der Produktionslücke bei einem Angebotsschock (wie einem Erdölpreisanstieg) vermutlich unterschiedlich schnell vollzieht. So könnten bei einem Rohölpreisanstieg (anders als bei einem Nachfrageschock) die Preise schneller reagieren als die Produktion, d.h. genauer: die Preise könnten zunächst stärker steigen, als die Produktion sinkt[74]. Die strikte Anwendung der TAYLOR-Regel würde dann Zinsschwankungen zur Folge haben. Offenbar sprechen Gründe dafür, die Geldpolitik im Falle von Angebotsschocks nicht an der TAYLOR-Regel auszurichten[75].

Neben den erwähnten Vorbehalten gibt es noch weitere Probleme bei der praktischen Umsetzung der TAYLOR-Regel als Handlungsanweisung für die Zentralbankpolitik. Sie resultieren zum einen daraus, dass wichtige Bestandteile der TAYLOR-Regel, wie der gleichgewichtige Realzinssatz und die Produktionslücke, empirisch nicht exakt ermittelt werden können. Unterschiedliche Berechnungsverfahren führen hier zu beträchtlich divergierenden Ergebnissen, so dass der von der Zentralbank zu fixierende TAYLOR-Zins nicht unwesentlich durch die Vorgehensweise bei der Schätzung dieser Größen mitbestimmt wird[76]. Ein weiteres Problem besteht in der Festlegung der Gewichte ($\lambda_I$ *und* $\lambda_P$), mit der die

---

[74] Siehe TAYLOR, Discretion versus ..., a.a.O., S. 211.

[75] In diesem Sinne äußert sich auch TAYLOR, indem er feststellt: „ interest rates should follow the path that would have occurred without the oil-price shock" (Discretion versus ..., a.a.O., S. 211).

[76] Siehe EUROPÄISCHE ZENTRALBANK, Monatsbericht Oktober 2001, S. 49. – DEUTSCHE BUNDESBANK, Monatsbericht April 1999, S. 50.

Inflations- und die Produktionslücke in die TAYLOR-Regel eingehen. Je nach Gewichtungsschema kann der TAYLOR-Zins auch deswegen recht unterschiedlich ausfallen. In Hinblick auf die Europäische Zentralbank wäre insbesondere noch zu bedenken, dass deren *vorrangiges* Ziel die Gewährleistung der Preisniveaustabilität ist. Eine TAYLOR-Regel mit *gleichen* Gewichten für die Inflations- und die Produktionslücke wäre dieser Zielvorgabe nicht angemessen[77].

Die oben erwähnten Vorbehalte und Probleme lassen es verständlich erscheinen, dass eine mechanistische Übernahme der TAYLOR-Regel als Handlungsanweisung für die Geldpolitik aus der Sicht der Zentralbankpraxis nicht zweckmäßig erscheint[78]. In diesem strikten Sinne hatte TAYLOR sein Konzept auch nicht verstanden[79]. Der TAYLOR-Regel könnte aber im Rahmen der Zentralbankpolitik als eine in die Informationsbeschaffung und -verwertung einzubeziehende Orientierungsgröße für die kurzfristige Zinsgestaltung Bedeutung zukommen.

Wird die TAYLOR-Regel nicht als normativer, sondern als *positiver* Beitrag beurteilt, dann sind hierzu die Ergebnisse empirischer Analysen heranzuziehen. Die auf die Vereinigten Staaten[80], Deutschland[81] und das Gebiet der Europäischen Wirtschafts- und Währungsunion[82] bezogenen Untersuchungen lassen erkennen, dass sich die tatsächliche Entwicklung kurzfristiger Zinssätze auf der Basis der TAYLOR-Regel, d.h. unter Berücksichtigung der Inflations- und der Produktionslücke, recht gut abschätzen lässt. Auch neuere empirische Untersuchungen der Bank für Internationalen Zahlungsausgleich zeigen, dass Schätzungen der Reaktionsfunktionen der Zentralbanken vom TAYLOR-Typ unter Berücksichtigung eines Glättungsfaktors (entsprechend Gleichung (14)) die Entwicklung der Leitzinsen (wie den Hauptrefinanzierungssatz der EZB) relativ gut nachbilden können[83].

---

77 TAYLOR hat vorgeschlagen, die von ihm aufgestellte, hier als traditionelle Variante bezeichnete Regel als Richtlinie (guideline) für die Geldpolitik der Europäischen Zentralbank zu verwenden, und zwar mit den Gewichten von jeweils 0,5 für die Inflations- und Produktionslücke (siehe TAYLOR, The ECB and ..., a.a.O., S. 58.)

78 Siehe EUROPÄISCHE ZENTRALBANK, Monatsbericht Oktober 2001, S. 50.

79 Siehe TAYLOR, Discretion versus ..., a.a.O., S. 208, 213.

80 Siehe TAYLOR, Discretion versus ..., a.a.O., S. 202 ff. – Siehe dazu auch N. G. MANKIW, Macroeconomics. 6th. ed. New York 2007. S. 421 ff.

81 Siehe DEUTSCHE BUNDESBANK, Monatsbericht April 1999, S. 51 ff.

82 Siehe S. GERLACH, G. SCHNABEL, The Taylor rule and interest rates in the EMU area. „Economics Letters", 67 (2000), S. 165 ff., sowie C. SCHINKE, Der Geldmarkt im Euro-Währungsraum. Geldmarktgeschäfte, Zinsbildung und die TAYLOR Rule. (CeGE-Schriften, Bd. 7). Frankfurt a. M. 2004. S. 203 ff.

83 Siehe BANK FÜR INTERNATIONALEN ZAHLUNGSAUSGLEICH. 78. Jahresbericht. 1. April 2007 – 31. März 2008, S. 74 f.

## Zusammenfassung

1. Soll das reale Inlandsprodukt (bzw. das Preisniveau) gegenüber exogenen Störungen möglichst weitgehend abgeschirmt werden, dann ergibt sich aus der graphischen Analyse eines Modells mit dem HICKSschen Diagramm – analog zur POOLEschen Regel – folgende Aussage: Bei Störungen auf dem Geldmarkt erweist sich die Zinsfixierung der Geldmengenfixierung als überlegen; bei Störungen auf dem Gütermarkt verhält es sich umgekehrt.

2. Eine Zentralbank verfolgt ein Wechselkursziel, indem sie ihre Geldpolitik so ausrichtet, dass sie den Wechselkurs zwischen ihrer Währung und einer anderen kaufkraftstabilen Währung stabilisiert. Die Wechselkursbindung stellt einen nominalen Anker ihrer Geldpolitik dar.

3. Mit einer Geldmengenstrategie werden wegen langer, unsicherer und variabler time lags, mit denen die Inflationsrate auf geldpolitische Maßnahmen reagiert, im Voraus angekündigte Zwischenziele in Form einer bestimmten Wachstumsrate für ein Geldmengenaggregat angesteuert. Für die Bemessung des Geldmengenwachstums spielen eine Rolle: eine Inflationsnorm, die Wachstumsrate des realen Produktionspotenzials und die längerfristige (trendmäßige) Veränderungsrate der Einkommensumlaufgeschwindigkeit des betreffenden Geldmengenkonzepts.

4. Die Preislücke, definiert als Differenz zwischen dem langfristigen (gleichgewichtigen) und dem aktuellen Preisniveau, signalisiert zukünftige Preisentwicklungen. Die Preislücke wird durch einen Liquiditätsüberhang und eine Produktionslücke bestimmt. Die Preislücke lässt sich zu einer realen Geldlücke umformen, die ebenfalls eine Einschätzung der zukünftigen Preisentwicklung ermöglicht.

5. Mit einer Strategie eines direkten Inflationsziels versucht die Zentralbank mit Hilfe (veröffentlichter) Inflationsprognosen eine bestimmte, im Voraus angekündigte Inflationsrate zu realisieren. Anders als diese Form eines strikten inflation targeting berücksichtigt ein flexibles inflation targeting auch weitere Ziele wie die Vermeidung von Unterbeschäftigung.

6. Die TAYLOR-Regel stellt eine (situationsabhängige) geldpolitische Reaktionsfunktion bzw. Regel dar. Sie unterscheidet sich damit von einfachen Regeln, die situationsunabhängig sind, und von optimalen Regeln, die eine geldpolitische Zielfunktion unter Berücksichtigung der Funktionsweise einer Volkswirtschaft optimieren. Genauer beschreibt sie die Steuerung eines von der Zentralbank als Operationsziel benutzten kurzfristigen Zinssatzes in Abhängigkeit von Abweichungen der Inflationsrate von einer Inflationsnorm und des realen Inlandsprodukts von seinem potenziellen Wert bei normaler Kapazitätsauslastung.

## Ausgewählte Literaturangaben zum I. Kapitel


A. ALESINA, Politics and business cycles in industrial democracies. „Economic Policy, A European Forum", Vol. 8 (1989), S. 55 ff. (zu **1**).

R. ANDEREGG, Grundzüge der Geldtheorie und Geldpolitik. München, Wien 2007 (zu **3**).

A. ANDO, E. C. BROWN, J. KAREKEN, R. M. SOLOW, Lags in Fiscal and Monetary Policy. In: Stabilization Policies. A Series of Research Studies. Prepared for the Commission on Money and Credit, Englewood Cliffs, N. J., 1963, S. 2 ff. (zu **2**).

P. BOFINGER in colloboration with J. REISCHLE and A. SCHÄCHTER, Monetary Policy Goals, Institutions, Strategies, and Instruments. Oxford 2001 (zu **3**).

P. BOFINGER, J. REISCHLE, A. SCHÄCHTER, Geldpolitik. Ziele, Institutionen, Strategien und Instrumente. München 1996 (zu **1** und **3**).

R. CAESAR, Die „Autonomie" der Deutschen Bundesbank - Ein Modell für Europa? In: Europäische Zentralbank. Europas Währungspolitik im Wandel. Hrsg. v. R. H. HASSE, W. SCHÄFER. Göttingen 1990. S. 111 ff. ( zu **1**).

R. CLARIDA, J. GALI, M. GERTLER, Monetary policy rules in practice. Some international evidence. „European Economic Review", Vol. 42 (1998), S. 1033 ff. (zu **3**).

DEUTSCHE BUNDESBANK (EDS.), Monetary Policy Strategies in Europe. A Symposium at the Deutsche Bundesbank. München 1996 (zu **3**).

– : Monatsbericht April 1999, S. 47 ff. (zu **3**).

EUROPÄISCHE ZENTRALBANK, Monatsbericht Oktober 2001, S. 43 ff. (zu **3**).

S. GERLACH, L.E.O. SVENSSON, Money and inflation in the Euro Area: A case for monetary indicators? „Bank for International Settlements. Working Papers", No. 98 (2001) (zu **3**).

E. GÖRGENS, K. RUCKRIEGEL, F. SEITZ, Europäische Geldpolitik. Theorie, Empirie, Praxis. 5., völlig neu bearb. Aufl. mit einem Geleitwort von JÜRGEN STARK. Stuttgart 2008 (zu **3**).

A. GRILLI, D. MASCIANDARO, G. TABELLINI, Political and monetary institutions and public financial policies in the industrial countries. „Economic Policy", Vol. 13 (1991), S. 342 ff. (zu **1**).

J. J. HALLMAN, R. D. PORTER, D. H. SMALL, M2 per Unit of Potential GNP as an Anchor for the Price Level. „Board of Governors of the Federal Reserve System. Staff Study", No. 157 (1989) (zu **3**).

– : Is the Price Level Tied to the M2 Monetary Aggregate in the Long Run? „The American Economic Review", Vol. 81 (1991), S. 841 ff. (zu **3**).

O. ISSING, Einführung in die Geldpolitik. 6., überarb. Aufl. München 1996 (zu **2** u. **3**).

C. SCHINKE, Der Geldmarkt im Euro-Währungsraum. Geldmarktgeschäfte, Zinsbildung und die Taylor Rule. (CeGE-Schriften, Bd. 7). Frankfurt a. M. 2004 (zu **3**).

H.-P. SPAHN, Geldpolitik. Finanzmärkte, neue Makroökonomie und geldpolitische Strategien. München 2006 (zu **3**).

L. E. O. SVENSSON, Does the P* Model Provide Any Rational for Monetary Targeting? „German Economic Review", Vol. 21 (2000), S. 69 ff. (zu **3**).

J. B. TAYLOR, Discretion versus policy rules in practice. „Carnegie-Rochester Conference Series on Public Policy", Vol. 39 (1993), S. 195 ff. (zu **3**).

– : A Historical Analysis of Monetary Policy Rules. In: Monetary Policy Rules. (Ed. by J. B. TAYLOR). Chicago, London 1999 (zu **3**).

# *Kapitel II*

# Deutsche Geldpolitik

Geldpolitik wird innerhalb eines bestimmten institutionellen Rahmens betrieben. Er wird durch die Geldverfassung festgelegt und durch die Rolle der für die Geldpolitik verantwortlichen Instanz maßgeblich geprägt. Neben diesem ordnungspolitischen Bereich umfasst die Geldpolitik einen prozesspolitischen Bereich. Er behandelt die Beeinflussung des Wirtschaftsprozesses durch geldpolitische Instrumente. Beide Bereiche, bezogen auf die deutsche Geldpolitik, bilden den Inhalt der folgenden Betrachtungen, die auch einen Abriss der deutschen Währungsgeschichte seit der Reichsgründung bis zur Errichtung der Europäischen Wirtschafts- und Währungsunion bieten.

## 1. Die Zeit der Reichsbank

### a) Die Goldstandardphase bis 1914

*aa) Ausgangslage und Münzgesetze.* – Vor Gründung des Deutschen Reiches im Jahre 1871 war das deutsche Währungswesen stark zersplittert, von großer Vielfalt und sehr unübersichtlich: Auf dem Gebiet des späteren Deutschen Reiches existierten allein sieben Münzsysteme[1]. Dabei dienten z.B. der Taler in Preußen und großen Teilen Norddeutschlands, die Banko-Währung in Hamburg, der Gulden in Süddeutschland als Recheneinheit, und nebeneinander liefen Silber- und Goldmünzen um, überwiegend (wie bei einer *Parallelwährung*) mit schwankendem Austauschverhältnis. Außerdem gab es 33 Banken, die mit dem Notenemissionsprivileg ausgestattet waren, also Notenbanken darstellten[2]. In Anbetracht dieser Gegebenheiten war die Abwicklung von innerdeutschen Zahlungsverpflichtungen häufig mit hohen Transaktions- und Informationskosten verbunden. Der Wunsch nach einer *Vereinheitlichung* des deutschen Währungswesens war

---

[1] Siehe K. Borchardt, Währung und Wirtschaft. In: Währung und Wirtschaft in Deutschland 1876 – 1975. Hrsg. von Deutsche Bundesbank. Frankfurt a.M. 1976. S. 3.

[2] Eine Aufstellung dieser 33 sog. Privatnotenbanken findet sich bei O. Veit, Grundriss der Währungspolitik. 3., durchgängig erneuerte Aufl. Frankfurt a.M. 1969. S. 482 f.

deshalb weit verbreitet. Mit der Reichsgründung waren die politischen Voraussetzungen für eine Realisierung der Reformbestrebungen erfüllt.

Auf dem Weg zu einem einheitlichen deutschen Währungswesen waren zwei Stationen von großer Bedeutung: *erstens* die Vereinheitlichung des Münzwesens und *zweitens* die Schaffung einer zentralen Notenbank. Mit dem Gesetz zur Ausprägung von Goldmünzen aus dem Jahre 1871 und dem Münzgesetz von 1873 wurde für das Deutsche Reich die Goldwährung etabliert[3], wobei gleichzeitig die Mark auf der Basis eines Münzfußes von 1 Mark = 1/2790 kg Feingold als neue Recheneinheit eingeführt wurde. Zunächst zirkulierten neben den neuen Reichsmünzen auch noch Landesmünzen als gesetzliche Zahlungsmittel und darunter auch Silbermünzen (wie die norddeutschen Taler), wobei das Austauschverhältnis gesetzlich fixiert war (wie bei einer *Doppelwährung*). Die Übergangsperiode mit einer *„hinkenden Goldwährung"* endete 1907 mit der Aufgabe des Annahmezwangs für Silbertaler.

*bb) Gründung der Reichsbank.* - Durch das **Bankgesetz von 1875**, das zum 1. Januar 1876 in Kraft trat, erhielt das Deutsche Reich mit der **Reichsbank** eine zentrale Notenbank[4]. Sie entstand durch Umwandlung der Preußischen Bank[5], auf deren Emissionen vorher ohnehin schon fast zwei Drittel aller in Deutschland umlaufenden Noten entfielen[6]. Auch nach Gründung der Reichsbank bestanden sog. **Privatnotenbanken** weiter, und erst Ende 1935 verloren die letzten vier (nämlich die Bayerische Notenbank, die Sächsische Bank zu Dresden, die Württembergische Notenbank und die Badische Bank) das Notenprivileg. Allerdings betrug der Anteil der Reichsbanknoten am gesamten Notenumlauf schon 1880 über 80 v.H. und erhöhte sich bis 1913 auf rd. 95 v.H.

Die *Notenemission* der Notenbanken wurde durch das Bankgesetz von 1875[7] in zweierlei Weise reguliert: *Erstens* wurde für alle Notenbanken eine sog. **indirekte Kontingentierung** eingeführt (§ 9). Sie bedeutete, dass auf den Teil des Notenumlaufs einer Notenbank, der über ihren sog. *Barvorrat* (kursfähiges deutsches Geld[8], jederzeit bei der Reichshauptkasse in Goldmünzen einlösbare Reichskassenscheine, Noten anderer deutscher Banken und Gold in Barren oder ausländischen Goldmünzen) zuzüglich eines ihr zugeteilten Kontingents

---

3 Das Münzgesetz von 1873 sah auch die Prägung (unterwertiger) Scheidemünzen (aus Silber, Nickel und Kupfer) für Nennbeträge von 5,00 M bis zu 1 Pfennig vor.

4 Viel früher waren in anderen Ländern Notenbanken gegründet worden, z.B. die Schwedische Reichsbank 1668, die Bank von England 1694 und die Bank von Frankreich 1800. Siehe zur Entstehung der Notenbanken auch A. I. Bloomfield, Monetary Policy and the International Goldstandard: 1880 - 1914. New York 1959. S. 13.

5 Die Preußische Bank ging aus der von Friedrich dem Großen 1765 gegründeten, mit dem Notenprivileg ausgestatteten Königlichen Giro- und Lehnsbank hervor. Man könnte sie als älteste Vorgängerin der Deutschen Bundesbank betrachten.

6 Siehe Borchardt, a.a.O., S. 13.

7 Das Bankgesetz ist abgedruckt bei K.-D. Seidel, Die Deutsche Geldgesetzgebung seit 1871. München 1973. S. 87 ff.

8 Kursfähiges deutsches Geld waren die Reichsgoldmünzen, die in diese einwechselbaren unterwertigen Reichsmünzen (Scheidemünzen) und für einige Zeit noch einige Landesmünzen, unter denen die Silbertaler - wie erwähnt - erst 1907 „außer Kurs gesetzt" wurden, d.h. ihre Eigenschaft als gesetzliches Zahlungsmittel verloren.

hinausging, eine Notensteuer von 5 v.H. an das Reich zu entrichten war. Etwa zwei Drittel der insgesamt verteilten Kontingente entfielen auf die Reichsbank. *Zweitens* galt für die Reichsbank, aber auch für die meisten Privatnotenbanken[9], die sog. **Dritteldeckung** (§ 17). Danach musste mindestens ein Drittel des Betrages an umlaufenden Noten durch einen Bestand an kursfähigem deutschen Geld, an Reichskassenscheinen und Gold in Barren oder ausländischen Goldmünzen (Bardeckung) und der Rest durch diskontierte Wechsel (bankmäßige Deckung) gedeckt sein. Reichsbanknoten waren in gesetzliche Zahlungsmittel einlösbar, wurden selbst aber erst durch die Bankgesetznovelle vom 1.6.1909 zu einem gesetzlichen Zahlungsmittel. Weiter war die Reichsbank (nach § 14) verpflichtet, Barrengold zum Preis von 1392 Mark für das Pfund Feingold anzukaufen und dafür Notenbankgeld zur Verfügung zu stellen. Durch die Bereitschaft, Gold bzw. Goldmünzen zu einem festen Preis gegen Mark zu verkaufen und anzukaufen, ergab sich - bei freiem Goldverkehr über die Reichsgrenzen - zwangsläufig eine Einbindung in das *internationale Goldstandardsystem*. Dadurch konnte sich der Wechselkurs zwischen der Mark und anderen Goldstandardwährungen nur innerhalb einer engen Bandbreite um die durch die Goldparitäten bestimmten Parikurse bewegen, und zwar zwischen dem sog. Goldexport- und Goldimportpunkt[10].

Die Aufgaben der Reichsbank, zu denen insbesondere die Notenemission gehörte, waren in § 12 des Bankgesetzes allgemeiner formuliert. Danach hatte die Reichsbank den gesetzlichen Auftrag, den „Geldumlauf im gesamten Reichsgebiete zu regeln, die Zahlungsausgleichungen zu erleichtern und für die Nutzbarmachung verfügbaren Kapitals zu sorgen".

Die letzte, wenig konkrete Zielsetzung hat offenbar in der späteren Notenbankpraxis keine wesentliche Rolle gespielt[11]. Die beiden zuerst genannten Aufgaben beinhalteten die Verpflichtung für die Reichsbank, die Voraussetzungen für ein reibungslos funktionierendes innerdeutsches Zahlungssystem zu schaffen. Ein besonderes Anliegen der Reichsbank bestand deshalb darin, den *bargeldlosen Zahlungsverkehr* (Giroverkehr) zu fördern. Hierzu wurde das Filialnetz erheblich ausgebaut, und die Zahlungstransaktionen wurden gebührenfrei durchgeführt. Die Förderung des bargeldlosen Zahlungsverkehrs implizierte die Aufgabe, für die Funktionsfähigkeit des Geschäftsbankensystems Sorge zu tragen, d.h. insbesondere im Fall temporärer Liquiditätsengpässe bei den Geschäftsbanken Refinanzierungshilfe zu leisten. Diese *„lender of last resort"*-Funktion wurde von der Reichsbank zuverlässig erfüllt[12], und zwar vornehmlich durch Rediskontierung von Wechseln und daneben auch durch Gewährung von Lombardkrediten.

Im Übrigen orientierte die Reichsbank die Ausrichtung ihrer Geldpolitik, wenn auch nicht immer, aber im Großen und Ganzen an den „Spielregeln des Goldstandards"[13], indem sie tendenziell bei einer Zunahme des nicht durch Gold

9 Es handelt sich hierbei um die Notenbanken, die sich dem sog. „freiwilligen Zwang" unterworfen hatten (siehe hierzu genauer VEIT, a.a.O., S. 497).

10 Siehe hierzu genauer JARCHOW, RÜHMANN, Monetäre Außenwirtschaft. II., a.a.O., Unterabschnitt II.1b).

11 Vgl. BORCHARDT, a.a.O., S. 17.

12 Vgl. C. GOODHART, The Evolution of Central Banks. Cambridge, Mass., London 1988. S. 110.

13 Vgl. BLOOMFIELD, a.a.O., S. 30, 47.

gedeckten Notenumlaufs auf steigende Zinssätze und umgekehrt bei einer Abnahme auf sinkende Zinssätze hinwirkte. Dazu konnte sie auf die Instrumente der Diskont- und Lombardpolitik zurückgreifen[14].

In ihren Handlungen war die Reichsbank eine *politisch abhängige Währungsbehörde*. Sie wurde von einem Kuratorium beaufsichtigt, dem neben dem Reichskanzler vier beamtete Vertreter der Bundesstaaten angehörten. Die Leitung der Reichsbank lag in den Händen des Reichskanzlers; das Direktorium mit dem Präsidenten an der Spitze war das Exekutivorgan. Seine Mitglieder wurden vom Kaiser auf Vorschlag des Bundesrates auf Lebenszeit ernannt. Die gesetzlich verankerte Abhängigkeit der Reichsbank von politischen Instanzen wurde in ihren Auswirkungen aber dadurch eingeschränkt, dass die Mark in den internationalen *Goldstandard* eingebunden war. Der dieser Währungsordnung innewohnende langfristig wirkende Preisstabilisierungsmechanismus[15] konnte sich deshalb trotz der institutionell gegebenen staatlichen Einflussmöglichkeiten auch auf das Deutsche Reich auswirken. Das geringe Niveau der durchschnittlichen jährlichen Inflationsrate in der Zeit von 1876 bis 1913 von nur rd. 0,3 v.H. verdeutlicht dieses.

*cc) Das Ende des Bankgesetzes.* – Die mit dem Bankgesetz von 1875 geschaffene Geldverfassung wurde in Deutschland kurz nach Ausbruch des Ersten Weltkrieges mit vier Anfang August 1914 erlassenen Finanzgesetzen weitgehend beseitigt bzw. ausgehöhlt. Sie beinhalteten Folgendes:

1. Die bereits einige Tage zuvor de facto erfolgte Suspendierung der Goldeinlösungspflicht von Banknoten (sowohl der Reichsbank als auch der Privatnotenbanken) wurde legalisiert. Sie galt auch für die Reichskassenscheine.
2. Die Notensteuer wurde aufgehoben.
3. Es wurden Darlehenskassen gegründet. Sie gewährten Kredite gegen Verpfändung von Waren und Wertpapieren zu günstigeren Bedingungen als die Reichsbank und zahlten mit Darlehenskassenscheinen, die als Zahlungsmittel fungierten. Die Darlehenskassenscheine wurden in die im Zusammenhang mit der Dritteldeckung erforderliche Bardeckung einbezogen.
4. Von der Reichsbank monetisierte Reichsschatzwechsel und kurzfristige Schatzanweisungen mit einer Laufzeit bis zu 3 Monaten wurden für die im Zusammenhang mit der Dritteldeckung erforderliche bankmäßige (Rest-)Deckung zugelassen.

Die geschilderten Maßnahmen der „finanziellen Mobilmachung“[16] ermöglichten die Kriegsfinanzierung, und sie öffneten, indem sie die Schranken für die Geldschöpfung praktisch aufhoben, den Weg zur großen Inflation der zwanziger Jahre.

---

14 Sporadisch führte die Reichsbank auch *Offenmarktoperationen* durch, und zwar zum ersten Mal 1901 mit Schatzanweisungen zur Beeinflussung des Geldmarktes (vgl. Veit, a.a.O., S. 510).

15 Vgl. hierzu Jarchow, Rühmann, Monetäre Außenwirtschaft. II., a.a.O., S. 36 ff.

16 O. Pfleiderer, Die Reichsbank in der Zeit der großen Inflation, die Stabilisierung der Mark und die Aufwertung von Kapitalforderungen. In: Währung und Wirtschaft ..., a.a.O., S. 159.

## b) Vom Ersten Weltkrieg bis zum Ende der Goldwährung

*aa) Die große Inflation.* – Wie schon angedeutet, waren die Kriegsjahre und vor allem die Jahre danach in gesamtwirtschaftlicher Hinsicht geprägt von einem sich beschleunigenden Preisanstieg, der in der *Hyperinflation von 1923* kulminierte. Diese Entwicklung war insbesondere auf wachsende *Budgetdefizite* zurückzuführen, deren Finanzierung nachhaltig von der Reichsbank unterstützt wurde und die deshalb von einer starken Aufblähung des *Geldvolumens* begleitet waren. Die Budgetdefizite waren vor allem durch die Kriegshandlungen bedingt oder stellten Kriegsfolgekosten dar. Zu letzteren zählten der Schuldendienst für die Kriegsanleihen, die an die Siegermächte zu entrichtenden Wiedergutmachungsleistungen in Form der sog. Reparationen, die Unterstützung der Kriegsopfer und die hohen finanziellen Aufwendungen für den passiven Widerstand gegen die Ruhrbesetzung durch französische und belgische Truppen im Jahre 1923. Die progressiv anschwellende Ausgabenlast bewirkte, dass im Haushaltsjahr 1923/24 nur knapp 20 v.H. der gesamten Ausgaben des Reiches durch Steuern bzw. andere Einnahmen gedeckt waren[17]. Die Budgetdefizite wurden in den Kriegsjahren vornehmlich durch Ausgabe langfristiger *Kriegsanleihen* finanziert, die in erster Linie bei Haushalten, Versicherungsträgern und Sparkassen, weniger aber bei anderen Kreditinstituten untergebracht wurden. Ab 1920 dominierte dagegen die rasch wachsende *schwebende* (kurzfristige) *Schuld* des Reiches als Folge der Budgetfinanzierung. Hieran hatten insbesondere die Schatzanweisungen einen großen Anteil, die durch Diskontierung in das Portefeuille der Reichsbank wanderten, dadurch der bankmäßigen Deckung des Notenumlaufs dienten und zugleich den Bestand an Zentralbankgeld (außerhalb der Reichsbank), also die sog. *monetäre Basis*, erhöhten. An der dadurch bedingten Ausweitung des Geldschöpfungspotenzials waren bis Sommer 1921 auch die bereits erwähnten Darlehenskassen in beachtlichem Maße beteiligt, die Lombarddarlehen an die private Wirtschaft, Gemeinden, Bundesstaaten und Reichsstellen vergaben. Indem die Reichsbank die von den Darlehenskassen im Rahmen ihrer Kreditgewährung ausgegebenen Darlehenskassenscheine ankaufte, d.h. monetisierte, vergrößerte sie die monetäre Basis, und sie verbesserte außerdem ihre im Zusammenhang mit der *Dritteldeckung* relevante Bardeckung[18].

Als weitere wichtige Quelle für die Ausweitung der monetären Basis erwiesen sich schließlich die in den Jahren 1922 und 1923 sprunghaft ansteigenden Wechselrediskontierungen der Reichsbank, die auf eine verstärkte Kreditnachfrage der Wirtschaft hinwiesen. Diese Entwicklung hing u.a. damit zusammen, dass Diskontsätze bis zu 10. v.H. im Jahre 1922 und bis zu 90 v.H. im darauf folgenden Jahr in Anbetracht der vorliegenden Preissteigerungsraten von einigen Tausend Prozent im Jahre 1922 und bis zu etlichen Milliarden Prozent im Jahr 1923 extrem negative *reale* Refinanzierungssätze und damit beträchtliche (spekulative) Schuldnergewinne versprachen.

---

17 Siehe hierzu die Zahlenangaben bei G. STOLPER, fortgeführt von K. HÄUSER und K. BORCHARDT, Deutsche Wirtschaft seit 1870. 2., erg. Aufl. Tübingen 1966. S. 96.

18 Genauer wurde die Reichsbank durch Ankauf von Darlehenskassenscheinen in die Lage versetzt, die doppelte Menge an Reichsschatzwechseln und Reichsschatzanweisungen zusätzlich anzukaufen, d.h. zu monetisieren, ohne dadurch die Dritteldeckung zu beeinträchtigen.

Tabelle: *Bargeldumlauf, Dollarkurs- und Preisindex,* 1914 - 1923[19]

| Zeit | Bargeldumlauf[a)] | Dollarkursindex[b)] | Großhandelspreisindex[c)] |
|---|---|---|---|
| 1914 | 8703 | 1,07 | 1,25 |
| 1915 | 10050 | 1,16 | 1,39 |
| 1916 | 12315 | 1,26 | 1,52 |
| 1917 | 18458 | 1,69 | 1,65 |
| 1918 | 33106 | 1,97 | 2,45 |
| 1919 | 50083 | 11,1 | 8,03 |
| 1920 | 81570 | 17,4 | 14,4 |
| 1921 | 122913 | 45,7 | 34,9 |
| 1922 | 1294748 | 1808 | 1475 |
| 1923 | $496585 \cdot 10^9$ | $1000 \cdot 10^9$ | $1260 \cdot 10^9$ |

[a)] In Mio M., Jahresendstände. - [b)] 4,20 M/$ = 1, Monatsdurchschnitte, 1915 - 1917: Juni, sonst Dezember. - [c)] 1913 = 1, Monatsdurchschnitte, 1915 - 1917: Juni, sonst Dezember.

Ein Indikator für die aus den geschilderten Vorgängen resultierende Aufblähung des Geldvolumens ist die in der Tabelle angegebene Entwicklung des Bargeldumlaufs. Nachdem dieser sich schon in den Kriegsjahren (von Dezember 1914 bis Dezember 1918) in etwa vervierfacht hatte, expandierte er im Jahre 1923 schließlich mit einer jährlichen Wachstumsrate, die mit 38 Milliarden ($10^9$) v.H. ins Astronomische ging. Das extreme Anschwellen der Bargeldbestände hing sicherlich auch damit zusammen, dass Sichtguthaben bei Geschäftsbanken (also Giralgeld) so schnell wie irgend möglich in Bargeld umgetauscht wurden, um damit Sachwerte erwerben oder wertbeständige Finanzanlagen vornehmen zu können. Wie aus der Tabelle weiter hervorgeht, stiegen auch der Wechselkurs des Dollar (M/$) sowie das Preisniveau, ausgedrückt durch den Großhandelspreisindex, auf dem Höhepunkt der Inflation in einem „wahrhaft atemberaubenden Tempo“[20].

Dass das deutsche Geldwesen durch die fortschreitende Inflation in seiner Funktionsfähigkeit stark beeinträchtigt wurde, liegt nahe. So wurde die Funktion der Mark als *Recheneinheit* z.B. dadurch ausgehöhlt, dass Anleihen auf Dollar, auf bestimmte Mengen Roggen, Braunkohle, Steinkohle, Kali oder auf Kilowattstunden lauteten. Zinszahlungen und Tilgung bei solchen wertgesicherten Anleihen erfolgten zwar in Mark, die entsprechenden Beträge errechneten sich aber unter Zugrundelegung des jeweiligen Dollarkurses bzw. der Preise von Roggen, Braunkohle usw.[21]. In Hinblick auf die *Zahlungsmittelfunktion* entstanden für in Mark ausgedrücktes Bargeld Substitute in Form von sog. wertbeständigen Zahlungsmit-

19 Quelle: PFLEIDERER, a.a.O., S. 172. - DEUTSCHE BUNDESBANK (Hrsg.), Deutsches Geld- und Bankwesen in Zahlen 1876 - 1975. Frankfurt a.M. 1976. S. 14.

20 PFLEIDERER, a.a.O., S. 173.

21 Siehe R. STUCKEN, Deutsche Geld- und Kreditpolitik 1914 bis 1963. Tübingen 1964. S. 33 f.

teln, die auf Dollar oder Goldmark[22] lauteten und nach Maßgabe des jeweiligen Dollarkurses in Mark umgerechnet wurden.

*bb) Die Stabilisierung.* – Die schon wegen der Zerrüttung des Geldwesens unumgängliche (Kaufkraft-)Stabilisierung der deutschen Währung gelang mit dem „Wunder der Rentenmark", einem Projekt, das im Wesentlichen von dem Nationalökonomen K. HELFFERICH entwickelt und dessen Verwirklichung dann insbesondere vom Reichsfinanzminister K. LUTHER vorangetrieben wurde. Wichtig für den Erfolg des Reformprojekts war es, Vertrauen in die Wertbeständigkeit der neuen deutschen Währung zu vermitteln. Da das Rentenmarkprojekt keine Golddeckung und Goldeinlösungspflicht der Noten vorsah, musste man für „das von Deckungsideologien erfüllte Volk ... etwas anderes erfinden, das ‚hinter dem Gelde' stehen konnte"[23]. Die Deckung der **Rentenmark** wurde in der Weise konstruiert, dass der gesamte land- und forstwirtschaftliche Boden und das Vermögen von Industrie, Gewerbe und Handel zugunsten der *Deutschen Rentenbank* in bestimmter Höhe belastet wurde[24]. Die hierdurch für die Rentenbank begründete Grundschuld bzw. die ihr übergebenen Schuldverschreibungen lauteten auf Goldmark[25] und waren mit 6 v.H. zu verzinsen. Auf der Basis dieser Ansprüche, die sich insgesamt auf 3200 Mio. Goldmark beliefen, stellte die Deutsche Rentenbank auf 500 Goldmark oder ein Vielfaches davon lautende **Rentenbriefe** aus, die mit 5 v.H. zu verzinsen waren (§ 12 der Rentenbankverordnung). Diese dienten als Deckung für die auf Rentenmark lautenden **Rentenbankscheine**, die zwar keine gesetzlichen Zahlungsmittel darstellten, aber von öffentlichen Kassen anzunehmen waren. Sie mussten auf Verlangen von der Deutschen Rentenbank in Rentenbriefe eingelöst werden; ihr Umlauf war auf höchstens 3200 Mio. Rentenmark beschränkt.

Die Ausgabe der Rentenbankscheine begann am 15. November 1923. Sie zirkulierten neben den auf Mark lautenden Noten. Als anfängliches Austauschverhältnis ergab sich bei einem Dollarkurs von 2,52 Billionen M/$ eine Relation von 0,6 (= 2,52/4,2) Billionen Mark/Rentenmark. Als der amtliche Berliner Dollarkurs dann am 20. November 1923 auf 4,2 Billionen Mark/$ festgesetzt wurde, konnte man ihn auf diesem Niveau stabilisieren. Zu dem sich so ergebenden Wertverhältnis von **1 Rentenmark (= 1 Goldmark) = 1 Billion Mark** erklärte sich die Reichsbank dann bereit, Rentenbankscheine gegen Reichsbanknoten (und umgekehrt) einzutauschen.

Die Rentenbankscheine gelangten in zweierlei Weise in den *Umlauf*: *Erstens* wurde dem Reich für die beiden folgenden Jahre ein Kredit bis zu einem Gesamtbetrag von 1200 Mio. Rentenmark zugesagt, wobei ein nicht zu verzinsender Teilbetrag von 300 Mio. Rentenmark für die Einlösung der Verbindlichkeiten aus

---

22 Der Wert einer Goldmark (GM), ausgedrückt in Mark, ergab sich aus dem laufenden Dollarkurs, dividiert durch den Parikurs von 4,20 GM/$.

23 G. v. EYNERN, Die Reichsbank. Probleme des deutschen Zentralnoteninstituts in geschichtlicher Darstellung. Jena 1928. S. 90.

24 Einzelheiten siehe insbesondere §§ 6 u. 9 der bei SEIDEL (a.a.O.) abgedruckten Rentenbankverordnung vom 15. Oktober 1923.

25 Eine Goldmark hatte ein Goldäquivalent von 1/2790 Kilogramm Feingold (und entsprach damit 1/4,20 $).

Schatzwechseln und Schatzanweisungen bei der Reichsbank sofort zur Verfügung gestellt wurde (§§ 16 und 17 Abs. 1). *Zweitens* war die Deutsche Rentenbank (nach § 16 Abs. 3) berechtigt, der Reichsbank und den Privatnotenbanken „zum Zwecke der Kreditversorgung der Privatwirtschaft" Kredite bis zu ebenfalls 1200 Mio. Rentenmark zu gewähren.

Dass mit dem Rentenmarkprojekt die Stabilisierung gelang, hatte verschiedene Gründe: So vermittelte die Deckungskonstruktion in der Bevölkerung die Vorstellung: „Die Rentenmark ist fundiert auf Grund und Boden, und der ist wertbeständig"[26]. Auch die Ablehnung eines Antrages des Finanzministers auf Erhöhung des Rentenbankkredits an das Reich durch die Rentenbank im Dezember 1923 stellte eine das Vertrauen in die Rentenmark stärkende Maßnahme dar. Ebenso wirkte die starre gesetzliche Begrenzung des Umlaufs an Rentenbankscheinen nach den Erfahrungen mit der immer stärker genutzten Notenpresse vertrauensbildend. Diese mehr *psychologischen* Aspekte waren für den Erfolg der Währungsreform zwar bedeutsam, aber nicht hinreichend; notwendige Voraussetzung war eine generelle Umorientierung hin zu einer *restriktiven Geld- und Fiskalpolitik*. In diesem Sinne wurde bereits am 15. November 1923 die Diskontierung von Schatzanweisungen eingestellt und ihr Bestand bei der Reichsbank durch Tilgungen des Reiches (mit dem oben erwähnten Kredit der Rentenbank) auf Null zurückgeführt. Die Darlehenskassen wurden mit Wirkung vom 30. April 1924 geschlossen, nachdem die relative Bedeutung der Darlehenskassenscheine im Portefeuille der Reichsbank als weitere Quelle der monetären Basis vorher ohnehin deutlich abgenommen hatte. In der Kreditpolitik reagierte die Reichsbank zwar etwas spät, dafür aber einschneidend, indem sie Anfang April 1924 eine *Kontingentierung* der von ihr gewährten Kredite vornahm. Dabei beschränkte sie die Wechselrediskontierungen (ebenso wie ihre Direktkredite) auf das Volumen vom 7.4.1924[27]. Im monetären Bereich wirkte sich außerdem auf der Geldnachfrageseite als preisstabilisierender Faktor der Umstand aus, dass die Umlaufsgeschwindigkeit des Geldes wegen rückläufiger Inflationserwartungen abnahm (die Liquiditätspräferenz also stieg). Schließlich war für den Erfolg der Währungsreform im Bereich der öffentlichen Finanzen wesentlich, dass es gelang, in den ersten Monaten des Jahres 1924 einen *Ausgleich des Budgets* herbeizuführen[28].

*cc) Die Rückkehr zur Goldwährung.* – Dass das deutsche Geldwesen bereits neun Monate nach Einführung der Rentenmark wieder auf eine neue Grundlage gestellt wurde, stand im engen Zusammenhang mit der Regelung der Reparationsverpflichtungen des deutschen Reiches durch den sog. *Dawes-Plan*. Die im **Dawes-Plan** festgelegten Reparationszahlungen waren in Goldmark fixiert, und die Reparationsgläubiger waren daran interessiert, dass die entsprechenden Beträge vom Deutschen Reich aufgebracht und auch in ausländische Währungen transferiert werden konnten. Nach den Erfahrungen mit der großen Inflation sahen sie die Voraussetzungen hierfür am besten in einem System der *Goldwährung* erfüllt. Aber auch auf deutscher Seite bestand Interesse an einer Goldwährung,

26 Stucken, a.a.O., S. 52.
27 Vgl. Veit, a.a.O., S. 323, 534.
28 Vgl. Stucken, a.a.O., S. 57 f.

weil man sich hiervon eine Erleichterung bei der Aufnahme von Auslandskrediten versprach[29].

Die neue Notenbankverfassung beruhte auf dem **Bankgesetz vom 30. August 1924**[30]. Danach besaß die Reichsbank das *Notenprivileg* (abgesehen von noch bestehenden, begrenzten Notenausgaberechten von vier Privatnotenbanken). Die von der Reichsbank ausgegebenen Noten lauteten auf **Reichsmark**, der neuen Währungseinheit. Die alten Reichsbanknoten wurden durch neue im Austauschverhältnis **1 Billion Mark = 1 Reichsmark (RM)** ersetzt.

Der Goldwährungscharakter, mit dem an die Reichsbankverfassung von 1875 angeknüpft wurde, zeigte sich insbesondere in den folgenden drei Regelungen. *Erstens* mussten mindestens 40 v.H. der umlaufenden Noten in Gold oder Devisen gedeckt sein, wobei diese Deckung zu 75 v.H. aus Gold zu bestehen hatte[31]. Für die restliche Deckung von 60 v.H. waren diskontierte Wechsel und Schecks zu halten (§ 28 des Bankgesetzes)[32]. *Zweitens* war die Reichsbank verpflichtet, Barrengold zum Preis von 1392 Reichsmark für das Pfund Feingold gegen Hergabe von Noten anzukaufen (§ 22). *Drittens* sah § 31 vor, dass Noten nach Wahl der Reichsbank in einem festen Wertverhältnis (auf der Basis des Münzfußes von 1 Mark = 1/2790 kg Feingold) in Goldmünzen, Goldbarren oder in Devisen (unter Berücksichtigung ihres jeweiligen Goldgehalts) eingelöst werden. Die Bestimmung über die Einlösbarkeit der Noten trat zwar erst 1930 in Kraft, wurde aber praktisch schon seit 1924 befolgt[33], so dass seit dieser Zeit in Deutschland de facto eine Goldwährung existierte. Da aber keine Goldmünzen ausgeprägt wurden, war diese keine **Goldumlaufswährung** (wie vor 1914), sondern eine sog. **Goldbarren- oder Goldkernwährung**. International gehörte Deutschland wieder dem Goldstandard bzw. genauer dem inzwischen entstandenen **Golddevisenstandard** an.

Die Formulierung der Aufgaben der Reichsbank in § 1 gleicht im Wortlaut der auf S. 33 zitierten Formulierung in § 12 des Reichsbankgesetzes von 1875. Auch die währungspolitischen Befugnisse[34] entsprechen weitgehend den ursprünglichen gesetzlichen Regelungen. *Neuerungen*, die unter dem Aspekt einer Antiinflationspolitik von besonderem Interesse sind, wurden in zweierlei Hinsicht eingeführt: *Erstens* wurde der Zugang öffentlicher Stellen zum Notenbankkredit durch **Kreditplafonds** gesetzlich limitiert. So durfte die Reichsbank dem Reich

---

29 Außerdem lag den Amerikanern, die potenzielle Kreditgeber für deutsche Kreditnehmer waren, an einer Verbreitung des Goldstandards, weil sie über hohe Goldreserven verfügten, die sie teilweise monetisieren wollten. Und schließlich war der damalige Reichsbankpräsident H. SCHACHT schon immer ein entschiedener Anhänger der Goldwährung gewesen.

30 Siehe dazu SEIDEL, a.a.O., S. 200 ff.

31 Eine Unterschreitung war nach § 29 unter bestimmten Bedingungen möglich. Dann war aber eine *Notensteuer* zu entrichten, deren Steuersatz mit der Deckungslücke anstieg.

32 Da die von der Bank diskontierten Wechsel nach § 21 Abs. 1 nur *gute Handelswechsel* sein sollten, konnten nur diese der Restdeckung dienen.

33 Vgl. STUCKEN, a.a.O., S. 67.

34 Hierzu gehören der An- und Verkauf von Gold und Silber, Wechselrediskontierungen, die Vergabe von Lombardkrediten, das Angebot bestimmter Bankdienstleistungen u.a. (siehe im Einzelnen § 21 des Bankgesetzes vom 30. August 1924).

Betriebskredite nur bis zum Höchstbetrag von 100 Mio. RM[35] und der Reichspost sowie der Reichsbahn nur Kredite bis zum Höchstbetrag von zusammen 200 Mio. RM gewähren (§ 25). *Zweitens* wurde die **Unabhängigkeit** der Reichsbank von der Reichsregierung gesetzlich verankert (§ 1)[36]. Das Reichsbankdirektorium mit einem Präsidenten an der Spitze bestimmte die Währungs-, Diskont- und Kreditpolitik (§ 6). Der Präsident wurde von einem *Generalrat* gewählt, auf den die Regierung aber keinen entscheidenden Einfluss nehmen konnte[37]; die Ernennung der weiteren Mitglieder erfolgte nach Zustimmung des Generalrats durch den Reichsbankpräsidenten.

Geldpolitisch ist von Interesse, dass bereits in dem – auf Betreiben der ausländischen Reparationsgläubiger – erlassenen **Autonomiegesetz** vom 26. Mai 1922 die Leitung der Reichsbank dem Direktorium übertragen worden war[38]. Sie hatte die ihr zugestandene Autonomie aber nicht genutzt, um der inflatorischen Geldmengenausweitung entgegenzuwirken, weil sie die Unterstützung der Budgetfinanzierung durch Notenbankkredite als notwendig ansah und insofern im Konsens mit der Regierung handelte. Institutionelle *Unabhängigkeit* der Zentralbank vom Staat ist also noch keine hinreichende Bedingung für die Verfolgung einer auf Kaufkraftstabilität der Währung ausgerichteten Geldpolitik[39]. Wie im Abschnitt I.1 ausführlicher dargelegt wurde, sprechen aber viele Gründe dafür, dass sie die Chancen für eine konsequent durchgeführte Antiinflationspolitik deutlich verbessert.

*dd) Devisenbewirtschaftung.* – Wie bereits erwähnt, trat der die Noteneinlösung regelnde § 31 des Bankgesetzes vom 30. August 1924 erst 1930 in Kraft. Damit war die 1924 beschlossene Goldwährung[40] dann auch *de jure* hergestellt. Jedoch wurde bereits im Sommer des nächsten Jahres eine umfassende *Devisenbewirtschaftung* verfügt, so dass die freie Einlösbarkeit von Noten in Gold bzw. Devisen – wesentlicher Bestandteil der Goldwährung – nicht mehr gegeben war. Den Hintergrund für diese Entwicklung bildete die hohe Auslandsverschuldung Deutschlands, die auf umfangreiche Kreditaufnahmen der Banken, der übrigen Wirtschaft und öffentlicher Stellen (wie der Kommunen) in der zweiten Hälfte der zwanziger Jahre zurückging und die zum überwiegenden Teil kurzfristig war. Die Problematik der Auslandsschulden wurde deutlich, als der Kapitalzufluss aus dem Ausland nachließ und durch Rückruf der Auslandskredite in einen Kapitalabfluss umschlug. Diese Entwicklung beschleunigte sich nach den hohen

35 Bis zum Ende des Jahres war die Verschuldung des Reiches außerdem auf Null zurückzuführen.

36 Es heißt dort ausdrücklich: „Die Reichsbank ist eine von der Reichsregierung unabhängige Bank, ...“.

37 Der **Generalrat** bestand – zur Sicherung der Reparationsansprüche der Siegermächte – zur Hälfte aus ausländischen Mitgliedern; die deutschen Mitglieder wurden von den (deutschen) Anteilseignern gewählt bzw. bestätigt (vgl. hierzu § 15).

38 Vgl. hierzu und zu dem Folgenden Pfleiderer, a.a.O., S. 160 f.

39 Siehe hierzu auch R. Caesar, Central Banks and Governments: Issues, Traditions, Lessons. Diskussionsbeiträge aus dem Institut für Volkswirtschaftslehre. Universität Hohenheim", Nr. 94 (1994), S. 22.

40 Im § 1 des Münzgesetzes vom 30. August 1924 (siehe Seidel, a.a.O., S. 160) heißt es ausdrücklich: „Im Deutschen Reiche gilt die Goldwährung“.

Stimmengewinnen der Nationalsozialisten bei der Reichstagswahl im September 1930 und dem Zusammenbruch der größten Wiener Bank, der Österreichischen Credit-Anstalt, im Mai 1931 und hatte zur Folge, dass die Reichsbank allein in den beiden Monaten Mai und Juni 1931 fast ein Drittel ihrer Währungsreserven verlor[41]. Um die drohende Erschöpfung der Gold- und Devisenreserven zu vermeiden, wurde durch Notverordnungen der Regierung im Juli und August 1931 die erwähnte **Devisenbewirtschaftung** eingeführt[42]. Sie beendete die Phase freien Devisenverkehrs in der Zeit der restaurierten Goldwährung seit 1924 und sollte für mehr als ein Vierteljahrhundert - bis zur Herstellung der Konvertibilität der Deutschen Mark im Jahre 1958 - Bestand haben.

### c) Das Geldwesen im „Dritten Reich"

Arbeitsbeschaffungsmaßnahmen, Aufrüstung und Kriegsausgaben haben die monetäre Entwicklung in der Zeit des Nationalsozialismus stark geprägt. Hierauf und auf einige institutionelle Änderungen der Geldverfassung soll im Folgenden eingegangen werden.

*aa) Arbeitsbeschaffung.* - Den Hintergrund für die Arbeitsbeschaffungsmaßnahmen bildeten die gravierenden Auswirkungen der 1929 einsetzenden weltweiten Depression, der **Weltwirtschaftskrise**, auch auf den deutschen Arbeitsmarkt. Die Zahl der Arbeitslosen stieg auf dem Höhepunkt im Jahre 1932 auf einen Jahresdurchschnittsstand von rd. 5,6 Millionen[43]. Die schon im Jahr 1932 (unter der Regierung v. PAPEN) eingeleitete Arbeitsbeschaffungspolitik wurde vom Frühjahr 1933 an unter der nationalsozialistischen Herrschaft intensiviert, wobei neben anderen Maßnahmen (wie Zuschüssen zur Gebäudesanierung) die Vergabe öffentlicher Aufträge die wichtigste Rolle spielte. Die *Reichsbank* wirkte an ihrer Finanzierung mit, indem sie sog. **Arbeitsbeschaffungswechsel** ankaufte. Diese wurden von den mit der Durchführung der Arbeiten beauftragten Unternehmungen auf Spezialbanken (wie die Deutsche Gesellschaft für öffentliche Arbeiten, die Deutsche Bau- und Bodenbank) gezogen und von diesen akzeptiert. Für die Geschäftsbanken stellten die mit der *Rediskontzusage* der Reichsbank versehenen Wechsel eine sehr liquide Finanzanlage dar.

Die Arbeitsbeschaffungspolitik war erfolgreich, denn die Zahl der Arbeitslosen sank stetig: von den bereits erwähnten 5,6 Mio. (1932) auf 4,8 Mio. (1933), 2,7 Mio. (1934), 2,2 Mio. (1935) und auf 1,6 Mio. (1936), jeweils im Jahresdurchschnitt gerechnet[44].

---

41 Siehe H. IRMLER, Bankenkrise und Vollbeschäftigungspolitik (1931 - 1936). In: Währung und Wirtschaft ..., a.a.O., S. 286.

42 Die Maßnahmen beinhalteten u.a. für aus dem Ausland anfallende Devisen eine Anbietungspflicht und für Devisenauszahlungen an Ausländer eine Genehmigungspflicht. Einzelheiten hierzu und zur Entwicklung der *Devisenbewirtschaftung* siehe JARCHOW, RÜHMANN, Monetäre Außenwirtschaft. II., a.a.O., S. 98 ff., PFLEIDERER, a.a.O., S. 301ff., und im Detail STUCKEN, a.a.O., S. 92 ff.

43 Im Februar 1932 wurde mit über 6,1 Millionen ein Höchststand erreicht (siehe VEIT, a.a.O., S. 581).

44 Siehe IRMLER, a.a.O., S. 320 f.

*bb) Aufrüstung.* – Nachdem die Arbeitslosigkeit erheblich abgenommen hatte, rückte um die Mitte der dreißiger Jahre mit der sog. „Wehrhaftmachung" die Finanzierung der *Rüstungsausgaben* in den Vordergrund. Die Finanzierung erfolgte zu einem großen Teil mit dem Instrument der sog. **Mefo-Wechsel**, die den Arbeitsbeschaffungswechseln in der Konstruktion entsprachen: Sie wurden von den Rüstungsbetrieben auf die mit geringem Kapital ausgestattete „Metallurgische Forschungsgesellschaft" (Mefo) gezogen und waren mit deren Akzept bei der Reichsbank *rediskontfähig*. Tatsächlich wurden etwa die Hälfte der insgesamt ausgegebenen Mefo-Wechsel (rd. 12 Mrd. RM) von der Reichsbank angekauft und damit in Zentralbankgeld umgewandelt. Im April 1938 traten an die Stelle der Mefo-Wechsel die ebenfalls der Bezahlung von Rüstungsgütern dienenden **Lieferschatzanweisungen**. Sie waren nur lombardfähig, wurden aber dennoch in großen Mengen von den auf Grund ihrer hohen rediskontfähigen Wechselbestände liquiden Geschäftsbanken übernommen und damit monetisiert. Die Lieferschatzanweisungen wurden schließlich im Frühjahr 1939 durch **Steuergutscheine** abgelöst. Unternehmungen mussten bei Lieferungen an die öffentliche Hand 40 v.H. des Rechnungsbetrages in Form von Steuergutscheinen entgegennehmen, die dann mit später zu entrichtenden Reichssteuern verrechnet werden konnten[45].

Die Rüstungsausgaben machten vom Haushaltsjahr 1936/37 bis 1938/39 stets mehr als 50 v.H. der gesamten Reichsausgaben aus. Sie hatten deshalb maßgeblichen Anteil an der Entstehung von Budgetdefiziten, die mit Unterstützung der Reichsbank finanziert wurden. Diese Entwicklung führte zu einem Anstieg der Reichsverschuldung um rd. 91 v.H. im gleichen Zeitraum und war von einer Erhöhung des Bargeldumlaufs um knapp 50 v.H. von Ende 1936 bis Ende 1938 begleitet[46]. Es liegt nahe, in einer derartigen Entwicklung den Aufbau eines Inflationspotenzials zu vermuten, wenn Vollbeschäftigung vorliegt (wie im Spätsommer 1937[47]). Auf die Gefahr inflationärer Tendenzen hatte die Reichsbank auch hingewiesen (so in ihrem Verwaltungsbericht von 1937). Als dann das Direktorium Anfang 1939 in einer Eingabe[48] an den „Führer und Reichskanzler" zum Ausdruck brachte, dass die „hemmungslose Ausgabenpolitik" der öffentlichen Hand und ihre Finanzierung zur Inflation führen müsse, und um eine Reihe von Gegenmaßnahmen gebeten wurde, führte dieses zur Entlassung des Reichsbankpräsidenten SCHACHT und der übrigen Direktoriumsmitglieder.

*cc) Kriegsfinanzierung.* – Die ständig steigenden Aufwendungen für Rüstung und Wehrmacht beliefen sich in den Kriegshaushalten des Reiches 1939/40 bis 1944/45 im Durchschnitt auf rd. drei Viertel der Gesamtausgaben[49]. Sie trugen maßgeblich dazu bei, dass trotz der Steuererhöhungen im Krieg und zunehmender „Kontributionen" der besetzten Länder mehr als die Hälfte der immer größer

45 Einzelheiten hierzu siehe STUCKEN, a.a.O., S. 156 f.

46 Ermittelt aus Angaben in DEUTSCHE BUNDESBANK (Hrsg.), Deutsches Geld- und Bankwesen ..., a.a.O., S. 14, 313.

47 Vgl. STUCKEN, a.a.O., S. 153.

48 Siehe hierzu die Kopie bei K.-H. HANSMEYER, R. CAESAR, Kriegswirtschaft und Inflation (1936 - 1948). In: Währung und Wirtschaft ..., a.a.O., S. 381 ff.

49 Ermittelt aus den Zahlenangaben bei HANSMEYER, CAESAR, a.a.O., S. 400.

werdenden Reichsausgaben im Kreditwege finanziert wurde. Dadurch erhöhte sich die Reichsschuld bis Kriegsende (Mai 1945) auf etwa das Achtfache des Standes vom 1.4.1940. Anders als im Ersten Weltkrieg wurden *Kriegsanleihen*, mit denen die breite Öffentlichkeit direkt an der Finanzierung der Rüstungsausgaben beteiligt wird, nicht begeben[50]. Im Wesentlichen erfolgte die Kreditaufnahme durch Abgabe von Reichsschatzwechseln sowie verzinslichen und unverzinslichen Schatzanweisungen an Geschäftsbanken und die Reichsbank. Bei letzterer machte der Bestand an diesen Titeln im letzten Reichsmark-Ausweis (am 7.3.1945) mehr als 95 v.H. der gesamten ausgewiesenen Aktiva aus[51]. Die starke Beteiligung der Reichsbank an der Finanzierung der Budgetdefizite trug maßgeblich dazu bei, dass der Bargeldumlauf bis Kriegsende auf das Fünffache des Standes von Ende 1939 anstieg[52].

Trotz der hohen Budgetdefizite, der starken monetären Expansion und der Vollbeschäftigung erhöhten sich die *Preise* in den Kriegsjahren nur geringfügig. So stiegen die Großhandelspreise in den fünf Jahren von 1939 bis 1944 lediglich um insgesamt rd. 10 v.H. und die Verbraucherpreise nur um insgesamt rd. 12 v.H.[53]. Die Erklärung hierfür liegt in der nationalsozialistischen *Preiskontrolle*, die sich auf die Notverordnungen von 1931 zurückführen lässt, seit 1936 durch Verfügung eines grundsätzlichen **Preisstopps** rigoros gehandhabt und 1938 durch einen allgemeinen **Lohnstopp** noch ergänzt wurde[54]. Da sie mit der Unterbindung von Preiserhöhungen nur die Symptome einer Überbeanspruchung der Produktionsmöglichkeiten unterdrückte, nicht aber die Ursachen der Entstehung eines Inflationspotenzials beseitigte, lag eine Situation vor, die auch als **zurückgestaute Inflation** bezeichnet wird.

Die Preiskontrollen wurden in den Kriegsjahren von einer umfassenden staatlichen *Rationierung* der Güter - auch auf der Ebene des Verbrauchs - flankiert. Die Haushalte waren deshalb in beträchtlichem Maße zum Konsumverzicht gezwungen und sparten entsprechend. Aus ihren *Finanzierungsüberschüssen*, die das Gegenstück zu den *Finanzierungsdefiziten* des Reiches darstellten, bildeten sie Geldvermögen, das vor allem bei den Geschäftsbanken in Form von Einlagen, bei Versicherungen oder in Form von Bargeld als Verbindlichkeit der Reichsbank gehalten wurde. Geschäftsbanken, Versicherungen und Reichsbank wiederum übernahmen - sozusagen in Verlängerung der Kreditkette - die zur Finanzierung der Budgetdefizite emittierten Staatstitel, z.T. mangels Anlagealternativen, z.T. auf Druck des Staates. Bei dieser Methode einer **„geräuschlosen Kriegsfinanzierung“** waren die Haushalte letztlich Gläubiger des Reiches, sicherlich ohne dass dieses den meisten (anders als bei Kriegsanleihen) wegen der Zwischenschaltung der Finanzierungsinstitute bewusst wurde.

---

50 Abgesehen von Anleihen für spezielle Finanzierungszwecke, spielten nur die sog. (lombardfähigen) *Liquiditätsanleihen* eine Rolle, die an Sparkassen und Versicherungsunternehmen abgegeben wurden (vgl. Veit, a.a.O., S. 594).

51 Siehe hierzu die Angaben in Deutsche Bundesbank (Hrsg.), Deutsches Geld- und Bankwesen ..., a.a.O., S. 23.

52 Vgl. ebenda, S. 14.

53 Vgl. hierzu ebenda, S. 7. - Für 1945 enthält die Quelle keine Angaben.

54 Details zur Preiskontrolle und ihrer Entwicklung siehe Hansmeyer, Caesar, a.a.O., S. 407 ff.

*dd) Änderungen in der Reichsbankverfassung.* – In einem totalitären Staat, wie er unter dem nationalsozialistischen Regime bestand, hat eine politisch *unabhängige Notenbank* keinen Platz. Unter diesem Aspekt und mit Blick auf die bereits behandelte *„geräuschlose Kriegsfinanzierung"* sind die im Folgenden zu behandelnden Veränderungen der Reichsbankverfassung zu sehen. Die Degradierung der Reichsbank von einer unabhängigen Zentralbank zu einer weisungsgebundenen Reichsbehörde erfolgte etappenweise. Durch die Bankgesetznovelle von 1933 wurde der Generalrat aufgelöst, und der Reichspräsident (bzw. später der „Führer und Reichskanzler") erhielt das Recht, den Präsidenten und die Direktoriumsmitglieder der Reichsbank zu ernennen und aus wichtigen Gründen abzuberufen[55]. Mit dem Gesetz zur Neuregelung der Verhältnisse der Reichsbank und der Deutschen Reichsbahn vom 10. Februar 1937[56] wurde dann das Direktorium dem „Führer und Reichskanzler" unmittelbar unterstellt sowie die *Unabhängigkeit* der Reichsbank, wie sie in § 1 des Bankgesetzes vom 30. August 1924 verankert gewesen war, beseitigt. Damit hatte das Reich, wie es in der Präambel hieß, „die uneingeschränkte Hoheit über die Reichsbank ... wieder an sich genommen ...".

Eine abschließende und umfassende Neuregelung erfuhr die Notenbankverfassung dann durch das neue **Reichsbankgesetz vom 15. Juni 1939**[57]. Hierdurch wurde die Notenbank endgültig zu einer weisungsgebundenen Reichsbehörde. Nach § 3 dieses Gesetzes wird die Reichsbank „nach den Weisungen und unter Aufsicht des Führers und Reichskanzlers von dem Präsidenten der Deutschen Reichsbank und den übrigen Mitgliedern des Reichsbankdirektoriums geleitet und verwaltet". Sie konnten von ihm jederzeit abberufen werden.

Von besonderer Tragweite für die *Kriegsfinanzierung* und das sich daraus entwickelnde Inflationspotenzial war, dass mit dem neuen Reichsbankgesetz alle wesentlichen Begrenzungen für die Schaffung von Zentralbankgeld beseitigt wurden. Insbesondere wurde dieses durch zwei einschneidende Änderungen erreicht. Die *erste* betraf die Vorschriften über die Gold- und Devisendeckung des Notenumlaufs. Diese wurden aufgehoben; verlangt wurde lediglich, dass die umlaufenden Noten der Reichsbank durch ihre Bestände an Handelswechseln, Lombardforderungen, Schatzwechseln, Reichsschatzanweisungen und andere von der Reichsbank angekaufte Wertpapiere gedeckt sein mussten (§ 21 Abs. 1). Dass hierdurch der Notenumlauf *nicht* begrenzt wurde, ergab sich aus der *zweiten* Änderung. Diese hob die vorher bestehende gesetzliche Begrenzung für die Gewährung von Betriebskrediten an das Reich und für die Hereinnahme von Schatzwechseln[58] auf und räumte dem „Führer und Reichskanzler" das Recht ein, die

---

55 Außerdem wurde mit der Bankgesetznovelle die *Notensteuer* beseitigt (wobei eine Unterschreitung der Gold/Devisen-Deckung in Ausnahmefällen weiter möglich war), und es wurden die Voraussetzungen für die Durchführung von *Offenmarktgeschäften* geschaffen. Diese Möglichkeit nutzte die Reichsbank im Zuge ihrer einzig größeren Offenmarktoperation im November 1933 für Ankäufe von Steuergutscheinen im Umfang von 200 Mio. RM (siehe Veit, a.a.O., S. 574, 583).

56 Siehe Reichsgesetzblatt, Teil II (1937), Nr. 8 vom 12. Februar 1937, S. 47 f.

57 Siehe Seidel, a.a.O., S. 234 ff.

58 Mit der Bankgesetznovelle vom 8. Juli 1926 war der Reichsbank die Möglichkeit eingeräumt worden, *Schatzwechsel* zu diskontieren und zu lombardieren, und zwar bis zu einem Höchstbetrag von insgesamt 400 Mio. RM.

entsprechenden Höchstbeträge zu bestimmen (siehe § 13 Abs. 2 und § 16 Abs. 1). Damit hatte das Reich praktisch unbegrenzten Zugang zum Reichsbankkredit und war deshalb auch nicht mehr auf Finanzierungskonstruktionen wie den Arbeitsbeschaffungswechsel und den Mefo-Wechsel angewiesen. Auch die Notendeckung war wegen der Einbeziehung der Reichsschatzwechsel und Reichsschatzanweisungen in die Notendeckung für die Geldschöpfung der Reichsbank *keine* Beschränkung mehr. Die Voraussetzungen für die *„geräuschlose Kriegsfinanzierung"* waren damit geschaffen.

Nach Kriegsende bestand die Reichsbank noch längere Zeit de jure fort; sie hatte aber keine praktische Bedeutung mehr. Demgegenüber fungierte die Reichsmark-Währung noch für drei Jahre als Recheneinheit und Zahlungsmittel.

## Zusammenfassung

1. Die Reichsgründung (1871) ermöglichte eine Vereinheitlichung des bis dahin stark zersplitterten deutschen Geldwesens, insbesondere durch Errichtung der Reichsbank, die 1876 ihre Tätigkeit aufnahm. Der Notenumlauf war in bestimmter Weise (indirekte Kontingentierung und Dritteldeckung) durch Gold gedeckt, und die neue (auf Mark lautende) deutsche Währung war in den internationalen Goldstandard eingebunden.

2. Auf Grund der von der Reichsbank unterstützten Finanzierung von Budgetdefiziten, die durch Kriegsausgaben und Kriegsfolgekosten bedingt waren, ergab sich eine starke Geldmengenexpansion, die im Jahre 1923 mit einer extremen Inflation (Hyperinflation) einherging. Die Stabilisierung gelang mit der Rentenmarkreform im November 1923 (auf der Basis von 1 Rentenmark = 1 Goldmark = 1 Billion Mark).

3. Die neue Reichsbankverfassung von 1924 knüpfte mit dem Goldwährungscharakter der nunmehr auf Reichsmark lautenden Währung einerseits an die Tradition der Reichsbank in der Vorkriegszeit an, andererseits unterschied sie sich aber von ihr durch die gesetzlich verankerte Notenbankautonomie. Die 1931 auf Grund starker Kapitalabflüsse eingeführte Devisenbewirtschaftung beendete die Phase des restaurierten Goldstandards.

4. In der Zeit des nationalsozialistischen Regimes wurde die monetäre Entwicklung durch die von der Reichsbank unterstützte Finanzierung der Arbeitsbeschaffungsmaßnahmen, der Aufrüstung und der Kriegsausgaben geprägt, die Geldverfassung durch den vollständigen Abbau der Notenbankautonomie. Während der Kriegsjahre akkumulierten die privaten Haushalte zwangsläufig (wegen der Rationierung) in großem Umfang Geldvermögen, insbesondere in Form von Forderungen an das Bankensystem (einschließlich Reichsbank), und letzteres wiederum monetisierte – in Verlängerung der Kreditkette bis zum Staat als letztem Schuldner – Reichsschatzwechsel und Reichsschatzanweisungen. Diese in großem Umfang betriebene „geräuschlose Kriegsfinanzierung" führte zu einer starken Geldmengenexpansion, die sich wegen bestehender Preisstopps nicht in einer offenen, sondern in einer zurückgestauten Inflation niederschlug.

## 2. Nachkriegsreformen und Deutsche Währungsunion

### a) Die Ausgangslage

Die Notwendigkeit für eine grundlegende Umgestaltung der deutschen Geldverfassung in der Nachkriegszeit resultierte letztlich aus den monetären und finanzwirtschaftlichen Entwicklungen während der Zeit des nationalsozialistischen Regimes. Wie oben ausgeführt, wurden die insbesondere durch Rüstungsausgaben bedingten Budgetdefizite vor allem über eine Verschuldung bei der Reichsbank und den Geschäftsbanken finanziert, womit eine starke Geldschöpfung einherging. Geldvolumen und gesamtwirtschaftliches Produktionspotenzial hatten sich dadurch erheblich auseinander entwickelt, und es war ein beträchtlicher *Geld- bzw. Kaufkraftüberhang* entstanden, der ein bedrohliches Inflationspotenzial darstellte. Da die Besatzungsmächte die Preiskontrollen aus der nationalsozialistischen Zeit zunächst beibehielten, indem sie die Preise auf dem Niveau vom Kriegsende (8. Mai 1945) blockierten[59], und da die Zuteilung von Gütern weiter rationiert blieb, bestand die Situation einer *zurückgestauten Inflation* fort. Das tatsächliche Ausmaß des inflationären Drucks zeigte sich jedoch auf den *„schwarzen Märkten“*, auf denen begehrte Güter (wie Nahrungsfette) illegal bis zum Hundertfachen der offiziellen Höchstpreise gehandelt wurden[60]. Vor diesem Hintergrund ist die Tatsache zu sehen, dass die deutsche Währung ihre Geldfunktionen in den ersten Nachkriegsjahren - wie in der Zeit der großen Inflation 1922/1923 - nur noch unzulänglich erfüllen konnte. Sichtbares Zeichen hierfür war insbesondere die Verbreitung der Zigarettenwährung, die als Recheneinheit und Zahlungsmittel diente, und das Vordringen des Naturaltausches. Die hierin zum Ausdruck kommenden Funktionsmängel in der Geldwirtschaft beeinträchtigten die Effizienz der Güterproduktion und -verteilung erheblich.

### b) Von der Bank Deutscher Länder zur Deutschen Bundesbank

Ein erster wichtiger Schritt zur Wiederherstellung eines funktionsfähigen Geldwesens war die Schaffung eines *Zentralbanksystems*. Zunächst wurden von den Militärregierungen in Westdeutschland *Landeszentralbanken* gebildet, und zwar zuerst in der US-Zone um die Jahreswende 1946/1947, danach in der französischen Zone im Frühjahr 1947 und schließlich in der britischen Zone Ende März 1948. Auf der Basis der Landeszentralbanken errichteten die amerikanische und die britische Militärregierung mit dem Gesetz über die Bank Deutscher Länder vom 1. März 1948[61] - nach dem Vorbild des *Federal Reserve System* in den USA - ein **zweistufiges Zentralbanksystem** mit den rechtlich selbständigen Landeszentralbanken als *Unterstufe* und der **Bank Deutscher Länder** als *Oberstufe*. Die Landeszentralbanken in der französischen Zone wurden dann von der französischen Militärregierung angewiesen, der Bank Deutscher Länder mit Wirkung vom 25. März 1948 beizutreten.

---

59 Dieses erfolgte durch Eisenhowers Proklamation Nr. 1 und galt für die Westzonen. (Siehe Hansmeyer, Caesar, a.a.O., S. 421.)

60 Siehe ebenda, S. 423.

61 Siehe Seidel, a.a.O., S. 320 ff.

Die einem streng föderativen Aufbau entsprechende *Zweistufigkeit* des damaligen Zentralbanksystems zeigte sich u.a. in der Ausgestaltung der neu eingeführten Mindestreservepolitik. Nicht nur die Geschäftsbanken mussten bei den Landeszentralbanken Mindestreserven unterhalten, sondern auch die Landeszentralbanken bei der Bank Deutscher Länder. Charakteristisch war ferner, dass sich die Geschäftsbanken durch Einreichung von Wechseln oder Beleihung bestimmter Wertpapiere bei den Landeszentralbanken und sich die Landeszentralbanken auf die gleiche Weise bei der Bank Deutscher Länder refinanzieren konnten.

Die Bank Deutscher Länder war *unabhängig* von deutschen Stellen und erlangte Autonomie gegenüber den Alliierten im Jahre 1951[62]. Die Geschäftspolitik wurde vom *Zentralbankrat* bestimmt und vom *Direktorium* ausgeführt (Artikel IV, Ziffer 20). Der **Zentralbankrat** bestand aus einem Vorsitzenden, dem Präsidenten des Direktoriums und den Präsidenten der angeschlossenen Landeszentralbanken. Zu seinen wichtigsten Aufgaben gehörte die Festsetzung der Diskont- und Lombardsätze gegenüber den Landeszentralbanken und der von ihnen zu unterhaltenen Mindestreserven (Artikel III, Ziffer 19a und b). Außerdem konnte der Zentralbankrat Anweisungen über die Kreditpolitik einschließlich der Diskont- und Lombardsätze der Landeszentralbanken gegenüber den Geschäftsbanken sowie über die Offenmarktgeschäfte der Landeszentralbanken erlassen, und er war befugt, die Haltung von Mindestreserven der Geschäftsbanken bei den Landeszentralbanken zu regeln (Artikel III, Ziffer 11a und 11c). Schließlich durfte die Bank Deutscher Länder kurzfristige Kredite an öffentliche Stellen vergeben, aber nur im Rahmen bestimmter Höchstbeträge (Artikel III, Ziffer 14d). Das Recht, Noten und Münzen auszugeben, erhielt die Bank Deutscher Länder erst im Zusammenhang mit der im nächsten Unterabschnitt zu behandelnden Währungsreform.

Mit dem Gesetz über die Deutsche Bundesbank vom 26. Juli 1957 wurde die dezentrale Organisation des bis dahin bestehenden westdeutschen Zentralbanksystems aufgegeben und ein **einstufiges Zentralbanksystem** geschaffen. Die Landeszentralbanken und die für Westberlin zuständige Berliner Zentralbank verschmolzen mit der Bank Deutscher Länder, wobei letztere rechtlich zu einer Einheitsbank umgestaltet wurde und die Bezeichnung **DEUTSCHE BUNDESBANK** erhielt. Die Landeszentralbanken, die bis dahin Institute mit eigener Rechtspersönlichkeit, mit eigener Bilanz und eigener Ertragsrechnung gewesen waren, wurden formal zu nicht selbständigen Hauptverwaltungen der Deutschen Bundesbank, die aber ihre alte Bezeichnung beibehielten.

### c) Die Währungsreformen von 1948[63]

*aa) Währungsreform in Westdeutschland.* - aaa) Mit der Währungsreform von 1948 und der damit verbundenen (nominalen) Reduktion der Geldmenge sollte

---

62 Vgl. Sonderdrucke der DEUTSCHEN BUNDESBANK Nr. 7, a.a.O., S. 4.

63 Siehe hierzu auch VEIT, a.a.O., S. 595 ff. - STUCKEN, a.a.O., S. 197 ff. - STOLPER, a.a.O., S. 241 ff. - H. MÖLLER, Die westdeutsche Währungsreform von 1948. In: Währung und Wirtschaft ..., a.a.O., S. 433 ff. - O. ISSING, Einführung in die Geldpolitik, a.a.O., S. 22 ff.

der Geldüberhang beseitigt werden[64]. In Westdeutschland[65] wurde die Währungsreform durch vier Gesetze der amerikanischen, britischen und französischen Militärregierungen vollzogen: das *Währungsgesetz*, das *Emissionsgesetz* und das *Umstellungsgesetz* in Verbindung mit dem *Festkontogesetz*. Nur die wichtigsten Regelungen aus diesen Gesetzen sollen erwähnt werden[66].

Nach § 1 des **Währungsgesetzes** wurde die Reichsmark (RM) mit Wirkung vom 21.6.1948 durch die Deutsche Mark (DM) als Währungseinheit ersetzt. Die Erstausstattung mit der neuen Währung wurde nach diesem Gesetz in folgender Weise vorgenommen: Jedem Bewohner in den drei Westzonen wurde gegen Hergabe von 60,– RM ein *Kopfbetrag* von 60,– DM ausgezahlt (40,– DM am 20.6.1948, weitere 20,– DM zwei Monate später). Allen Arbeitgebern wurde ein *Geschäftsbetrag* von 60,– DM pro beschäftigten Arbeitnehmer zugeteilt. Gebietskörperschaften sowie Bahn und Post erhielten DM-Zuweisungen, die in etwa dem Bedarf eines bzw. eines halben Monats entsprachen.

Durch das **Emissionsgesetz** (§ 1) wurde der Bank Deutscher Länder das alleinige Recht zur Ausgabe von Noten und Münzen verliehen[67]. Zugleich wurde eine Umlaufsgrenze von 10 Mrd. DM festgelegt, die später mehrfach erhöht wurde. Mit der Umgestaltung der Bank Deutscher Länder zur Deutschen Bundesbank (1957) entfiel die gesetzliche Begrenzung des Notenumlaufs.

Das **Umstellungsgesetz** in Verbindung mit dem **Festkontogesetz** regelte die Umbewertung von Bestands- und Stromgrößen. *Bestandsgrößen* wurden im Prinzip im Verhältnis von 10 : 1 von Reichsmark in Deutsche Mark umgestellt. Es gab hierbei aber eine ganze Reihe von Ausnahmen: Eine besonders wichtige betraf die sog. *Altgeldguthaben* (Reichsmarkguthaben bei Geschäftsbanken einschließlich der Guthaben, die durch Einzahlung der abzuliefernden Altgeldbestände entstanden waren). Die entsprechenden Regelungen liefen im Wesentlichen darauf hinaus, dass hierbei für inländische natürliche Personen und Unternehmungen ein Umstellungssatz von 10 : 0,65 angewendet wurde[68]. Altgeldguthaben des öffentlichen Sektors (einschließlich Bahn und Post) wurden gestrichen, ebenso Altgeldbestände und Altgeldguthaben der Geschäftsbanken[69]. Wertlos wurden

64 Die Beseitigung des Geldüberhangs hätte man auch in anderer Weise vornehmen können, z.B. durch eine Freigabe der Preise mit der Folge eines Preisniveauanstiegs, wodurch sich die Geldbestände real vermindert hätten, oder im Wege einer (u. U. zeitlich gestreckten) Abschöpfung durch zusätzliche Steuern. Einzelheiten zu diesen Möglichkeiten siehe Veit, a.a.O., S. 598ff., und Möller, a.a.O., S. 436 ff.

65 Für Westberlin galten leicht modifizierte, aber ähnliche Regelungen. Einzelheiten siehe Stucken, a.a.O., S. 219 ff.

66 Einzelheiten siehe Veit, a.a.O., S. 601 ff., und Stucken, a.a.O., S. 201 ff.

67 Im Jahre 1950 ging die *Münzhoheit* auf den Bund über. – Zur Ausgabe von Münzen war die Zustimmung der Bundesbank erforderlich, soweit die im Münzgesetz festgelegten Grenzen überschritten wurden.

68 Von dem umzuwandelnden Betrag wurden zuvor das Neunfache der (vorher im Verhältnis 1 : 1 eingetauschten) Kopfbeträge bzw. das Zehnfache der Geschäftsbeträge abgesetzt.

69 Geschäftsbanken erhielten als Ausgleich hierfür DM-Zuweisungen entsprechend bestimmter Vomhundertsätze (15 bzw. 7,5 v.H.) ihrer Verbindlichkeiten aus Sichteinlagen bzw. befristeten Einlagen und Spareinlagen.

auch die Forderungen an das Reich sowie an die Bahn und Post (soweit Letztere in der Zeit vor Kriegsende entstanden waren).

Anders als Bestandsgrößen wurden *Stromgrößen* umgestellt. So wurden für Löhne und Gehälter, Mieten, Renten, Pensionen und andere regelmäßig wiederkehrende Leistungen ein Umstellungsverhältnis von 1 :1 festgesetzt.

bbb) Aus der Unverwertbarkeit der Forderungen an das Reich ergab sich für Banken (Geschäftsbanken und Zentralbanksystem), Versicherungen und Bausparkassen ein besonderes Problem, weil von diesen Instituten hohe Bestände an Reichstiteln gehalten wurden. Es bestand darin, dass die Aktiva ihrer Bilanzen durch die RM-Umstellung stärker schrumpften als die Passiva, bei denen auch eine angemessene Ausstattung mit Eigenkapital vorzusehen war. Die hierdurch entstandene Deckungslücke auf der Aktivseite wurde in der DM-Eröffnungsbilanz durch **Ausgleichsforderungen** gefüllt, deren Schuldner Bund und Länder sind und die mit 3 ½ bis 4 ½ v.H. verzinst werden.

*bb) Folgen.* – Mit der Währungsreform und der Schaffung eines neuen Zentralbanksystems wurden die monetären Grundlagen für eine funktionsfähige Marktwirtschaft gelegt. Der Übergang hierzu erfolgte wenige Tage nach der Währungsreform im Zuge einer *Preisreform*, mit der Bewirtschaftung und Preisbindung für viele Güter aufgehoben wurden[70]. Die dadurch freigesetzten Marktkräfte, zusätzlich stimuliert durch Steuererleichterungen und unterstützt durch finanzielle Mittel aus dem MARSHALL-Plan, bewirkten in Westdeutschland einen Wirtschaftsaufschwung (das sog. Wirtschaftswunder), der die industrielle Produktion bereits im zweiten Halbjahr 1948 um mehr als die Hälfte steigen ließ[71].

*cc) Währungsreform in Ostdeutschland.* – Der Währungsreform in den Westzonen folgte wenige Tage später (am 23.6.1948) eine Währungsreform in der sowjetischen Besatzungszone, nachdem dort bereits 1945 durch Blockierung von Bankguthaben umfangreiche RM-Bestände stillgelegt worden waren. Insgesamt betrachtet fielen die bei der Umstellung von Reichsmark auf Deutsche Mark-Ost angewendeten Abwertungssätze nicht so drastisch aus wie in den Westzonen[72]. Ein deshalb u.U. verbleibender Geldüberhang hätte sich aber (anders als in den Westzonen) nicht preissteigernd auswirken können, da die Preiskontrollen fortbestanden.

Bereits vor der Währungsreform war in der Ostzone als Gegenstück zur Bank Deutscher Länder die Deutsche Emissions- und Girobank geschaffen worden, die im Zuge der Währungsreform in *Deutsche Notenbank* umbenannt und mit dem Notenprivileg ausgestattet wurde. Aus dieser zunehmend in die zentrale Wirtschaftsplanung einbezogenen Währungsbehörde ging später die **Staatsbank der DDR** hervor, die – abgesehen von einer vorübergehenden Phase reformierter Planung – neben Zentralbankaufgaben auch Geschäftsbankenfunktionen erfüllte.

---

[70] Grundnahrungsmittel, die meisten Rohstoffe und andere wichtige Güter waren hiervon zunächst ausgenommen. Vgl. hierzu auch STOLPER, a.a.O., S. 245.

[71] Der Index der industriellen Produktion erhöhte sich von 51 im Juni auf 79 im Dezember 1948 (siehe Wirtschaft und Statistik, 1. Jg. NF (1949), S. 88*).

[72] Einzelheiten siehe VEIT, a.a.O., S. 607 ff. – STUCKEN, a.a.O., S. 216 ff.

## d) Die Deutsche Währungsunion von 1990[73]

Mit Inkrafttreten des Staatsvertrages über die Währungs-, Wirtschafts- und Sozialunion zwischen der Bundesrepublik Deutschland und der DDR am 1. Juli 1990 wurde – als ein Schritt zur Wiedervereinigung – ein einheitlicher deutscher Währungsraum mit der Deutschen Mark als alleinigem gesetzlichen Zahlungsmittel und der Deutschen Bundesbank als der allein für die Geldpolitik zuständigen Instanz geschaffen. Die damit einhergehende *Umstellung* der Mark der DDR auf Deutsche Mark betraf Bestandsgrößen und Stromgrößen.

*aa) Bestandsgrößen.* – Der *allgemeine Umstellungssatz* für Bestandsgrößen betrug 2 Mark der DDR für 1 Deutsche Mark. Eine wichtige Ausnahme betraf die *Bankguthaben*, die z.T. dadurch entstanden waren, dass auf Mark der DDR lautendes Bargeld zum Zweck der Umstellung auf ein Konto bei einer Bank in der DDR eingezahlt werden musste. Für Bankguthaben von natürlichen Personen mit Wohnsitz in der DDR galt ein bevorzugter Umstellungssatz von 1:1, wobei Höchstgrenzen bestanden (von 2000,– bis 6000,– Mark der DDR), die nach Altersklassen gestaffelt waren. Soweit die Bankguthaben die Höchstgrenzen überstiegen, kam der allgemeine Umstellungssatz von 2:1 zum Zuge. Die Umstellung der Bankguthaben führte zu einem Anstieg der Geldmenge M3 um rd. 15 v.H. Da das Produktionspotenzial der ostdeutschen Länder auf etwa 10 v.H. des westdeutschen Potenzials geschätzt wurde, war dieser „Geldmengensprung" unter stabilisierungspolitischem Aspekt nicht unproblematisch.

Der allgemeine Umstellungssatz von 2:1 wurde auch auf die Verbindlichkeiten der Betriebe, des Wohnungswesens, des Staates und der Privaten angewendet. Deren Schulden wurden also nominal halbiert. Bei einer geringeren Abwertung der Verbindlichkeiten hätten sich die ohnehin zu erwartenden finanziellen Probleme der DDR-Betriebe auf Grund der hohen in D-Mark zu leistenden Tilgungs- und Zinszahlungen noch verschärft.

*bb) Stromgrößen.* – Bei den Stromgrößen war die Umstellung der Löhne und Gehälter von besonderer wirtschaftlicher Bedeutung. Man entschied sich hier für eine Umstellung im Verhältnis 1:1 auf der Grundlage der am 1. Mai geltenden Tarifverträge. Soziale und politische Erwägungen waren ausschlaggebend für diese Entscheidung; unter rein ökonomischem Aspekt musste sie bedenklich erscheinen. Die Bedenken rührten insbesondere daher, dass die ostdeutsche Arbeitsproduktivität auf etwa 40 v.H. des westdeutschen Niveaus geschätzt wurde. Zwar entsprach diesem Produktionsgefälle in etwa ein entsprechend niedrigerer Brutto-Durchschnittslohn; zu berücksichtigen war aber auch ein beträchtliches Qualitätsgefälle im Güterangebot, das preislich auszugleichen gewesen wäre[74].

---

73 Einzelheiten hierzu siehe MONATSBERICHTE DER DEUTSCHEN BUNDESBANK, Juni 1990, S. 42ff., Juli 1990, S. 14 ff.

74 Bei der Einschätzung der Umstellungsrelation für Löhne und Gehälter von 1:1 sollte auch beachtet werden, dass im früher staatlich geregelten Handel zwischen der Bundesrepublik und der DDR ein genereller Umtauschsatz von 4,40 Mark der DDR für 1 D-Mark Anwendung fand (siehe hierzu auch H. HESSE, Zweifache Währungsunion: Probleme und Aussichten. (Kieler Vorträge, 118.). Kiel 1991. S. 23).

Hinzu kam noch, dass hohe Anpassungsforderungen von Lohn- und Gehaltsempfängern (nicht zuletzt wegen des Fortfalls von Subventionen) zu erwarten waren - eine Erwartung, die sich auch bestätigt hat.

*cc) Folgen.* - Liegen die Geldlöhne relativ zur Arbeitsproduktivität und damit die durchschnittlichen Arbeitskosten einer Produkteinheit höher als bei den Konkurrenten und ist dazu die Produktqualität geringer, dann werden Absatzmärkte im freien Wettbewerb an die Konkurrenz (d.h. im Fall der ehemaligen DDR insbesondere an westdeutsche Unternehmungen, aber auch an ausländische Anbieter) verloren gehen. In der Tat zeigte sich, dass die wirtschaftliche Entwicklung in Deutschland im Jahre 1990 stark divergierte: Die westdeutsche Wirtschaft expandierte kräftig, insbesondere auf Grund der ostdeutschen Güternachfrage; in Ostdeutschland stellte sich demgegenüber wegen des hierdurch bedingten Nachfrageausfalls (der durch beträchtliche Einbußen im Exportgeschäft mit osteuropäischen Ländern noch verschärft wurde) eine drastische Verschlechterung der wirtschaftlichen Lage ein. Im zweiten Halbjahr fiel die industrielle Produktion um beinahe 50 v.H., und die Arbeitslosigkeit nahm stark zu[75]. Die soziale Absicherung der hiervon betroffenen Arbeitnehmer, aber auch die Erneuerung der ostdeutschen Produktionsausrüstung und Infrastruktur bedingen hohe Transferleistungen des westlichen an das östliche Deutschland. Erst nach Überwindung einer langen, schwierigen Anpassungsphase verhalfen die Marktkräfte der Wirtschaft Ostdeutschlands zu einem spürbaren Wachstum.

## Zusammenfassung

1. Das im Frühjahr 1948 in Westdeutschland geschaffene Zentralbanksystem war ein zweistufiges System mit den (rechtlich selbständigen) Landeszentralbanken als Unterstufe und der Bank Deutscher Länder als Oberstufe. Aus ihr ging am 26.7.1957 die Deutsche Bundesbank hervor.

2. Mit der Währungsreform in den drei Westzonen am 21.6.1948 (der wenige Tage später eine Währungsreform in der Ostzone folgte) entstand die Deutsche Mark, und zugleich wurde ein beträchtlicher Geldüberhang beseitigt. Die Umstellung von Reichsmark in Deutsche Mark wurde bei den Bestandsgrößen im Prinzip im Verhältnis 10:1 vorgenommen, wobei es aber viele wichtige Ausnahmen gab (z.B. die Umstellung von Altguthaben im Verhältnis 10:0,65).

3. Mit der deutschen Währungsunion vom 1.7.1990 wurde – als wesentlicher Schritt zur Wiedervereinigung – ein einheitlicher deutscher Währungsraum geschaffen. Die Umstellung von Mark der DDR in Deutsche Mark erfolgte für Bestandsgrößen grundsätzlich im Verhältnis 2:1, wobei aber für Bankguthaben (einschließlich der eingezahlten Bargeldbestände) Sonderregelungen bestanden.

---

[75] Der Index der industriellen Produktion sank von 96,2 im Mai auf 50,9 im Dezember 1990, und die Arbeitslosenquote stieg (bei steigender Zahl der Kurzarbeiter) im gleichen Zeitraum von 1,1 auf 7,3 v.H. (siehe MONATSBERICHTE DER DEUTSCHEN BUNDESBANK, März 1991, S. 74*).

## 3. Die Deutsche Bundesbank

### a) Aufgaben

*aa) Aufgaben vor der Anpassung des Bundesbankgesetzes.* – Die zentralen Bestimmungen des Gesetzes über die Deutsche Bundesbank und damit der *Geldverfassung* finden sich in § 3 und § 12. In § 3 hieß es *vor* der Anpassung des Bundesbankgesetzes, die mit dem Übergang in die Endstufe der Europäischen Wirtschafts- und Währungsunion (EWWU) am 1. Januar 1999 erforderlich wurde[76]:

*„Die Deutsche Bundesbank regelt ... den Geldumlauf und die Kreditversorgung der Wirtschaft mit dem Ziel, die Währung zu sichern, und sorgt für die bankmäßige Abwicklung des Zahlungsverkehrs im Inland und mit dem Ausland".*

Die Deutsche Bundesbank sah in dem interpretationsbedürftigen Ziel der „Währungssicherung" eine Verpflichtung zur Geldwertsicherung, d.h. zur Preisniveaustabilisierung[77].

In § 12 hieß es vor der Anpassung des Bundesbankgesetzes:

*„Die Deutsche Bundesbank ist verpflichtet, unter Wahrung ihrer Aufgabe die allgemeine Wirtschaftspolitik der Bundesregierung zu unterstützen. Sie ist bei der Ausübung der Befugnisse, die ihr nach diesem Gesetz zustehen, von Weisungen der Bundesregierung unabhängig".*

Die Deutsche Bundesbank interpretierte § 12 so, dass die Unterstützung der allgemeinen Wirtschaftspolitik der Bundesregierung *„ ... ihre Grenze ... in der Verantwortung für die Sicherung der Währung"* findet[78]. Ob diese Grenze im konkreten Fall erreicht ist, hatte die Bundesbank nach ihrer Auffassung *„ ... nach ihrem eigenen pflichtgemäßen Ermessen zu bestimmen ..."*[79].

Das Entscheidungszentrum für währungs- und kreditpolitische Maßnahmen war der Zentralbankrat der Deutschen Bundesbank[80]. So hieß es vor Anpassung des Bundesbankgesetzes in § 6 (1):

*„Der Zentralbankrat bestimmt die Währungs- und Kreditpolitik der Bank ...".*

*bb) Aufgaben nach der Anpassung des Bundesbankgesetzes.* – Die mit Beginn der Währungsunion in Kraft getretenen Änderungen des Gesetzes über die Deutsche Bundesbank spiegeln ihre nachhaltig veränderte geldpolitische Bedeu-

---

76 Zum Bundesbankgesetz vor der Anpassung siehe Bundesgesetzblatt, Teil I (1992), Nr. 49 vom 30. Oktober 1992, S. 1782 ff., und Bundesgesetzblatt, Teil I (1994), Nr. 42 vom 15. Juli 1994, S. 1465 f. – Zur Anpassung des Bundesbankgesetzes siehe Bundesgesetzblatt, Teil I (1997), Nr. 88 vom 30. Dezember 1997, S. 3274 ff.

77 Siehe Deutsche Bundesbank, Die Geldpolitik der Bundesbank. Frankfurt a.M. 1995. S. 22 ff.

78 Siehe Geschäftsbericht der Deutschen Bundesbank für das Jahr 1957, S. 7.

79 Siehe Monatsberichte der Deutschen Bundesbank, August 1972, S. 16.

80 Seine Zusammensetzung wird im folgenden Unterabschnitt 3c) beschrieben.

tung wider. Die Verantwortlichkeit für die Geldpolitik liegt nunmehr beim Eurosystem, das aus der Europäischen Zentralbank (EZB) und den nationalen Zentralbanken der EU-Mitglieder besteht, die bereits den Euro eingeführt haben[81]; sie erstreckt sich auf den gemeinsamen Währungsraum. Dementsprechend wurde § 3 wie folgt angepasst:

*„Die Deutsche Bundesbank ist als Zentralbank der Bundesrepublik Deutschland integraler Bestandteil des Europäischen Systems der Zentralbanken. Sie wirkt an der Erfüllung seiner Aufgaben mit dem vorrangigen Ziel mit, die Preisstabilität zu gewährleisten, und sorgt für die bankmäßige Abwicklung des Zahlungsverkehrs im Inland und mit dem Ausland ...“.*

In § 12 heißt es jetzt:

*„Die Deutsche Bundesbank ist bei der Ausübung der Befugnisse, die ihr nach diesem Gesetz zustehen, von Weisungen der Bundesregierung unabhängig. Soweit dies unter Wahrung ihrer Aufgabe als Bestandteil des Europäischen Systems der Zentralbanken möglich ist, unterstützt sie die allgemeine Wirtschaftspolitik der Bundesregierung“.*

Bemerkenswert ist, dass in der neuen Fassung von Artikel 12 - anders als in der früheren - die Unabhängigkeit zuerst und danach die Unterstützung der Wirtschaftspolitik der Bundesregierung genannt wird. Hierin kommt zum Ausdruck, welch große Bedeutung man der politischen Unabhängigkeit der Zentralbank heute beimisst.

### b) Funktionen

Die typischen Funktionen einer Zentralbank ergeben sich aus ihrer Rolle als Notenbank, als Bank der Banken, als Bank des Staates und als Verwaltungsinstanz der Währungsreserven[82]. Wie diese Funktionen von der Deutschen Bundesbank erfüllt werden bzw. erfüllt wurden, ist Gegenstand der folgenden Betrachtungen.

*aa) Notenbank.* - Die Notenausgabe war in § 14 (1) des Bundesbankgesetzes geregelt. Artikel 14 (1) lautete *vor* der Anpassung dieses Gesetzes, die mit dem Übergang in die Endstufe der EWWU erforderlich wurde:

*„Die Deutsche Bundesbank hat das ausschließliche Recht, Banknoten im Geltungsbereich dieses Gesetzes auszugeben. Ihre Noten lauten auf Deutsche Mark. Sie sind das einzige unbeschränkte gesetzliche Zahlungsmittel ...“.*

Das Emissionsrecht für auf D-Mark und Pfennig lautende Münzen, das sog. **Münzregal**, lag beim Bund. Allerdings war für die Ausprägung von Münzen die Zustim-

---

81 Zum Eurosystem und dem Europäischen System der Zentralbanken siehe genauer Kapitel IV.

82 Siehe zu diesen Funktionen, wie sie von der Deutschen Bundesbank ausgeübt werden, genauer Deutsche Bundesbank, Die Geldpolitik ..., a.a.O., S. 28 ff. - H.-J. Jarchow, Theorie und Politik des Geldes, II. Geldpolitik. 7., neubearb. u. erw. Aufl. Göttingen 1995 (kurz: Jarchow, Geldpolitik, a.a.O.), S. 48 ff.

mung der Bundesbank erforderlich, soweit der Umlauf an Münzen über bestimmte im Münzgesetz festgelegte Grenzen hinausging.

Mit dem Übergang in die Endstufe der EWWU am 1. Januar 1999 und der Einführung des Euro am 1. Januar 2002 wurde das in § 14 kodifizierte Recht zur Notenausgabe der Bundesbank materiell erheblich eingeschränkt und verändert. In seiner am 1. Januar 2002 in Kraft getretenen Fassung lautet § 14 (1) nunmehr[83]:

*„Die Deutsche Bundesbank hat unbeschadet des Artikels 106 Abs. 1 des Vertrages zur Gründung der Europäischen Gemeinschaft das ausschließliche Recht, Banknoten im Geltungsbereich dieses Gesetzes auszugeben. Auf Euro lautende Banknoten sind das einzige unbeschränkte gesetzliche Zahlungsmittel ...“.*

Der Hinweis auf Artikel 106 Abs. 1 des Vertrages zur Gründung der Europäischen Gemeinschaft besagt, dass die Ausgabe von Banknoten nunmehr an die Genehmigung durch die EZB gebunden ist. Außerdem impliziert die Neufassung, dass die D-Mark seit dem 1.1.2002 durch den Euro als einziges gesetzliches Zahlungsmittel abgelöst wurde. Das Münzregal liegt weiter beim Bund; der Umfang der auf Euro und Cent lautenden Münzen bedarf jedoch der Genehmigung durch die EZB.

*bb) Bank der Banken.* – Die Rolle der Zentralbank als „Bank der Banken“ ergibt sich daraus, dass die Geschäftsbanken auf Zentralbankgeld (Guthaben bei der Zentralbank und Bargeld) angewiesen sind. Die Geschäftsbanken benötigen Zentralbankgeld für die Finanzierung von Bargeldabzügen ihrer Kunden und ihrer Mindestreserveverpflichtungen bei der Zentralbank sowie für die Abwicklung von bargeldlosen Zahlungen untereinander. Wie im Kapitel III genauer ausgeführt wird, kann sich zwar die einzelne Geschäftsbank im Rahmen von Geldmarktgeschäften Zentralbankgeld von anderen Geschäftsbanken beschaffen, dem *Bankensystem als Ganzem* steht aber nur so viel Zentralbankgeld zur Verfügung, wie die Zentralbank bereitgestellt hat[84]. Mit der Gestaltung der Zentralbankgeldversorgung nimmt die Zentralbank Einfluss auf das Geld- und Kreditangebot des Geschäftsbankensystems. Dazu setzt sie ihr geldpolitisches Instrumentarium ein. Auf die geldpolitischen Instrumente, die im Rahmen der Bundesbankpolitik eingesetzt wurden, wird im folgenden Unterabschnitt e) dieses Kapitels eingegangen; das geldpolitische Instrumentarium der EZB wird im Abschnitt 3 des letzten Kapitels behandelt.

*cc) Bank des Staates.* – Die Bundesbank ist als „Hausbank“ des Bundes an seiner Kassenhaltung beteiligt, und sie übernimmt Funktionen im Zusammenhang mit der Begebung von Bundeswertpapieren. Allerdings sind frühere Kompetenzen und Aufgaben der Bundesbank im Bereich des Schuldenmanagements[85] des Bundes inzwischen auf die im September 2000 auf Initiative des Bundesmi-

---

83 Siehe Bundesgesetzblatt, Teil I (1999), Nr. 55 vom 21.12.1999, S. 2404.

84 Siehe auch DEUTSCHE BUNDESBANK. Die Geldpolitik ..., a.a.O., S. 33.

85 Nach § 20 (2) des Bundesbankgesetzes *vor* In-Kraft-Treten seiner Änderung Ende April 2002 sollten Schuldverschreibungen und Schatzwechsel des Bundes, der Sondervermögen des Bundes und der Länder in erster Linie durch die Deutsche Bundesbank begeben werden.

nisteriums der Finanzen gegründete Gesellschaft *„Bundesrepublik Deutschland - Finanzagentur GmbH"* übertragen worden. Die Bundesbank führt jedoch im Auftrag der **Finanzagentur** die Auktionen von handelbaren Bundeswertpapieren auf Rechnung des Bundes durch und wirkt auch beim Absatz der Daueremissionen des Bundes mit. In ihrer Rolle als Hausbank des Bundes ist die Bundesbank außerdem an der *Kurspflege* für börsennotierte Bundeswertpapiere beteiligt, indem sie durch Verkäufe bzw. Käufe entsprechender Schuldtitel erratische Kursausschläge dämpft.

Bis Ende 1993 durfte die Deutsche Bundesbank dem Bund und seinen Sondervermögen sowie den Ländern zur Deckung eines kurzfristigen Finanzierungsbedarfs auch *Kassenkredite* in Form von Buch- und Schatzwechselkrediten im Rahmen bestimmter Obergrenzen (Kreditplafonds) gewähren[86]. Mit dem Übergang zur zweiten Stufe der Europäischen Wirtschafts- und Währungsunion am 1.1.1994 sind notenbankfinanzierte Staatskredite verboten. Parallel zum Verbot von Zentralbankkrediten entfiel die für den Bund, bestimmte öffentliche Sondervermögen und Länder bestehende Verpflichtung, ihre flüssigen Mittel grundsätzlich unverzinslich auf Girokonten der Bundesbank zu halten (Einlagepflicht)[87]. Da aber das Bundesbankkonto auch nach Wegfall der Einlagepflicht zentrales Dispositionskonto der Bundes bleibt, gibt es weiterhin Transaktionen auf diesem Konto. Sie bewegen sich jedoch im Rahmen niedriger Sockelbeträge, da Einlagen bei der Bundesbank - anders als bei Geschäftsbanken - unverzinslich sind.

*dd) Verwaltungsinstanz der Währungsreserven.* - Die Rolle der Deutschen Bundesbank als Verwaltungsinstanz der *Währungsreserven*[88] ist eng mit ihren *Devisentransaktionen* verknüpft. Die hohen Währungsreserven, die die Bundesbank seit der Währungsreform 1948 akkumuliert hat, gehen vor allem darauf zurück, dass sie über diesen langen Zeitraum hinweg auf Grund der Zahlungsbilanzsituation im Zuge von Interventionen auf dem Devisenmarkt mehr Devisen angekauft als verkauft hat. Devisenmarktinterventionen erfolgten bis zu Beginn der siebziger Jahre, um die Wechselkursparität gegenüber dem US-Dollar entsprechend den Bretton Woods-Vereinbarungen über den Internationalen Währungsfonds (IWF)[89] stabil zu halten. Die seit Beginn der siebziger Jahre zunehmend ausgehöhlte Verpflichtung zur Wechselkursstabilität wurde mit der 1978 in Kraft getretenen zweiten Änderung des IWF-Abkommens auch de jure suspendiert.

Seit März 1979 existierte im Rahmen der EG ein **Europäisches Währungssystem (EWS)**[90], dessen Teilnehmer untereinander eine Zone stabiler Wechselkurse bildeten, gegenüber Drittwährungen (wie dem US-Dollar) aber ihre Wechselkurse im Grundsatz frei schwanken ließen (*Block-Floating*). Wesentli-

---

86 Einzelheiten hierzu siehe DEUTSCHE BUNDESBANK, Monatsbericht Januar 1994, S. 33 ff.

87 Damit entfiel für die Bundesbank auch die sog. **Einlagenpolitik** als Instrument der Geldpolitik. Siehe hierzu auch den Unterabschnitt 3e) in diesem Kapitel.

88 Die *Währungsreserven* bestehen aus dem Goldbestand und den Goldforderungen (goldwertgesicherte Auslandsforderungen), den Devisenreserven, der Reserveposition im Internationalen Währungsfonds und den Sonderziehungsrechten.

89 Siehe hierzu JARCHOW, RÜHMANN, Monetäre Außenwirtschaft. II, a.a.O., Unterabschnitt IV.2c).

90 Siehe hierzu ebenda, Abschnitt X.2.

cher Bestandteil des EWS war die **Europäische Währungseinheit** (**ECU**[91]). Ihr Wert ergab sich aus einem Korb bestimmter fester Beträge von Währungen der Teilnehmerländer[92]; sie war also eine *Korbwährung*. Für alle Teilnehmerländer wurden *Leitkurse* fixiert (z.B. 1,97738 DM/ECU), die geändert werden konnten, aber nur gemeinsam. Aus den Leitkursen ergaben sich als Kreuzkurse sog. *bilaterale Leitkurse*,[93] die bei der Wechselkursstabilisierung als Mittelkurse dienten. Vereinbart wurde ursprünglich eine zulässige Schwankungsbreite von ± 2,25 v.H. um die bilateralen Leitkurse; sie wurde jedoch nach heftigen Währungskrisen im EWS 1992/93 im Sommer 1993 auf ± 15 v.H. ausgeweitet. Die Zentralbanken der EWS-Mitglieder sorgten durch zweiseitige Devisenmarktinterventionen für die Einhaltung der Schwankungsbreite[94]. Insbesondere während der heftigen EWS-Krisen im Herbst 1992 und Sommer 1993 musste die Bundesbank im Zuge von Devisenmarktinterventionen hohe Beträge von Partnerwährungen kaufen, die unter starken spekulativen Druck geraten waren. Außerdem hatte die Bundesbank von Zeit zu Zeit am *Dollarmarkt* interveniert, obwohl eine Interventionsverpflichtung nicht mehr bestand. Das Ziel der Dollarinterventionen bestand vor allem darin, erratische Wechselkursausschläge zu glätten; zeitweise wurden aber auch US-Devisen verkauft bzw. gekauft, um damit einer als übermäßig angesehenen Abwertung bzw. Aufwertung der D-Mark gegenüber dem US-Dollar entgegenzuwirken.

Das Europäische Währungssystem mit der ECU als zentralem Bestandteil wurde mit dem Übergang zur Währungsunion suspendiert[95]. Der **Euro** (€) ersetzte dabei mit Wirkung vom 1.1.1999 die ECU im Verhältnis *1 Euro für 1 ECU*, wobei den Umrechnungskursen zwischen dem Euro und den Währungen der Mitgliedstaaten der Währungsunion der Wert einer ECU in der betreffenden Währung am 31.12.1998 zu Grunde gelegt wurde. So ergab sich z.B. ein Umrechnungskurs von 1 € = 1,95583 DM. Mit der Einführung der Währungsunion ging auch die Verantwortlichkeit für die Durchführung von Devisenmarktinterventionen im Euro-Währungsgebiet auf die Europäische Zentralbank über. Wenn die Deutsche Bundesbank auf dem Devisenmarkt interveniert, dann geschieht dieses nunmehr im Auftrag der EZB.

---

91 Abkürzung für *European Currency Unit*, außerdem Name einer alten französischen Münze.

92 So waren in der ECU ab September 1989 enthalten: 0,6242 Deutsche Mark (DM), 1,332 Französische Franc (FF), 0,2198 Holländische Gulden (hfl) etc.

93 Der Leitkurs der Währung A (z.B. 1,97738 DM/ECU), geteilt durch den Leitkurs der Währung B (z.B. 6,63186 FF/ECU), ergibt den bilateralen Leitkurs der Währung A gegenüber der Währung B (z.B. 0,298164 DM/FF). Der bilaterale Leitkurs entspricht also dem *Kreuzkurs* aus den beiden ECU-Leitkursen.

94 Drohte z.B. der DM/FF-Wechselkurs unter den unteren Interventionskurs von 0,298 DM/FF zu fallen, dann kauften sowohl die Deutsche Bundesbank als auch die Banque de France Französische Franc gegen D-Mark.

95 Innerhalb der EU besteht jedoch ein neuer Wechselkursmechanismus, dem EU-Mitglieder beitreten können, die noch nicht der Währungsunion angehören. Dieser als **WKM II** bezeichnete Wechselkursmechanismus trat an die Stelle des EWS-Wechselkursmechanismus. Siehe zum WKM II Unterabschnitt IV.1a).

### c) Organe

Da die Deutsche Bundesbank nach dem Eintritt in die Endstufe der EWWU keine eigenständigen geldpolitischen Befugnisse mehr besaß und sich ihre Rolle dadurch wesentlich verändert hatte, erschien eine Neuregelung ihrer Organisationsstruktur nahe liegend. Weil die Anpassung auch die Interessen der Länder berührte, gab es bei der Abwägung verschiedener Modelle im Gesetzgebungsverfahren Verzögerungen, bis ein konsensfähiger Vorschlag zustande kam. Die erforderlichen Änderungen des Bundesbankgesetzes traten dann Ende April 2002 in Kraft[96].

*aa) Organisationsstruktur vor Änderung des Bundesbankgesetzes.* – Organe der Deutschen Bundesbank *vor* der Anpassung des Bundesbankgesetzes (2002) waren: der Zentralbankrat, das Direktorium und die Vorstände der Landeszentralbanken. Wie oben erwähnt, war der *Zentralbankrat* bis zum Eintritt in die EWWU das Entscheidungszentrum für währungs- und kreditpolitische Maßnahmen der Deutschen Bundesbank. Das *Direktorium* war für die Durchführung der Beschlüsse des Zentralbankrats zuständig. Es leitete alle Verwaltungsangelegenheiten, soweit sie nicht in die Zuständigkeit der Vorstände der Landeszentralbanken fielen.

Die *Vorstände der Landeszentralbanken* führten alle in den Bereich ihrer jeweiligen Hauptverwaltungen[97] fallenden Geschäfte und Verwaltungsangelegenheiten durch und wirkten dabei als eine Art geschäftliche Kontaktstelle zwischen Zentralbanksystem einerseits und Geschäftsbanken sowie Nichtbanken anderseits.

Der *Zentralbankrat* bestand aus dem Präsidenten und dem Vizepräsidenten der Deutschen Bundesbank, den weiteren Mitgliedern des Direktoriums und den (neun) Präsidenten der Landeszentralbanken. Dem *Direktorium* gehörten an: der Präsident und Vizepräsident der Deutschen Bundesbank sowie bis zu sechs weitere (fachlich besonders geeignete) Mitglieder.

*bb) Organisationsstruktur nach Änderung des Bundesbankgesetzes.* – Durch die Ende April 2002 in Kraft getretene Änderung des Bundesbankgesetzes wurden die bis dahin existierenden drei Organe (Zentralbankrat, Direktorium und Vorstände der Landeszentralbanken) zu einem neuen zentralen Leitungsgremium, dem **Vorstand**, zusammengefasst. Hierzu heißt es in § 7 des geänderten Bundesbankgesetzes:

*„Organ der Deutschen Bundesbank ist der Vorstand. Er leitet und verwaltet die Bank“.*

Damit übernimmt der Vorstand insbesondere die Aufgaben des früheren Direktoriums. Außerdem berät er den Präsidenten der Deutschen Bundesbank in seiner

---

[96] Siehe Bundesgesetzblatt, Teil I (2002), Nr. 21 vom 23. März 2002, S. 1159 ff. – Vgl. hierzu auch Deutsche Bundesbank, Monatsbericht Mai 2002, S. 5 ff.

[97] Hauptverwaltungen existieren für: Baden-Württemberg, Bayern, Berlin/Brandenburg, Bremen/Niedersachsen/Sachsen-Anhalt, Hamburg/Mecklenburg-Vorpommern/Schleswig-Holstein, Hessen, Nordrhein-Westfalen, Rheinland-Pfalz/Saarland und Sachsen/Thüringen.

Eigenschaft als Mitglied des EZB-Rats und des Erweiterten Rats[98]. Die nicht mehr als Landeszentralbanken bezeichneten Hauptverwaltungen werden von einem Präsidenten geleitet, der vom Vorstand der Deutschen Bundesbank weisungsabhängig ist. Die Zuständigkeiten innerhalb des Vorstands und die Aufgaben, die den Hauptverwaltungen übertragen werden können, sind in einem *Organisationsstatut* geregelt.

Der Vorstand der Deutschen Bundesbank besteht nach Änderung des Bundesbankgesetzes im Februar 2009 aus dem *Präsidenten und Vizepräsidenten* sowie *vier weiteren Mitgliedern*. Die Mitglieder des Vorstands werden vom Bundespräsidenten bestellt. Dabei erfolgt die Bestellung des Präsidenten und Vizepräsidenten sowie eines weiteren Mitglieds auf Vorschlag der Bundesregierung und die der übrigen drei Mitglieder auf Vorschlag des Bundesrates im Einvernehmen mit der Bundesregierung. Der Vorstand der Bundesbank hat bezüglich der Vorschläge von Bundesregierung und Bundesrat ein Anhörungsrecht. Die Bestellung der Mitglieder des Vorstands erfolgt für eine Amtszeit von grundsätzlich acht (mindestens fünf) Jahren.

### d) Geldpolitische Strategie der Bundesbank

Neben der in den Notenbankstatuten festgelegten Geldverfassung wird die Zentralbankpolitik durch ihre geldpolitische Strategie und den Einsatz ihres Instrumentariums geprägt. Unter dem Aspekt der *geldpolitischen Strategie* erfuhr die Bundesbankpolitik Mitte der siebziger Jahre eine Neuorientierung. Sie übernahm dabei insofern eine Pionierrolle, als sie Ende 1974 als erste Notenbank ein von ihr angestrebtes Geldmengenwachstum für das folgende Jahr als *monetäres Zwischenziel* festlegte und öffentlich ankündigte. Sie wollte damit einen finanziellen Rahmen schaffen, der eine Ausschöpfung des gesamtwirtschaftlichen Produktionspotenzials bei weitgehender Preisniveaustabilität ermöglichte. Die theoretische Basis ihrer Strategie war einfach: Sie beruhte auf einer Hypothese, die schon aus der klassischen Nationalökonomie bekannt war und durch die Monetaristen eine Renaissance erfuhr. Auf längere Sicht bestimmt die Geldmengenentwicklung die Preisentwicklung und damit das Geldmengenwachstum die Inflationsrate. Auch die öffentliche Festlegung auf ein Geldmengenziel entsprach den Empfehlungen der Monetaristen. Insofern hat der Monetarismus die Strategie der deutschen Geldpolitik mitgeprägt. Allerdings folgte die Deutsche Bundesbank monetaristischen Vorstellungen nur begrenzt: *Erstens* verwendete sie mit der Geldmenge M3 (ebenso wie zunächst mit der sog Zentralbankgeldmenge[99]) ein weit abgegrenztes Geldmengenkonzept und nicht die von den Monetaristen favorisierte, enger abgegrenzte Geldmenge M1. *Zweitens* steuerte sie das Zwischenziel über die Zinsbildung am Geldmarkt und nicht über die monetäre Basis. *Drittens* beanspruchte sie – entgegen monetaristischen Auffassungen – einen beachtlichen diskretionären Handlungsspielraum; denn sie formulierte das Geld-

[98] Zu diesen beiden Gremien siehe Unterabschnitt IV. 1b).

[99] Die *Zentralbankgeldmenge* in der Abgrenzung der Deutschen Bundesbank enthielt den Bargeldumlauf sowie das Mindestreservesoll für Sichtverbindlichkeiten, befristete Verbindlichkeiten und Spareinlagen, jeweils berechnet mit den konstanten Mindestreservesätzen von Januar 1974.

mengenziel seit 1979 als Bandbreite, legte dieses von Jahr zu Jahr neu fest und tolerierte Zielabweichungen.

Als Schlüsselgrößen für die Quantifizierung des angestrebten Geldmengenwachstums dienten ihr seit Mitte 1985 folgende *gesamtwirtschaftliche Eckdaten*:

*erstens* die erwartete Wachstumsrate des realen Produktionspotenzials in einer Größenordnung von 2 bis 3 v.H.,

*zweitens* eine in der mittleren Frist maximal zu tolerierende Inflationsrate (Preisnorm) von 1,5 bis 2 v.H. sowie

*drittens* eine trendmäßige Abnahme der Einkommensumlaufgeschwindigkeit des Geldes, die durch einen Zuschlag von 1 v.H. bei der Zielformulierung ausgeglichen wird.

Das angestrebte Geldmengenwachstum ergab sich dann - entsprechend quantitätstheoretischen Vorstellungen[100] - als Summe der erwarteten Wachstumsrate des Produktionspotenzials, der maximal zu tolerierenden Inflationsrate und des Zuschlags für die Abnahme der Einkommensumlaufgeschwindigkeit. Den so bestimmten Zwischenzielwert versah die Bundesbank - erstmalig für das Jahr 1979 - mit einer Bandbreite, d.h. sie fixierte einen *Zielkorridor*. Auf dieser Grundlage legte der Zentralbankrat bei seiner letzten Zwischenzielfixierung Ende 1997 für das Jahr 1998 ein Geldmengenwachstum innerhalb einer Bandbreite von 3 bis 6 v.H. fest.

## e) Geldpolitische Instrumente der Bundesbank

Die Bundesbank beeinflusste die Geldmengen- und Zinsentwicklung durch Einsatz *ihrer geldpolitischen Instrumente*[101]. Von Anfang an standen ihr dabei (wie schon der Bank Deutscher Länder) die traditionellen Instrumente der Diskont-, Lombard- und Offenmarktpolitik sowie die mit der Bank Deutscher Länder neu eingeführte Mindestreservepolitik zur Verfügung. Mit der **Diskont- und Lombardpolitik** beeinflusste die Bundesbank die Bedingungen, zu denen sich die Geschäftsbanken im Wege der Rediskontierung von Wechseln (Weiterverkauf von Wechseln an die Zentralbank) und der Aufnahme von Lombardkrediten (Zentralbankkredite gegen Verpfändung von Wertpapieren) Zentralbankgeld bei ihr beschaffen konnten. Lombardkredite wurden dabei grundsätzlich nur zur Überbrückung eines kurzfristigen Liquiditätsbedarfs gewährt. Als Aktionsparameter dienten im Rahmen der Diskontpolitik der Diskontsatz und die für jede Geschäftsbank individuell festgelegten Rediskontkontingente (Obergrenzen für die Rediskontierung) und im Rahmen der Lombardpolitik der Lombardsatz. **Offenmarktgeschäfte** (d.h. An- und Verkäufe von Wertpapieren durch die Zentralbank auf eigene Rechnung am offenen Markt) führte die Bundesbank auf dem Kapitalmarkt, insbesondere aber auf dem Geldmarkt durch. Während die sporadischen Offenmarktoperationen auf dem Kapitalmarkt börsenmäßig abgewickelt wurden, betrieb sie Offenmarktpolitik auf dem Geldmarkt zunächst in der Weise, dass sie

---

100 Siehe dazu Unterabschnitt I. 3c) bb).

101 Einzelheiten hierzu siehe JARCHOW, Geldpolitik, a.a.O., S. 100 ff.

für Geldmarktpapiere (wie Schatzwechsel und unverzinsliche Schatzanweisungen) Abgabesätze und bei Rücknahme vor Fälligkeit auch Ankaufssätze fixierte. Im Rahmen der **Mindestreservepolitik** veränderte die Bundesbank die Mindestreservesätze und damit die von den Geschäftsbanken bei der Bundesbank (zinslos) zu haltenden Sichteinlagen. Zu den traditionellen Instrumenten der Geldpolitik und der Mindestreservepolitik kamen die Einlagenpolitik und später weitere Instrumente der geldpolitischen Feinsteuerung wie die Devisenswap- und die Liquidität absorbierenden Devisenpensionsgeschäfte hinzu. Die Bundesbank betrieb *expansive* **Einlagenpolitik**, indem sie Einlagen öffentlicher Haushalte, die bis Ende 1993 wegen der Einlagepflicht bei ihr zinslos zu halten waren, zur verzinslichen Anlage bei Geschäftsbanken freigab, und *kontraktive* Einlagenpolitik, indem sie die Freigabe wieder rückgängig machte. Im Rahmen von **Devisenswapgeschäften** kombinierte die Bundesbank Devisenkassageschäfte mit einem gegenläufigen Devisentermingeschäft. Zur temporären Liquiditätsanreicherung kaufte die Bundesbank z.B. Dollar per Kasse von den Geschäftsbanken (gegen D-Mark) und verkaufte sie gleichzeitig an die Geschäftsbanken per Termin wieder zurück; zur temporären Liquiditätsanspannung verfuhr sie umgekehrt. Bei den Liquidität absorbierenden **Devisenpensionsgeschäften** übertrug die Bundesbank den Herausgabeanspruch auf einen bestimmten Betrag ihrer in den USA angelegten Dollarguthaben auf Geschäftsbanken zu einem Kassakurs, der niedriger war, als der Terminkurs, zu dem sie die Herausgabeansprüche vereinbarungsgemäß später wieder zurückkaufte. Damit entzog sie den Geschäftsbanken für die Laufzeit des Kontrakts Zentralbankgeld.

Die *Mindestreservepolitik* und die *Offenmarktpolitik* haben sich im Laufe der Zeit in ihrer Ausgestaltung erheblich verändert, und sie waren – wie die traditionelle *Refinanzierungspolitik* (d.h. die Rediskontierung von Handelswechseln und die quantitativ weniger bedeutenden Lombardkredite) – auch einem erheblichen Bedeutungswandel unterworfen. Abgesehen davon, dass die Mindestreserveregelungen erheblich vereinfacht und die Mindestreservesätze in den neunziger Jahren zur Vermeidung von Wettbewerbsnachteilen für den heimischen Finanzplatz beträchtlich gesenkt wurden[102], veränderte sich auch die geldpolitische Bedeutung der Mindestreservepolitik[103]. Während den Mindestreservesätzen in der Phase des Festkurssystems von Bretton Woods noch eine große Rolle als geldpolitischer Parameter zukam (z.B. bei der Liquiditätsabschöpfung nach Devisenzuflüssen), hatten sie ihre Bedeutung als *prozesspolitisches Instrument* seit Mitte der neunziger Jahre praktisch verloren. Stattdessen wurde die geldpolitische Bedeutung der Mindestreserveverpflichtung nunmehr darin gesehen, dass sie den *ordnungspolitischen Rahmen* für eine wirksame Geldpolitik verbesserte, indem sie bei den Geschäftsbanken – über die Bargeldabzüge hinaus – einen zusätzlichen stabilen Zentralbankgeldbedarf schafft[104]. Die Offenmarktpolitik, zunächst

---

102 Lag der Mindestreservesatz im Durchschnitt der achtziger Jahre noch bei rd. 5 v.H., so betrug er Mitte 1997 nur noch rd. 1,75 v.H.

103 Vgl. DEUTSCHE BUNDESBANK, Die Geldpolitik ..., a.a.O., S. 130.

104 Außerdem diente sie den Geschäftsbanken als Liquiditätspuffer, weil die Mindestreserveverpflichtung im Monatsdurchschnitt zu erfüllen war. Dadurch wirkte sie dämpfend auf die Zinsschwankungen am Geldmarkt ein und ersparte der Zentralbank so auch ständige Feinsteuerungsoperationen am Geldmarkt.

in Form *definitiver* (d.h. nicht reversibler) Käufe und Verkäufe von Wertpapieren auf dem Geld- und Kapitalmarkt betrieben, spielte bis in die erste Hälfte der achtziger Jahre eine nur untergeordnete Rolle. Mit der Intensivierung der *reversiblen* **Wertpapierpensionsgeschäfte** (Offenmarktkäufe von Wertpapieren durch die Bundesbank mit Rückkaufsvereinbarung im Tenderverfahren[105]) Mitte der achtziger Jahre nahm ihre Bedeutung bei der Steuerung der Bankenliquidität dann aber merklich zu und sukzessive hat sie dann bei der Zentralbankgeldversorgung die traditionellen Formen der Refinanzierungspolitik, insbesondere die Diskontpolitik, in den Hintergrund gedrängt. Dieser Bedeutungswandel lag in der Logik einer Strategie der Geldmengensteuerung; denn Wertpapierpensionsgeschäfte sind flexibel einsetzbar, erfolgen - anders als die Refinanzierungspolitik - auf Initiative der Zentralbank und ermöglichen so eine bessere Kontrolle der Geldmengenentwicklung. Zudem sind sie - im Unterschied zur Festsetzung von Rediskontkontingenten im Rahmen der Diskontpolitik - strikt marktorientiert. Die geschilderten Änderungen in der Ausgestaltung und Bedeutung der geldpolitischen Instrumente der Deutschen Bundesbank haben den Übergang zur einheitlichen Geldpolitik durch das Europäische System der Zentralbanken erleichtert.

### f) Bundesbankpolitik im Rückblick

Die Währungsreformen von 1948, das Gesetz über die Bank Deutscher Länder aus dem gleichen Jahr und später (1957) das Gesetz über die Deutsche Bundesbank bildeten *einen* Teil der Rahmenbedingungen für die Bundesbankpolitik. Der *andere* war eine Restriktion von außen: Durch den Außenhandel und mit der Zeit auch durch den Kapitalverkehr war die Bundesrepublik zunehmend in die Weltwirtschaft eingebunden mit der Folge, dass ihre Geldpolitik in starkem Maße außenwirtschaftlichen Einflüssen ausgesetzt war. Das gilt insbesondere für *die* Phase (west-)deutscher Geldpolitik, in der noch das *Festkurssystem* von Bretton Woods bestand, vergleichsweise weniger für die sich anschließende Phase eines *flexiblen* Dollar-Kurses.

*aa) Geldpolitik im Festkurssystem.* - Die Einbindung in das Festkurssystem von Bretton Woods erfolgte mit dem Beitritt der Bundesrepublik zum Internationalen Währungsfonds (IWF) im August 1952. Auf Grund der IWF-Statuten wurden feste Wechselkurse gegenüber dem US-Dollar festgelegt, wobei letzterer entsprechend der damaligen Goldparität von 35 $/Unze Feingold beim amerikanischen Schatzamt in Gold einlösbar war, allerdings nur von nationalen Währungsbehörden[106]. Für die D-Mark wurde beim Beitritt der Bundesrepublik zum IWF eine Gold- bzw. Dollarparität von 4,20 DM/$ vereinbart. Die mit dem IWF vereinbarten Paritäten waren dabei fallweise änderbar.

---

105 Das **Tenderverfahren** ist ein Ausschreibungsverfahren, bei dem die Zentralbank den Geschäftsbanken auf der Basis der von letzteren abgegebenen konkurrierenden Gebote Zentralbankgeld zuführt oder entzieht. Einzelheiten hierzu siehe Jarchow, Geldpolitik, a.a.O., S. 133 ff., und Unterabschnitt IV.3b).

106 Länder wie Deutschland und Japan waren jedoch (anders als Frankreich) bezüglich dieser Möglichkeit - auch aus politischen Erwägungen - sehr zurückhaltend.

Die durch *außenwirtschaftliche* Einflüsse bedingte Problematik der Geldpolitik war insbesondere Folge der schon seit 1951 chronischen westdeutschen Zahlungsbilanzüberschüsse. Die damit einhergehenden Dollarzuflüsse bereiteten zunächst allerdings noch keine Schwierigkeiten. Zur Auffüllung der Währungsreserven waren sie sogar willkommen, bis die *Dollarknappheit* Ende der fünfziger Jahre weltweit in eine Dollarschwemme umschlug[107]. Auch binnenwirtschaftlich erwies sich die mit den Dollarzuflüssen einhergehende Liquidisierung für Westdeutschland in der ersten Hälfte der fünfziger Jahre noch als unproblematisch, weil *Unterbeschäftigung* herrschte und deshalb eine wirtschaftliche Expansion ohne inflationäre Anspannungen möglich war. In der zweiten Hälfte der fünfziger Jahre zeigten sich dann aber erstmalig die für diese Phase charakteristischen Konflikte zwischen binnen- und außenwirtschaftlichen Erfordernissen. Sie verschärften sich, nachdem die Vollbeschäftigungsschwelle 1959/60 erreicht und überschritten war. Der Überbeanspruchung des Produktionspotenzials und den daraus resultierenden Gefahren für die Preisentwicklung versuchte die Bundesbank, durch eine restriktive Geldpolitik entgegenzuwirken. Der hiermit einhergehende Zinsanstieg verstärkte jedoch die ohnehin bestehenden Devisenbilanzüberschüsse, und im Jahre 1960 wurde das Zahlungsbilanzproblem noch durch spekulative Kapitalzuflüsse akzentuiert. In dieser Situation vollzog die Bundesbank einen Kurswechsel mit dem Ziel, das bestehende Zinsgefälle gegenüber dem Ausland durch eine geldpolitische Auflockerung einzuebnen. Eine *Aufwertung* der D-Mark, die wegen der hohen westdeutschen Leistungsbilanzüberschüsse auch nahe gelegen hätte, wurde von der Bundesregierung zunächst nicht beschlossen[108]. Sie erfolgte erst im März 1961[109] – in Anbetracht der binnen- und außenwirtschaftlichen Situation der Bundesrepublik in den beiden vorausgegangenen Jahren zu spät.

Nach der ersten Mark-Aufwertung hat es dann bis 1967 keine gravierenden, andauernden Konflikte zwischen binnen- und außenwirtschaftlichen Zielen in der westdeutschen Geldpolitik mehr gegeben. Die Situation veränderte sich in der zweiten Hälfte des Jahres 1968, nachdem sich als Folge der Rezession von 1966/67 ein preislicher Wettbewerbsvorteil der Bundesrepublik gegenüber dem Ausland eingestellt hatte. Da sich gleichzeitig der Konjunkturaufschwung ungebremst fortsetzte und schließlich einen Preisauftrieb auslöste, stand die Bundesbank wieder vor dem Dilemma, aus binnenwirtschaftlichen Gründen eine kontraktive und wegen der Zahlungsbilanzüberschüsse eine expansive Geldpolitik befolgen zu müssen. Sie entschied sich zunächst für eine überwiegend zahlungsbilanzorientierte Politik, indem sie eine leicht sinkende Zinstendenz zuließ. Die in Anbetracht der externen und internen Konstellation nahe liegende, auch von der

---

107 Siehe O. EMMINGER, Deutsche Geld- und Währungspolitik im Spannungsfeld zwischen innerem und äußerem Gleichgewicht. In: Währung und Wirtschaft in Deutschland 1876–1975. (Hrsg. v. DEUTSCHE BUNDESBANK). Frankfurt a.M. 1976. S. 502 f.

108 Offenbar wurde ein solcher Schritt auch von der Mehrheit der Mitglieder im Zentralbankrat abgelehnt. Siehe dazu H. SCHLESINGER, H. BOCKELMANN, Monetary Policy in the Federal Republic of Germany. In: Monetary Policy in Twelve Industrial Countries. (Ed. by K. HOLBIK). Boston 1973. S. 186.

109 Mit der Mark-Aufwertung wurde die Dollarparität von 4,20 DM/$ auf 4,00 DM/$ gesenkt.

Bundesbank und dem Sachverständigenrat vorgeschlagene erneute Aufwertung der D-Mark unterblieb zunächst. Da sich die Geldmenge durch Devisenankäufe auf Grund hoher Leistungsbilanzüberschüsse weiter ausweitete und sich die Preisauftriebstendenzen ohnehin verstärkt hatten, vollzog die Bundesbank dann im Laufe des Jahres 1969 einen Kurswechsel hin zu einer binnenwirtschaftlich motivierten Restriktionspolitik. Wegen der offenen außenwirtschaftlichen Flanke, d.h. konkret: auf Grund von Devisenzuflüssen, war die kontraktive Wirkung auf die Bankenliquidität jedoch sehr begrenzt. Eine *zweite Aufwertung* der D-Mark war in Anbetracht der anhaltenden Devisenzuflüsse unumgänglich geworden. Sie erfolgte im Oktober 1969 - ein weiteres Mal zu spät.

Bereits zu Beginn der siebziger Jahre ergaben sich erneut außenwirtschaftlich bedingte Probleme für die (west-)deutsche Geldpolitik. Ausgelöst wurde die Entwicklung dadurch, dass das amerikanische Federal Reserve System in Anbetracht einer drohenden Rezession und hoher Arbeitslosigkeit in den Vereinigten Staaten zu einer Politik des billigen Geldes übergegangen war. Hierdurch entstand ein Zinsgefälle von den europäischen Ländern zu den USA, das beträchtliche Kapitalabflüsse aus den USA in diese Länder und insbesondere in die Bundesrepublik auslöste. Als die Bundesbank schließlich durch Monetisierung der spekulativ noch verstärkten Dollarzuflüsse die Kontrolle über die Geldmengenentwicklung verlor, wurde sie im Mai 1971 durch die Bundesregierung von der Interventionspflicht gegenüber dem Dollar entbunden. Diesem Schritt folgten wenige Monate später die meisten anderen Industrieländer, als die amerikanische Regierung nach einer weltweiten Dollarkrise die *Konvertierbarkeit des Dollar in Gold* am 15. August 1971 *aufhob*. Die Floatingphase fand ein vorläufiges Ende mit dem **Washingtoner Währungsabkommen** vom Dezember 1971, in dem - einhergehend mit einer Dollarabwertung - neue Dollarparitäten festgesetzt wurden[110]. Durch die Rückkehr zum Festkurssystem geriet die Bundesbank bald wieder in das Dilemma, Antiinflationspolitik bei offener außenwirtschaftlicher Flanke, d.h. bei zu monetisierenden Devisenzuflüssen, betreiben zu müssen. Als die Dollarzuflüsse in die Bundesrepublik dann Anfang Februar und März 1973 zu einer wahren Springflut anschwollen und die Geldmengenentwicklung dadurch wieder außer Kontrolle geriet, *stellte* die Bundesrepublik - zusammen mit anderen Ländern der Europäischen Wirtschaftsgemeinschaft (EWG) - *die Dollarstützung Mitte März 1973 ein*. Da danach eine Gruppe von EWG-Ländern untereinander stabile Wechselkurse vereinbarte, entstand so im europäischen Raum erstmalig ein System des sog. **Block-Floating**[111].

*bb) Geldpolitik bei flexiblem Dollarkurs.* - Wurde mit der Renaissance quantitätstheoretischer Vorstellungen, die mit der Verbreitung des Monetarismus einherging, die konzeptionelle Basis für eine Geldmengensteuerung gelegt, so bildete die Suspendierung der Interventionsverpflichtung gegenüber dem US-Dollar die notwendige währungspolitische Voraussetzung dafür, dass eine derartige geldpolitische Strategie auch durchgeführt werden konnte. Allerdings war die au-

110 Einzelheiten hierzu siehe Geschäftsbericht der DEUTSCHEN BUNDESBANK für das Jahr 1971, S. 45 f.

111 Siehe hierzu genauer JARCHOW, RÜHMANN, Monetäre Aussenwirtschaft. II, a. a. O, Unterabschnitt X. 1b) bb).

ßenwirtschaftliche Absicherung gegenüber Devisenzuflüssen und deren Monetisierung insofern nicht vollständig, als mit dem *Block-Floating* - seit März 1979 im Rahmen des *Europäischen Währungssystems* - Interventionsverpflichtungen auf dem Devisenmarkt gegenüber europäischen Blockwährungen bestanden.

Will man zu einer Bewertung der Geldmengenstrategie der Bundesbank gelangen, dann liegt es zunächst einmal nahe, den angekündigten Geldmengenzielen das später realisierte Geldmengenwachstum gegenüberzustellen. Sieht man von den ersten vier Jahren mit schwerlich praktizierbaren Punktzielen (ohne Bandbreite) ab, dann wurden die monetären Zwischenziele bis Ende 1998 13-mal erreicht und 7-mal verfehlt[112]. Für die Zielüberschreitungen spielten *außenwirtschaftliche Entwicklungen* eine maßgebliche Rolle[113]. Sie waren durch ein zahlungsbilanzinduziertes Überschussangebot an Devisen charakterisiert, das zwei geldpolitisch relevante Vorgänge auslöste: *erstens* eine Aufwertung der D-Mark und *zweitens* Aufwertungstendenzen entgegenwirkende Devisenankäufe der Bundesbank, die zu einer Ausweitung der monetären Basis führten. Die hierdurch ausgelöste Geldmengenexpansion wurde - zumindest teilweise - hingenommen, weil von einer Aufwertung über den Außenbeitrag kontraktive Einflüsse auf die Güternachfrage ausgehen, was in Phasen einer Konjunkturabschwächung unerwünscht ist. Zudem wurde die Entscheidung, die Geldmengenexpansion nicht oder nicht vollständig zu neutralisieren, auch dadurch erleichtert, dass eine Aufwertung über eine Verbilligung von Auslandsgütern preisdämpfend wirkt.

Ein weiterer wichtiger Grund für die Hinnahme von Zielverfehlungen waren Veränderungen im Anlageverhalten der Nichtbanken. Sie äußerten sich insbesondere darin, dass die Präferenz für liquide, zur Geldmenge M3 zählende Bankeinlagen zunahm (oder auch abnahm)[114]. Werden derartige Veränderungen im Anlageverhalten erkennbar, dann kann man sie - wie jede einkommensunabhängige Erhöhung der Geldnachfrage - von der Seite des Geldangebots alimentieren, ohne mit der Ausweitung der Geldmenge und einer temporären Überschreitung von Geldmengenzielen zugleich den Erfolg einer Antiinflationspolitik in Frage zu stellen[115]. Offenbar erscheint es in bestimmten Situationen in Hinblick auf das vorrangige Ziel der Preisniveaustabilisierung vertretbar, Zielüberschreitungen beim Geldmengenwachstum zu tolerieren. Dieses muss die Zentralbank in der konkreten Situation den Märkten überzeugend darlegen, wenn ihre Antiinflationspolitik - trotz verfehlter monetärerer Zwischenziele - glaubwürdig bleiben soll. Die Deutsche Bundesbank hat den Rechtfertigungszwang bei Zielverfehlun-

112 In den ersten vier Jahren wurde das Geldmengenziel immer verfehlt; allerdings ging die Zielüberschreitung nur zweimal über eine Bandbreite von ± 1 v.H. hinaus.

113 Das war in den Jahren 1978, 1986 bis 1988 und insbesondere 1992 im Zusammenhang mit Währungsturbulenzen im Europäischen Währungssystem der Fall.

114 So führten im Jahre 1993 Unsicherheiten über die längerfristige Zinsentwicklung zum einen und eine inverse bzw. flache Zinsstruktur, d.h. im Vergleich zu längerfristigen Zinssätzen recht attraktive Zinssätze für kurzfristige Einlagen, zu einem „Liquiditätsstau" in Form einer erhöhten Haltung von M3.

115 Siehe zu dieser durch die POOLEsche Regel angeregten Überlegung genauer H.-J. JARCHOW, Zur Strategie und zum Instrumentarium der Europäischen Zentralbank. „Aussenwirtschaft", Jg. 50 (1995), S. 428 f., sowie Unterabschnitt I. 3b).

gen gesehen und war deshalb in solchen Fällen auch immer um plausible Begründungen bemüht.

Wie man letztlich die Zielüberschreitungen bei der Geldmengenstrategie der Bundesbank und damit ihren „pragmatisch gehandhabten Monetarismus" auch im Detail bewerten mag - das, was die Geldmengenstrategie letztlich bewirkt oder mitbewirkt hat, spricht für ihren Erfolg: Der Anstieg der Verbraucherpreise seit 1975 bis 1998 war in etwa vergleichbar dem der Schweiz und Japans und fiel damit geringer aus als in allen anderen wichtigen Industrieländern[116]. Der Außenwert der D-Mark stieg im gleichen Zeitraum gegenüber den Währungen von 18 wichtigen Industrieländern um knapp 60 v. H[117]. Der Kapitalmarktzins, der auch die für die Zukunft erwartete Inflationsrate widerspiegelt, war in den achtziger und neunziger Jahren - abgesehen von Japan und der Schweiz - durchweg niedriger als in den wichtigsten Industrieländern[118]. Die D-Mark wurde zum Stabilitätsanker im Europäischen Währungssystem. Als Reservewährung nahm sie Ende 1998 mit einem Anteil von etwas mehr als 12 v.H. der weltweiten Devisenreserven - zwar deutlich hinter dem amerikanischen Dollar, aber auch deutlich vor dem japanischen Yen - den zweiten Platz ein[119]. Und schließlich besagen Schätzungen, dass Ende 1994 ein Betrag in der Größenordnung von 30 v.H. bis 40 v.H. des gesamten D-Mark-Bargeldumlaufs im Ausland gehalten wurde[120]. All diese Fakten dokumentieren das hohe Maß an Vertrauen, das im In- und Ausland in die Wertbeständigkeit der D-Mark bestand. Sie erklären auch, weshalb es der Mehrheit der deutschen Bevölkerung schwer fiel, sich von ihr als gesetzlichem Zahlungsmittel trennen zu müssen.

## Zusammenfassung

1. Die Deutsche Bundesbank (Nachfolgerin der Bank Deutscher Länder) war bis zum Eintritt in die Europäische Wirtschafts- und Währungsgemeinschaft für die Geldpolitik in der Bundesrepublik zuständig.

2. Die besondere wirtschaftspolitische Aufgabe der Deutschen Bundesbank bestand darin, die Währung zu sichern. Sie sah dementsprechend ihre vorrangige Aufgabe in der Preisniveaustabilisierung, d.h. in der Sicherung des Geldwerts. Daneben war sie aber auch verpflichtet, unter Wahrung ihrer besonderen Aufgabe die allgemeine Wirtschaftspolitik der Bundesregierung zu unterstützen.

[116] Siehe hierzu die Angaben im Jahresgutachten 1999/2000 des SACHVERSTÄNDIGENRATES ZUR BEGUTACHTUNG DER GESAMTWIRTSCHAFTLICHEN ENTWICKLUNG (Deutscher Bundestag, Drucksache 14/2223), Tabelle 10*, S. 232 f.

[117] Siehe hierzu die Angaben in DEUTSCHE BUNDESBANK, Monatsbericht Januar 1999, S. 75*.

[118] Siehe hierzu die Angaben im Jahresgutachten 1999/2000 des SACHVERSTÄNDIGENRATES ZUR BEGUTACHTUNG DER GESAMTWIRTSCHAFTLICHEN ENTWICKLUNG, a.a.O., Tabelle 8*, S. 228 f.

[119] Siehe hierzu INTERNATIONALER WÄHRUNGSFONDS, Jahresbericht 1999, S. 133.

[120] Siehe hierzu DEUTSCHE BUNDESBANK, Monatsbericht Juli 1995, S. 67.

3. Der Zentralbankrat war das zentrale Entscheidungsorgan für währungs- und kreditpolitische Maßnahmen der Bundesbank, das Direktorium das zentrale Exekutivorgan. Die Vorstände der Landeszentralbanken stellten regionale Exekutivorgane mit weitgehender Selbständigkeit bei der Durchführung der in ihren Bereich fallenden Geschäfte und Verwaltungsangelegenheiten dar.

4. Im Rahmen ihrer geldpolitischen Strategie fixierte die Bundesbank ein Zwischenziel für das Geldmengenwachstum.

5. Wichtige Geschäfte der Bundesbank waren: die Notenausgabe und das mit dem jeweils herrschenden Wechselkurssystem eng verknüpfte Devisengeschäft. Unter geldpolitischem Aspekt spielten eine besondere Rolle: die obligatorischen Einlagen von Geschäftsbanken (Mindestreserven), die Kreditgewährung an Geschäftsbanken (z. B. im Wege der Rediskontierung von Wechseln oder Lombardierung von Wertpapieren) und der Handel mit bestimmten Wertpapieren im Rahmen von Offenmarktgeschäften.

## Ausgewählte Literaturangaben zum II. Kapitel

E. Baltensperger, Geldpolitik bei wachsender Integration (1979 - 1996). In: Fünfzig Jahre Deutsche Mark. Notenbank und Währung in Deutschland seit 1948. Hrsg. von der Deutschen Bundesbank. München 1998. S. 475 ff. (zu **3**).

P. Bernholz, Die Bundesbank und die Währungsintegration in Europa. In: Fünfzig Jahre Deutsche Mark. Notenbank und Währung in Deutschland seit 1948. Hrsg. von der Deutschen Bundesbank. München 1998. S. 773 ff. (zu **3**).

P. Bofinger, J. Reischle, A. Schächter, Geldpolitik. Ziele, Institutionen, Strategien und Instrumente. München 1996 (zu **3**).

K. Borchardt, Währung und Wirtschaft. In: Währung und Wirtschaft in Deutschland 1876 - 1975. Hrsg. von der Deutschen Bundesbank. Frankfurt a.M. 1976. S. 3 ff. (zu **1**).

C. Buchheim, Die Errichtung der Bank deutscher Länder und die Währungsreform in Westdeutschland. In: Fünfzig Jahre Deutsche Mark. Notenbank und Währung in Deutschland seit 1948. Hrsg. von der Deutschen Bundesbank. München 1998. S. 91 ff. (zu **2**).

R. Caesar, Der Handlungsspielraum von Notenbanken. Theoretische Analyse und internationaler Vergleich. (Schriften zur monetären Ökonomie. Hrsg. von D. Duwendag, Bd. 13.) Baden-Baden 1981. (zu **3**).

–, Währungsreformen in Deutschland von 1870 bis 1945. „Bankhistorisches Archiv", Beiheft 21 (1991), S. 11 ff. (zu **1**).

Deutsche Bundesbank, Monatsbericht Juni 1990, S. 42 ff., Juli 1990, S. 14 ff. (zu **2**).

–, Sonderdrucke der Deutschen Bundesbank Nr. 7. Die Deutsche Bundesbank. Geldpolitische Aufgaben und Instrumente. 6. Aufl. Frankfurt a.M. 1993 (zu **1** und **3**).

–, Die Geldpolitik der Bundesbank, Frankfurt a.M. 1995 (zu **3**).

D. Dickertmann, A. Siedenberg, Instrumentarium der Geldpolitik. 4., neubearb. u. erw. Aufl. Düsseldorf 1984. (zu **3**).

J. v. Hagen, Geldpolitik auf neuen Wegen (1971 - 1978). In: Fünfzig Jahre Deutsche Mark. Notenbank und Währung in Deutschland seit 1948. Hrsg. von der Deutschen Bundesbank. München 1998. S. 439 ff. (zu **3**).

K.-H. Hansmeyer, R. Caesar, Kriegswirtschaft und Inflation (1936 - 1948). In: Währung und Wirtschaft in Deutschland 1876 - 1975. Hrsg. von Deutsche Bundesbank. Frankfurt a.M. 1976. S. 367 ff. (zu **1**).

C.-L. Holtfrerich, Geldpolitik bei festen Wechselkursen (1948 - 1970). In: Fünfzig Jahre Deutsche Mark. Notenbank und Währung in Deutschland seit 1948. Hrsg. von der Deutschen Bundesbank. München 1998. S. 347 ff. (zu **3**).

H. Irmler, Bankenkrise und Vollbeschäftigungspolitik (1931 - 1936). In: Währung und Wirtschaft in Deutschland 1876 - 1975. Hrsg. von Deutsche Bundesbank. Frankfurt a.M. 1976. S. 283 ff. (zu **1**).

O. Issing, Einführung in die Geldpolitik. 6., überarb. Aufl. München 1996. (zu **1**, **2** und **3**).

H. James, Die Reichsbank 1876 bis 1945. In: Fünfzig Jahre Deutsche Mark. Notenbank und Währung in Deutschland seit 1948. Hrsg. von der Deutschen Bundesbank. München 1998. S. 29 ff. (zu **1**).

H. Möller, Die westdeutsche Währungsreform von 1948. In: Währung und Wirtschaft in Deutschland 1876 - 1975. Hrsg. von Deutsche Bundesbank. Frankfurt a.M. 1976. S. 433 ff. (zu **2**).

O. Pfleiderer, Die Reichsbank in der Zeit der großen Inflation, die Stabilisierung der Mark und die Aufwertung von Kapitalforderungen. In: Währung und Wirtschaft in Deutschland 1876 - 1975. Hrsg. von Deutsche Bundesbank. Frankfurt a.M. 1976. S. 157 ff. (zu **1**).

K.-D. Seidel, Die Deutsche Geldgesetzgebung seit 1871. München 1973. (zu **1** und **2**).

M. E. Streit, Die deutsche Währungsunion. In: Fünfzig Jahre Deutsche Mark. Notenbank und Währung in Deutschland seit 1948. Hrsg. von der Deutschen Bundesbank. München 1998. S. 675 ff. (zu **2**).

R. Stucken, Deutsche Geld- und Kreditpolitik 1914-1963. 3. Aufl. Tübingen 1964. (zu **1** und **2**).

O. Veit, Grundriss der Währungspolitik. 3., durchgängig erneuerte Aufl. Frankfurt a.M. 1969. (zu **1** und **2**).

# *Kapitel III*

# Der Geldmarkt im Euro Währungsgebiet

Nachdem im vorangegangenen Kapitel institutionelle und konzeptionelle Aspekte der Geldpolitik behandelt wurden, steht hier mit dem Geldmarkt der operationale Ansatzpunkt geldpolitischer Maßnahmen der Zentralbank im Mittelpunkt der Betrachtungen. Er bildet damit die erste Stufe bei der Transmission geldpolitischer Impulse auf den Gütermarkt. Schon in Hinblick auf das letzte Kapitel, das sich mit der Geldpolitik innerhalb der Europäischen Wirtschafts- und Währungsunion (EWWU) befasst, bezieht sich der Geldmarkt auf das Euro-Währungsgebiet (kurz: Euroraum).

## 1. Abgrenzung des Geldmarktes

Nach der klassischen Definition von GESTRICH bezeichnet man als **Geldmarkt** den Austausch von Zentralbankgeld unter den Geschäftsbanken, entweder auf dem Kreditwege oder durch An- und Verkauf von Geldmarktpapieren[1]. Diese traditionelle Abgrenzung beschränkt Geldmarktgeschäfte auf den Handel mit Zentralbankgeld zwischen Geschäftsbanken. Dementsprechend wird dieses so abgegrenzte Finanzmarktsegment als Banken-Geldmarkt (Interbankenmarkt) oder auch als Handels-Geldmarkt bezeichnet. Den Geldmarkt ausschließlich als Banken-Geldmarkt zu verstehen, erscheint aus heutiger Sicht zu *eng*. Mit der engen Definition würde man eine ganze Reihe von Finanztransaktionen außer Acht lassen, die in Hinblick auf Laufzeit, Zinsgestaltung und Bonitätsanforderungen (d.h. unter Risikoaspekten) den Geschäften auf dem Banken-Geldmarkt entsprechen, d.h. nach gleichen oder zumindest ähnlichen Usancen abgewickelt werden. Ihre

---

[1] Vgl. H. GESTRICH, Kredit und Sparen. Hrsg. v. W. EUCKEN, 3., durchges. Aufl. Düsseldorf u. München 1957. S. 59. – Siehe auch E. BREHMER, Struktur und Funktionsweise des Geldmarktes der Bundesrepublik Deutschland seit 1948. Zugleich eine theoretische Grundlegung für Geldmärkte im allgemeinen. (Kieler Studien, 65). 2., neu bearb. u. erw. Aufl. Tübingen 1964. S. 3. – F. HÖFERMANN, Geldmarkt und Geldmarktgeschäfte. (Veröffentlichungen des Bank- und Börsenseminars der Universität Köln, Bd. 4). Frankfurt a.M. 1959. S. 9. – H. E. BÜSCHGEN. Der Deutsche Geldmarkt. (Schriftenreihe der Österreichischen bankwissenschaftlichen Gesellschaft, H. 31). Wien 1969. S. 10.

Berücksichtigung erfordert eine Erweiterung des traditionellen (engen) Geldmarktbegriffs, und zwar sowohl in Hinblick auf den Teilnehmerkreis als auch auf die Ausgestaltung der Geldmarktgeschäfte. Was Letzteres anbelangt, so sind auf dem sog. *„cash market“*, für den hier die Übersetzung *„Geldhandel“* verwendet werden soll, von den *unbesicherten Geldmarktkrediten* besicherte Geldmarktgeschäfte in Form von *Repogeschäften* zu unterscheiden. Der noch im Einzelnen darzustellende „**cash market**“ bzw. **Geldhandel** ist dadurch charakterisiert, dass typischerweise (wenn auch nicht in jedem Fall) die Disposition über Zentralbankgeld bei den Transaktionen der Geschäftsbanken im Vordergrund steht.

In Hinblick auf den Teilnehmerkreis ist zunächst einmal zu bedenken, dass zwischen Geschäftsbanken und Zentralbank Transaktionen mit Zentralbankgeld stattfinden, die hinsichtlich ihrer Modalitäten den auf dem Banken-Geldmarkt üblichen Usancen entsprechen. Für dieses Marktsegment, das auch den *unmittelbaren* Ansatzpunkt geldpolitischer Aktivitäten darstellt, findet man die Bezeichnung **Regulierungs-Geldmarkt**[2]. Er wird in die hier verwendete Abgrenzung des Geldmarktbegriffs eingeschlossen und betrifft insbesondere die sog. *Hauptrefinanzierungsgeschäfte* und die *längerfristigen Refinanzierungsgeschäfte* sowie daneben die ständigen Fazilitäten. Weiter ist der Tatsache Rechnung zu tragen, dass auf Finanzmärkten Wertpapiere gehandelt werden, die man als enge Substitute für Geldmarktanlagen auf dem Banken-Geldmarkt ansehen kann und die deshalb als **Geldmarktpapiere** bezeichnet werden. Während der Geldhandel und Geschäfte auf dem Regulierungs-Geldmarkt von Banken dominiert werden, ist die Teilnehmerstruktur bei den verbrieften Geldmarktgeschäften differenzierter. So werden Geldmarktpapiere von Geschäftsbanken in Form von *Einlagenzertifikaten*, von Unternehmen z.B. in Form von *Commercial Papers* und von öffentlichen Emittenten, wie dem Bund, z.B. in Form von *unverzinslichen Schatzanweisungen* in Umlauf gebracht. Schließlich ist auch zu berücksichtigen, dass bestimmte **derivative Finanzinstrumente** (kurz: *Derivate*), wie die Zinsswaps und Zinsfutures (bzw. FRAs) sowie die Devisen- und Währungsswaps, für das Geldmarktgeschehen von Relevanz sind und auch zu Geldmarktusancen gehandelt werden. Nach der im Folgenden verwendeten weiteren Abgrenzung umfasst der Geldmarkt also *vier* größere Segmente: den Geldhandel (cash market), den Regulierungsgeldmarkt, den Markt für Geldmarktpapiere und den Markt für Geldmarktderivate (siehe Abb. III.1).

---

[2] Zu den Begriffen Handels-Geldmarkt und Regulierungs-Geldmarkt siehe H.-D. DEPPE, Geldmarkt und Geldmarktkonzepte. In: Unternehmen und Gesellschaft. (Festschrift zum 75. Geburtstag von W. HASENACK). Hrsg. von H.-J. ENGELEITER. Herne/Berlin 1976. S. 178 f. – In der älteren Geldmarktliteratur findet man für Regulierungs-Geldmarkt den Begriff „Markt der Zentralbank“ oder „offizieller Geldmarkt“ (siehe BREHMER, a.a.O., S. 81, H. HOHLFELD, Die Systematik des Kreditmarkts. „Zeitschrift für Handelswissenschaftliche Forschung“, N.F. Jg. 7 (1955), S. 22 ff.).

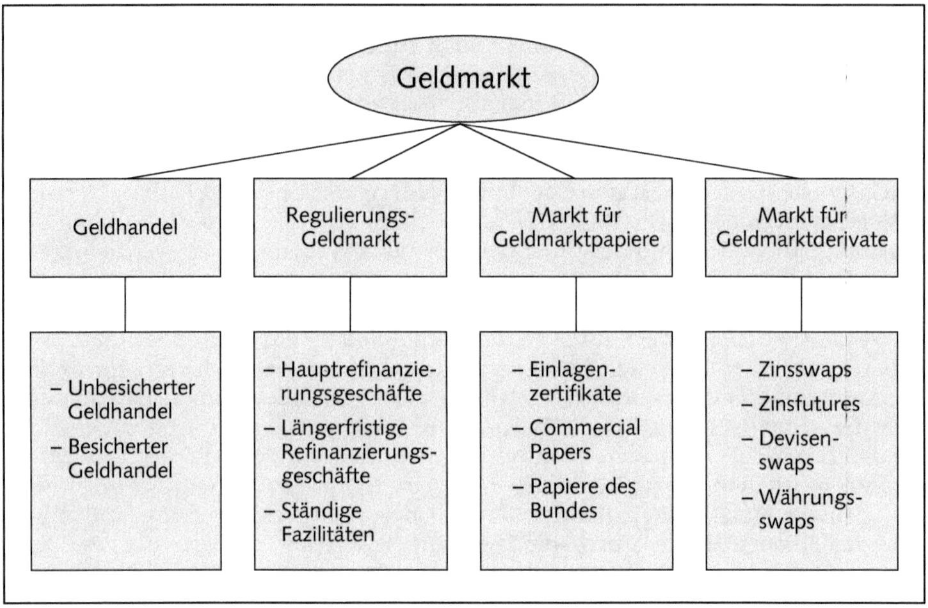


Abb. III.1: *Geldmarkt und Geldmarktsegmente*

Mit dieser weiten Abgrenzung enthält der Geldmarkt – vom Regulierungsgeldmarkt abgesehen – die Segmente, die von der Europäischen Zentralbank in ihrer regelmäßig publizierten „Euro Money Market Study“ beschrieben und analysiert werden[3]. Die in diese Studie nicht einbezogenen Geschäfte auf dem Regulierungsgeldmarkt behandelt die EZB eingehend in ihren Monatsberichten.

Trotz der hier gewählten weiten Abgrenzung des Geldmarktbegriffs bleibt unter mehr *analytischem* Aspekt die traditionelle enge Abgrenzung als *Banken-Geldmarkt* ein hilfreiches Konzept. Bei ihrer Verwendung ist die räumliche Ausdehnung des relevanten Währungsgebiets zu beachten. Sie ist bei den folgenden Betrachtungen durch den *Euroraum* bestimmt. Auf dem Banken-Geldmarkt betätigen sich demnach Geschäftsbanken des Euroraums. Geldmarktgeschäfte auf diesem Segment bewirken lediglich eine *Umverteilung* bestehender Bestände an Euro-Zentralbankgeld. Insofern unterscheiden sie sich von Geldmarktgeschäften zwischen Geschäftsbanken des Euroraums auf der einen und anderen Marktteilnehmern, z.B. der Europäischen Zentralbank, auf der anderen Seite; denn hierbei ergibt sich eine *Veränderung* des Euro-Zentralbankgeldbestandes als Ganzem. Trotz dieses Unterschieds erfüllen sie aber aus der Sicht der *einzelnen Bank* eine ähnliche Funktion: Sie bieten ihr die Möglichkeit, überschüssiges Zentralbankgeld zinstragend anzulegen bzw. einen Bedarf an Zentralbankgeld zu decken. In *gesamtwirtschaftlicher* Betrachtung laufen die Geldhandelsgeschäfte auf dem Banken-Geldmarkt darauf hinaus, dass ein vorhandener Bestand an Zentralbank-

3 Siehe z.B. EUROPEAN CENTRAL BANK, Euro Money Market Study 2008. February 2009. Frankfurt a.M. 2009. Diese Veröffentlichung ist nur online verfügbar. Siehe www.ecb.europa.eu/pub/pdf/other/euromoneymarketstudy200902en.pdf.

geld durch Geldmarktbeziehungen unter den Geschäftsbanken besser verteilt wird, d.h. Zentralbankgeld letztlich dorthin fließt, wo es von einzelnen Geschäftsbanken benötigt wird. Dieser sog. *Liquiditätsausgleich* zwischen den Geschäftsbanken ist an bestimmte Voraussetzungen gebunden, auf die im folgenden Abschnitt näher eingegangen wird.

## Zusammenfassung

Der Geldmarkt im Euroraum besteht in der hier verwendeten weiten Abgrenzung aus vier Segmenten: dem Geldhandel bzw. „cash market", dem Regulierungs-Geldmarkt, dem Markt für Geldmarktpapiere und dem Markt für Geldmarktderivate. Die traditionelle enge Abgrenzung bleibt unter analytischem Aspekt von Interesse; sie beschränkt den Geldmarkt auf einen wichtigen Teilmarkt, den Banken-Geldmarkt, d.h. auf den Austausch von Zentralbankgeld unter Geschäftsbanken, entweder auf dem Kreditwege oder durch An- und Verkauf von Geldmarktpapieren.

## 2. Voraussetzungen für den Liquiditätsausgleich

Der im Rahmen des Geldmarktgeschehens besonders wichtige Liquiditätsausgleich zwischen den Geschäftsbanken setzt voraus, dass bei einzelnen Geschäftsbanken ein Bedarf an Zentralbankgeld entsteht, der aus den eigenen Barreserven nicht gedeckt werden kann und insofern ein **Liquiditätsproblem** zur Folge hat. Ein *Bedarf an Zentralbankgeld* kann sich einstellen, weil bestimmte Transaktionen zwischen einer einzelnen Bank und anderen Wirtschaftseinheiten in Zentralbankgeld abgewickelt werden. Man denke z.B. an Bewegungen von Zentralbankgeld zwischen den Geschäftsbanken im Zuge des Überweisungsverkehrs, an Barabhebungen bzw. Bareinzahlungen der Nichtbanken oder einen Zu- bzw. Abfluss von Zentralbankgeld im Zusammenhang mit Devisentransaktionen. Denkbar ist es zwar, dass die so bedingten Ein- und Ausgänge an Zentralbankgeld in speziellen Situationen dazu führen, dass alle Banken ihren Bedarf an Zentralbankgeld aus eigenen Barreserven decken können. In diesem Fall sind alle Banken *liquide*, und eine Motivation für eine Nachfrage am Geldmarkt besteht *nicht*. In der Regel werden sich jedoch aus den Transaktionen in Zentralbankgeld zumindest bei einigen Banken Liquiditätsprobleme ergeben, so dass die *erste* notwendige Voraussetzung für die Entfaltung von Geldmarktaktivitäten im Allgemeinen als erfüllt angesehen werden kann.

Damit das Liquiditätsproblem zu Geldmarktaktivitäten unter Geschäftsbanken führt, also zur Entstehung des Banken-Geldmarktes, ist es *zweitens* erforderlich, dass den potenziellen Geldnehmern unter den Banken auch potenzielle Geldgeber gegenüberstehen. Es ist also erforderlich, dass zwischen den Banken **Liquiditätsdivergenzen** auftreten, d.h. neben Banken mit einem Liquiditätsproblem muss es andere Banken geben, die überschüssiges Zentralbankgeld besitzen und dieses auf dem Banken-Geldmarkt anbieten wollen.

Herbeigeführt werden *Liquiditätsdivergenzen* grundsätzlich in folgender Weise: Sie entstehen *zum einen*, wenn zwischen den Banken Übertragungen von Zentralbankgeld erfolgen (z.B. im Zuge von Überweisungen) und sich die Ein- und Ausgänge bei einzelnen Banken hierbei nicht ausgleichen. *Zum anderen* treten sie auf, wenn den Banken Zentralbankgeld von Banken außerhalb des relevanten Währungsraums, von Nichtbanken oder der Zentralbank entzogen bzw. zugeführt wird und die Banken hiervon in unterschiedlichem Ausmaß betroffen werden. In *beiden* Fällen gehen die Liquiditätsdivergenzen letztlich auf Vorgänge zurück, die in der Art und Intensität der Aktiv- und Passivgeschäfte und – hiermit teilweise zusammenhängend – in der Kundenstruktur der einzelnen Geschäftsbanken begründet sind.

Was die *Art und Intensität der Bankgeschäfte* anbelangt, so spielen Zusammenhänge folgender Art eine Rolle: Geschäftsbanken, die im Passivgeschäft keinen überdurchschnittlichen Einlagenzuwachs verzeichnen, die aber bei der Kreditgewährung überdurchschnittlich expandieren, weisen vermutlich einen Bedarf an Zentralbankgeld auf, der sie u.U. zu einer Refinanzierung auf dem Geldmarkt veranlasst. Umgekehrt sind Geschäftsbanken, deren Kreditgeschäft sich durchschnittlich entwickelt, bei denen aber ein überdurchschnittlicher Einlagenzuwachs eingetreten ist, eher auf der Geldgeberseite des Geldmarktes anzutreffen.

Welche Rolle die *Kundenstruktur* für die Geldmarktposition spielt, wird bereits deutlich, wenn Geschäftsbanken, die über ein ausgebautes Filialnetz verfügen und eine breite regionale und sektorale Streuung innerhalb ihres Kundenkreises aufweisen (wie die Großbanken oder der Sparkassensektor) mit Geschäftsbanken ohne weitgespanntes Filialnetz und mit einseitiger Kundenstruktur (wie bei Spezial-, Haus- und Branchenbanken) verglichen werden. Im ersten Fall ist der *interne Verrechnungsfaktor*[4] größer als im zweiten und damit auch die Wahrscheinlichkeit höher, dass im Zuge der Kreditgewährung Überweisungen zugunsten von Kunden der eigenen Bank erfolgen. Der aus einer Kreditausweitung resultierende Abfluss von Zentralbankgeld an andere Banken ist deshalb bei einer Bank umso *geringer*, je *größer* die regionale und sektorale Streuung innerhalb ihres Kundenkreises ist. Selbst im Fall einer allgemeinen Kreditexpansion, an der alle Geschäftsbanken annähernd im gleichen Ausmaß beteiligt sind, ist deshalb mit Liquiditätsdivergenzen zwischen den Geschäftsbanken zu rechnen, weil die Streuung in der Zusammensetzung ihrer Kundenkreise unterschiedlich breit ist.

Noch eine *andere* Überlegung spricht dafür, dass die *Kundenstruktur* für die Geldmarktposition einer Bank eine wichtige Rolle spielt. Je stärker nämlich eine Bank auf bestimmte Branchen (oder gar Unternehmungen) spezialisiert ist, umso mehr wird die Entwicklung ihrer Barreserven davon bestimmt sein, wie sich *Einnahmen und Ausgaben bei ihren Kunden* im Zeitablauf entwickeln. So wird sich bei Banken, deren Kunden saisonbedingte Ausgabenüberschüsse finanzieren müssen, zu bestimmten Zeiten ein beträchtlicher Bedarf an Zentralbankgeld einstellen. Gleichzeitig verzeichnen diejenigen Banken einen Überschuss an Zentralbankgeld, zu deren Kunden ein Großteil derjenigen Nichtbanken gehört, denen überwiegend die Überweisungen dieser defizitären Nichtbanken zufließen[5].

*Periodisch wiederkehrende* und mit der *Kundenstruktur* zusammenhängende Liquiditätsdivergenzen entstehen auch im Zusammenhang mit den regelmäßigen *Einkommenszahlungen* an Haushalte. Belastet werden durch die Überweisungen von Löhnen und Gehältern insbesondere solche Geschäftsbanken, unter deren Kunden Industrie und Handel relativ stark vertreten sind (wie bei den Kreditbanken). Die Belastung ist allerdings weitgehend nur temporär. Nach den Anspannungsterminen entsteht eine gegenläufige Entwicklung der Barreserven, da ein großer Teil der Einkommenszahlungen im Wege der konsumptiven Verausgabung über den Handel an die Partnerbanken von Handel und Industrie

---

4 H.-D. Deppe (Bankbetriebliches Wachstum. Stuttgart 1969, S. 29, Fußnote 82) definiert den **internen Verrechnungsfaktor** als den „Bruchteil der intern zu verrechnenden Auszahlungsverfügungen an den gesamten bargeldlosen Auszahlungsverfügungen".

5 In der älteren Geldmarktliteratur (siehe L. Gleske, Die Liquidität in der Kreditwirtschaft. Frankfurt a.M. o.J. S. 109. – Brehmer, a.a.O., S. 21 f.) wird zur Illustration auf das Beispiel von Geschäftsbanken hingewiesen, die in besonderem Maße entweder an der Finanzierung der landwirtschaftlichen Produktion oder des Landhandels beteiligt sind. Erstere weisen bis zur Ernte einen Bedarf an Zentralbankgeld auf (wegen der Finanzierung der Saatgut- und Düngemittelbeschaffung) und nach der Ernte einen Überschuss an Zentralbankgeld (wegen des Verkaufs der Ernte). Genau entgegengesetzt hierzu verläuft die Liquiditätsentwicklung der an der Finanzierung des Landhandels beteiligten Geschäftsbanken; denn ihnen fließt einerseits zunächst ein Großteil der Erlöse aus dem Verkauf von Saatgut und Düngemitteln zu, andererseits verlieren sie später Zentralbankgeld, wenn der Landhandel die Ernte aufkauft.

zurückfließt. Auf diese Weise erfolgt ein zeitlich verzögerter Ausgleich, der jedoch unvollständig bleibt, sobald Einkommensteile gespart werden und sich die Spareinlagen bei anderen Geschäftsbanken konzentrieren (wie bei den Sparkassen). *Konträr* zur Liquiditätssituation der Partnerbanken von Handel und Industrie verändern sich die Barreserven bei solchen Banken, bei denen der auf Lohn- und Gehaltsempfänger entfallende Einlagenanteil besonders groß ist[6].

Ein Beispiel für eine unterschiedliche Entwicklung der Barreserven bei einer *allgemeinen*, d.h. das gesamte Geschäftsbankensystem betreffenden, Veränderung der Barreserven stellt die *Zunahme des Bargeldumlaufs* dar, die regelmäßig vor den Festtagen (Ostern, Pfingsten, Weihnachten) und während der Haupturlaubszeit zu beobachten ist[7]. Da hierbei in größerem Umfang Spareinlagen aufgelöst werden, führen die Bargeldabzüge vor allem bei solchen Banken zu einem Bedarf an Zentralbankgeld, bei denen der Anteil der Spareinlagen an den Gesamteinlagen relativ groß ist (wie bei den Sparkassen). Zwar fließen die von den Kunden abgezogenen Bargeldbeträge im Zuge ihrer Verausgabung weitgehend wieder an das Bankensystem zurück, begünstigt werden dann jedoch in erster Linie die Partnerbanken von Handel und Industrie.

## Zusammenfassung

Die Entfaltung von Geldmarktaktivitäten unter Geschäftsbanken setzt voraus, dass zwischen ihnen Liquiditätsdivergenzen bestehen. Diese gehen letztlich auf Vorgänge zurück, die in der Art und Intensität der Aktiv- und Passivgeschäfte sowie – hiermit teilweise zusammenhängend – in der Kundenstruktur der einzelnen Geschäftsbanken begründet sind.

6 Die hieraus resultierenden Liquiditätsdivergenzen (ebenso wie *alle* mit der Kundenstruktur zusammenhängenden Liquiditätsdivergenzen) *schwächen* sich nahe liegender Weise ab, wenn die Unterschiede in der Kundenstruktur der Banken *geringer* werden.

7 Vgl. GLESKE, a.a.O., S. 108 f.

## 3. Formen der Geldmarktgeschäfte

Im vorhergehenden Abschnitt wurden die Gründe für die Entfaltung von Geldmarktaktivitäten untersucht und insbesondere auf die Existenz von Liquiditätsdivergenzen zwischen Geschäftsbanken hingewiesen. In diesem Abschnitt soll die Ausgestaltung der Geldmarktgeschäfte beschrieben werden. Wie schon aus den Vorbemerkungen hervorgeht, sind dabei *vier* verschiedene *Formen* von Geldmarktgeschäften zu unterscheiden: der *Geldhandel*, Transaktionen auf dem *Regulierungs-Geldmarkt*, der Handel mit *Geldmarktpapieren* und Transaktionen mit *Geldmarktderivaten*. Sie werden in den folgenden Unterabschnitten a), b), c) und d) näher behandelt.

### a) Geldhandel („cash market")

*aa) Unbesicherter Geldhandel.* – Im *unbesicherten Geldhandel* werden Zentralbankguthaben für kurze Laufzeiten in Form eines nicht verbrieften Darlehens (Geldmarktkredit) beschafft bzw. angelegt, und zwar ohne dingliche Sicherheiten. Deshalb werden an die Marktteilnehmer besonders hohe Bonitätsanforderungen gestellt, die in der Regel durch ein entsprechendes Rating (Bonitätseinschätzung) von Rating-Agenturen zu untermauern sind. Die Abschlüsse erfolgen telefonisch, fernschriftlich oder im elektronischen Handel (d.h. über ein Netz elektronischer Terminals). Dabei wird der gehandelte Betrag, der Zinssatz, die Laufzeit und die Valutierung (Wertstellung), d.h. der für die Zentralbankgeldbereitstellung und Verzinsung maßgebliche Laufzeitbeginn, vereinbart[8]. Je nach Laufzeit des Geldmarktkredits kann man zwei verschiedene Marktsegmente unterscheiden:

- den *Tagesgeldmarkt* sowie
- den *Markt für terminiertes Tagesgeld* und den *Termingeldmarkt*.

Daneben werden noch *Ultimogelder* gehandelt, die je nach Fristigkeit einem der beiden Teilmärkte zuzuordnen sind.

*bb) Tagesgeldmarkt.* – Traditionelle Formen im ganz kurzfristigen Geldhandel deutscher Geschäftsbanken sind: *Tagesgeld*, *tägliches Geld* und *Tagesgeld bis auf weiteres*. **Tagesgeld** ist vom Kreditnehmer innerhalb von 24 Werkstunden ohne Kündigung zurückzuzahlen[9]. **Tägliches Geld** wird unbefristet vereinbart, ist aber mit eintägiger Kündigungsfrist vom Geldnehmer oder Geldgeber kündbar. Da der Kredit frühestens einen Werktag nach Vertragsabschluss kündbar ist,

---

[8] Bei der Kontaktaufnahme nennen die Banken einen Zinssatz, zu dem sie bereit sind, Geld *anzulegen* (den **Geldsatz**), und einen Zinssatz, zu dem sie bereit sind Geld *aufzunehmen*, den **Briefsatz**. Hierdurch wird die Transparenz am Geldmarkt verbessert und das „Durchhandeln", d.h. die Weitergabe aufgenommener Gelder an andere Geschäftsbanken am gleichen Tag mit Zinsaufschlag, erleichtert (siehe W. Grill, H. Perczynski, Wirtschaftslehre des Kreditwesens. 42. Aufl. Troisdorf 2008. S. 327).

[9] Eine über einen Tag hinausgehende Laufzeit ergibt sich beim Tagesgeld dann, wenn der Kredit vor einem Feiertag oder an einem Freitag vereinbart wird. Im ersten Fall ist Tagesgeld (einschließlich der Zinsen für die verlängerte Frist) am nächsten Werktag, im zweiten Fall am nächsten Montag zurückzuzahlen.

beträgt die Mindestlaufzeit bei täglichem Geld zwei Werktage. Beim **Tagesgeld bis auf weiteres** handelt es sich um Geldmarktkredite, die zunächst auf unbestimmte Zeit vereinbart werden und die (anders als tägliches Geld) an jedem Geschäftstag vormittags mit Wirkung für den gleichen Tag gekündigt werden können. Da vor der Rückzahlung eine Kündigung ausgesprochen werden muss, gehört diese Form – ebenso wie das tägliche Geld – zur Kategorie der Kündigungsgelder (in der angelsächsischen Terminologie: *call money*).

Bereits seit Anfang der neunziger Jahre fanden im deutschen Geldhandel auch auf internationalen Märkten übliche Geldmarktusancen Anwendung. Sie haben national geprägte Handelsformen in den Hintergrund gedrängt. Die entsprechenden Reformen waren in Hinblick auf grenzüberschreitende Geldmarkttransaktionen wichtig, und sie förderten nach Bildung der EWWU das Zusammenwachsen der nationalen Geldmärkte der EU-Mitglieder zum Geldmarkt des Euroraums. Die Änderungen betrafen u.a. die *Valutierung* (Wertstellung) von Geldmarktgeschäften. In diesem Zusammenhang wurden als standardisierte Tagesgeldtransaktionen die sog. TOM/NEXT- und SPOT/NEXT-Geschäfte eingeführt. Anders als bei den traditionellen Tagesgeldgeschäften, bei denen Abschlusstag und Laufzeitbeginn zusammenfallen (gleichtägige Valutierung), liegt der Laufzeitbeginn bei **TOM/NEXT-Geschäften** (tomorrow/next day) einen Tag nach dem Abschlusstermin (ein-werktägige Valutierung) und bei **SPOT/NEXT-Geschäften**[10] (spot/next day) zwei Tage nach dem Abschlusstermin (zwei-werktägige Valutierung). In beiden Fällen erfolgt die Rückzahlung des Kredits einen Tag nach der Valutierung, also einen Tag nach dem Laufzeitbeginn. Neben diesen beiden Formen spielt im sehr kurzfristigen Bereich des unbesicherten Geldmarktes im Euroraum vor allem das sog. **„overnight money"** eine quantitativ bedeutsame Rolle. Es wird praktisch „über Nacht" ausgeliehen und entspricht insofern dem traditionellen Tagesgeld. In diesem sehr kurzfristigen Marktsegment werden nach wie vor die meisten Geschäfte im unbesicherten Handel abgeschlossen[11]. Dazu trägt sicherlich bei, dass die mit Transaktionskosten verbundene Besicherung bei overnight money weniger vordringlich erscheint als bei längerer Fristigkeit von Geldmarktkrediten.

Als Referenzzinssatz für *overnight money* hat sich im Euroraum der sog. **EONIA** (**E**uro **O**ver**N**ight **I**ndex **A**verage) etabliert. Er stellt einen gewichteten Durchschnitt aus gemeldeten Zinssätzen für overnight money dar. Die Meldungen werden dabei von derzeit 43 geldmarktaktiven Geschäftsbanken mit höchster Bonität abgegeben. Die Veröffentlichung eines derartigen Referenzzinssatzes trägt dazu bei, die Markttransparenz zu erhöhen.

Die drei Standardformen im Tagesgeldbereich sollen in Hinblick auf den Geschäftsablauf durch folgendes *Beispiel* noch einmal zusammenfassend veranschaulicht werden:

---

10 Spot-Geschäfte sind Kassageschäfte mit einer Valutierungsfrist von zwei Tagen.

11 Siehe European Central Bank, Euro Money Market Study 2008, a.a.O., S. 13.

Tabelle III.1: *Standardformen im Tagesgeldbereich*

| Geschäftsform | Abschlusstag | Laufzeitbeginn | Fälligkeit |
|---|---|---|---|
| Overnight | 03.11. (Montag) | 03.11. (Montag) | 04.11. (Dienstag) |
| TOM/NEXT | 03.11. (Montag) | 04.11. (Dienstag) | 05.11. (Mittwoch) |
| SPOT/NEXT | 03.11. (Montag) | 05.11. (Mittwoch) | 06.11. (Donnerstag) |

*cc) Terminiertes Tagesgeld und Termingeld.* - aaa) Neben dem traditionellen Geldhandel und den neuen international standardisierten Geschäften trifft man im sehr kurzfristigen Bereich der unbesicherten Geldmarktkredite noch auf eine Reihe spezieller Varianten. Einige Bedeutung hat hierbei das sog. terminierte Tagesgeld erlangt. Beim **terminierten Tagesgeld** werden zwischen den Geschäftspartnern Laufzeiten von mehr als einem und weniger als dreißig Werktagen fest vereinbart. Eine Rolle spielen hierbei vor allem das über eine oder zwei Wochen laufende *Wochengeld*.

bbb) Geldmarktkredite, für die Fristen von einem Monat und mehr vereinbart sind, bezeichnet man als **Termingelder**. Im Fall von **Monats-**, **Dreimonats-**, **Halbjahres-** und **Jahresgeld** handelt es sich genauer um Geldmarktkredite mit Laufzeiten von einem Monat, drei, sechs und zwölf Monaten. Daneben gibt es auch Termingelder mit Fristen, die dazwischen liegen, und (seltener) mit Laufzeiten, die noch über ein Jahr hinausgehen. Termingeldgeschäfte werden nach den Mitte 1990 eingeführten, neueren Usancen mit zwei-werktägiger Valutierung abgeschlossen, d.h. die Anschaffung des vereinbarten Betrags erfolgt zwei Tage nach Vertragsabschluss, und dann beginnt auch der Zinslauf. Die Berechnung der Zinsen wird dabei nach der *Eurozinsmethode* (act/360 Tage-Methode) vorgenommen, d.h. - anders als bis Mitte 1990 - werden die Zinstage genau ausgezählt und - wie der Zinssatz - auf ein Standardjahr mit 360 Tagen bezogen[12]. Für die Standardlaufzeiten, beginnend mit terminiertem Tagesgeld in Form des 1-Wochen-Geldes bis zum Termingeld in Form von Jahresgeld wird börsentäglich als repräsentativer Referenzzinssatz für Termingeldgeschäfte der **EURIBOR** (**EUR**o **I**nter**B**ank **O**ffered **R**ate) veröffentlicht. Er stellt einen ungewichteten Durchschnitt aus entsprechenden Geldmarktsätzen dar, die von derzeit 43 Banken mit höchster Bonität gemeldet werden.

*Termingelder*, die im Allgemeinen *teurer* sind als Tagesgeld[13], werden von den Banken insbesondere aus *zwei* Gründen nachgefragt. *Zum einen* greifen die Banken auf längerfristige Geldmarktkredite zurück, wenn sie erwarten, dass ihr Finanzierungsbedarf von längerer Dauer ist und sie das Risiko von Zinssteigerun-

---

12 Zur Illustration sei ein Termingeldgeschäft betrachtet, das am 29.4. abgeschlossen wird, dessen Laufzeit demnach am 1.5. beginnt und das am 1.8. fällig ist. Die Zinsen *(Z)* berechnen sich dann wie folgt:

$$Z = \frac{i}{100} \cdot \frac{n}{360} A,$$

wobei $A$ den Anlagebetrag bezeichnet, $i$ den auf das Standardjahr bezogenen Geldmarktsatz in v.H. angibt und die Laufzeit $n$ im betrachteten Fall 92 Tage beträgt.

13 Ausnahmen bilden nicht selten kurzfristige Geldmarktkredite zum Jahresultimo, die auch durch Zinserwartungen begründet sein können.

gen nicht eingehen wollen. *Zum anderen* kann eine Aufnahme von Termingeld auch dadurch motiviert sein, dass sich die Banken in ihrer Gelddisposition auf ganz bestimmte, ihnen aus Erfahrung bereits bekannte Anspannungstermine (wie z.B. den Jahresultimo) einstellen. Obwohl Geld in diesen Fällen nur für eine kurze Frist benötigt wird, ist der Finanzierungsbedarf bei den meisten Banken dann im Allgemeinen so groß, dass kurzfristige Geldmarktkredite nur zu ungünstigen Konditionen zu erhalten sind. Eine längerfristige Liquiditätsvorsorge könnte unter diesem Aspekt lohnend erscheinen, zumal wenn man bedenkt, dass die längerfristig zur Verfügung stehenden Gelder bis zum Eintreten des Finanzierungsbedarfs zinsbringend, z.B. in Form von terminiertem Tagesgeld oder Termingeld mit entsprechender Frist, angelegt werden können.

ccc) Eine Besonderheit unter den Geldmarktkrediten stellen **Ultimogelder** dar, deren Laufzeiten über den *Monats-* oder *Jahresultimo* hinwegreichen und die demzufolge kurz nach Beginn des neuen Monats bzw. Jahres fällig werden. Die Laufzeit bei Geldern über den Jahresultimo kann dabei bis zu einem halben Jahr betragen. Ultimogelder mit Fristen von dreißig Werktagen und mehr sind den Termingeldern, Ultimogelder mit kürzeren Fristen dem terminierten Tagesgeld zuzurechnen.

*dd) Besicherter Geldhandel.* – Besicherte Geldhandelsgeschäfte werden als *Repogeschäfte* durchgeführt. Ein **Repogeschäft** (kurz: Repo) ist eine Geldmarkttransaktion, bei der Wertpapiere unter Rückkaufsvereinbarung (repurchase agreement) für eine bestimmte Frist gegen Zentralbankgeld verkauft werden. Der Verkaufswert der Wertpapiere schließt aufgelaufene Stückzinsen ein; die Zinszahlungen, die auf die verkauften Wertpapiere geleistet werden, stehen weiter dem Verkäufer zu. Repogeschäfte werden auch als *Wertpapierpensionsgeschäfte* bezeichnet. Der Geldgeber, der befristet Wertpapiere erhält, ist der *Pensionsnehmer*; der Geldnehmer, der befristet Wertpapiere abgibt, ist der *Pensionsgeber*. Die dem Geldgeber vorübergehend übereigneten Wertpapier dienen ihm als Sicherheit. Insofern stellen Repos *besicherte Geldhandelsgeschäfte* dar. Damit der Geldmarktkredit stets in voller Höhe besichert bleibt, müssen die übereigneten Wertpapierbestände bei Schwankungen ihres Marktwertes angepasst werden, d.h. der Pensionsgeber muss sie bei Kurssenkungen erhöhen und der Pensionsnehmer muss sie bei Kurserhöhungen reduzieren[14].

Das Bestreben der Banken, sich nur begrenzten Risiken auf dem Geldmarkt auszusetzen, ist ein wichtiger Grund für die Verbreitung von Repogeschäften. Die Besicherung von Geldmarktkrediten in Form der Repos (überwiegend auf der Basis von Staatsanleihen) ist auch in Hinblick auf die Erfüllung aufsichtsrechtlicher Normen von Relevanz. Entsprechend der europäischen und nationalen Umsetzung der neuen Baseler Eigenkapitalverordnung (Basel 2) schreibt die Solvabilitätsverordnung (SolvV) vor, dass das *regulatorische Eigenkapital*[15] eines

---

14 Zur Besicherung siehe genauer EUROPÄISCHE ZENTRALBANK, Monatsbericht Oktober 2002, S. 61 ff.

15 Das **regulatorische Eigenkapital** entspricht dem in bestimmter Weise modifizierten haftendem Eigenkapital, das sich aus dem Kernkapital und Ergänzungskapital zusammensetzt. Siehe hierzu genauer GRILL, PERCZYNSKI, a.a.O., S. 527, 529, und DEUTSCHE BUNDESBANK, Monatsbericht Dezember 2006, S. 72 f.

Kreditinstituts *8 v.H.* des Gesamtbetrages der unter Berücksichtigung verschiedener Risiken[16] gewichteten *Risikoaktiva* nicht unterschreiten darf. Die Risikogewichtungssätze variieren dabei für Forderungen an Banken im Standardansatz zwischen 0 und 150 v.H. Dabei erhalten Banken ein um eine Stufe höheres Risikogewicht als das ihres Sitzstaats, wobei kurzfristige Forderungen begünstigt werden. Werden Geldmarktkredite jedoch im Rahmen eines Repo-Geschäfts mit Schuldtiteln *besichert*, dann kann der Pensionsnehmer die angekauften Schuldtitel bei der Ermittlung der Eigenkapitalanforderungen als finanzielle Sicherheiten berücksichtigen. Hierdurch ergeben sich für die Geld gebenden Banken (Pensionsnehmer) Ersparnisse an Eigenkapitalunterlegung, die von ihnen als vorteilhaft angesehen werden.

Innerhalb des Standardansatzes[17] kann der Geldgeber zwischen der einfachen und umfassenden Methode der Sicherheitenanrechnung wählen (§ 180 Abs. 1 SolvV). Bei der *einfachen* Methode wird das Risikogewicht des Geldnehmers durch das Risikogewicht der in Pension genommenen Wertpapiere ersetzt (siehe § 185 Abs. 1 SolvV). Werden z.B. Geldmarktkredite mit Schuldtiteln einer Zentralregierung oder einer Zentralbank mit höchster Bonität (z.B. S & P Rating AAA bis AA-) besichert, dann wird das Risikogewicht der Geld nehmenden Bank (bei einem Rating von AAA bis AA- : 20 v.H.) durch das Risikogewicht von Null (für Staaten mit einem Rating von AAA bis AA-) ersetzt, d.h. die Verpflichtung zur Eigenkapitalunterlegung entfällt.

Bei der *umfassenden* Methode der Sicherheitenanrechnung (§ 186 ff. SolvV) werden nicht die jeweiligen Risikogewichte substituiert, sondern die in Pension genommenen Wertpapierbestände reduzieren die Bemessungsgrundlage für die Berechnung der Eigenkapitalanforderungen, wobei die Sicherheiten mit ihrem schwankungsbereinigten Wert erfasst werden. Durch die Kürzung der Bemessungsgrundlage, die unter Berücksichtigung verschiedener Parameter (wie der Laufzeiten) erfolgt, ergibt sich eine deutlich geringere Eigenkapitalunterlegung als bei unbesicherten Geldmarktgeschäften.

Da das Eigentum an den übertragenen Wertpapieren für die Laufzeit des Repos vom Pensionsgeber auf den Pensionsnehmer überwechselt, kann Letzterer die ihm übertragenen Wertpapiere auch verkaufen. Das kann für ihn z.B. dann von Interesse sein, wenn er sich im Rahmen eines anderen Geschäfts durch einen Terminkontrakt verpflichtet hatte, bestimmte Wertpapiere zu bestimmten (zukünftigen) Terminen zu liefern, die in die Laufzeit des Repogeschäfts fallen. Stellt die Beschaffung eines bestimmten Wertpapiers beim Geldgeber (Pensionsnehmer) das primäre Geschäftsinteresse dar, dann wird er dieses spezielle

16 Das wichtigste Risiko ist dabei das *Adressenausfallrisiko* bzw. *Kreditrisiko*.

17 Neben dem Standardansatz kann zur Berechnung der Eigenkapitalanforderungen nach § 17 (2) SolvV auch die *Interne Modelle Methode* herangezogen werden. Anders als im Standardansatz finden bei dieser Methode nicht exogen durch Ratingagenturen vorgegebene Ratings Verwendung, sondern durch ein internes Risikomodell ermittelte bankinterne Risikoeinschätzungen. Ihre Anwendung ist an die Zustimmung der Bundesanstalt für Finanzdienstleistungsaufsicht (BaFin) gebunden.

Wertpapier im Zuge eines sog. **„Special Collateral Repo"** erwerben[18]. Der dem Geldnehmer (Pensionsgeber) übertragene Zentralbankgeldbetrag dient diesem dann als Sicherheit für das von ihm übereignete spezielle Wertpapier, das auch als *„special collateral"* bezeichnet wird. Bei der Umkehrung der Wertpapiertransaktionen am Fälligkeitstag muss der Pensionsnehmer dem Pensionsgeber nicht das spezielle Wertpapier rückübertragen; es kann auch ein ähnliches sein.

Geht es dem Pensionsnehmer im Rahmen eines Repos nicht in erster Linie um die Beschaffung eines bestimmten Wertpapiers, sondern steht beim Repo die Disposition über Zentralbankgeld im Vordergrund beiderseitigen Interesses – wie für den Geldhandel typisch – , dann handelt es sich um ein **„General Collateral Repo"**[19]. Bei diesen für den Geldhandel typischen Repos steht für die Besicherung als *„general collateral"* eine größere Auswahl marktgängiger Wertpapiere zur Verfügung, die in einer Liste von der European Banking Federation zusammengestellt sind.

Beim Abschluss eines Repogeschäfts müssen sich die beteiligten Geschäftspartner über die zu übereignenden Wertpapiere, die Verzinsung des Geldmarktkredits und die Laufzeit einigen. Die *Verzinsung* wird dabei durch einen vereinbarten Zinssatz, den **Reposatz**, bestimmt, oder sie ergibt sich in entsprechender Höhe aus einer positiven Differenz zwischen einem vereinbarten Rückkaufskurs am Fälligkeitstag und dem Verkaufskurs am Laufzeitbeginn. Da der Geldmarktkredit besichert ist, liegt der Reposatz üblicherweise *unter* dem Geldmarktsatz für unbesicherte Geldhandelsgeschäfte mit gleicher Fristigkeit[20]. Die **Laufzeitenstruktur** entspricht dem Fristenspektrum bei ungesicherten Geldmarktkrediten, d.h. durch Repogeschäfte werden Fristen von der „über Nacht"-Fälligkeit bis zu einem Jahr abgedeckt. Dabei entfällt der weitaus größte Teil des Gesamtumsatzes bei Repogeschäften auf Fristen bis zu einem Monat. Für Standardlaufzeiten wurde Anfang 2002 als repräsentativer Referenzzinssatz für General Collateral Repos zwischen erstklassigen Banken der **Eurepo** eingeführt, der aus entsprechenden Angaben einer größeren Zahl von bedeutenden Marktteilnehmern ermittelt wird.

Gemessen an den Umsätzen stellt der gesicherte Geldhandel in Form von Repogeschäften mittlerweile das wichtigste Geldmarktsegment dar. Er dominiert inzwischen also auch den traditionellen Geldhandel in Form ungesicherter Geldmarktkredite. Maßgeblich für diese Entwicklung ist neben den bereits erwähnten Ersparnissen an Eigenkapitalunterlegung bei Repogeschäften vor allem die zunehmende Neigung der Geschäftsbanken, Kreditrisiken aus Geldmarktgeschäften zu begrenzen.

---

18 Die Europäische Zentralbank charakterisiert diesen Repo als *„security-driven transaction"* (siehe European Central Bank, The Euro Money Market. July 2001. Frankfurt a.M. 2001, S. 14).

19 Die Europäische Zentralbank charakterisiert diesen Repo als *„cash-driven transaction"* (siehe ebenda).

20 Die Differenz zwischen den Zinssätzen am unbesicherten und besicherten Geldmarkt weitet sich aus, wenn das Kreditausfallrisiko für einen Geldmarktkredit höher eingeschätzt wird. Das zeigte sich z.B. bei den durch die amerikanischen Hypothekenkrise im zweiten Halbjahr 2007 ausgelösten Geldmarktturbulenzen.

*ee) Geldhandel auf dem Euro-Geldmarkt.* – Die Behandlung des Geldhandels abschließend soll hier – wie auch später bei der Behandlung der anderen Geldmarktsegmente – kurz auf deren aktuelle Rolle auf dem Euro-Geldmarkt eingegangen werden, und zwar unter dem Aspekt ihrer quantitativen Bedeutung (gemessen am Umsatz), der üblichen Laufzeiten und ihrer Marktstruktur. Hierüber informiert die EZB regelmäßig in ihren Geldmarktstudien.

Wie noch aufzuzeigen ist, haben die Turbulenzen auf den internationalen Finanzmärkten im Geldmarktbereich weltweit deutliche Spuren hinterlassen. So ging auch der Gesamtumsatz auf dem Euro-Geldmarkt im Jahre 2008 spürbar gegenüber dem Vorjahr zurück. Hiervon waren (neben den sehr kurzfristigen Zinsswaps) insbesondere der unbesicherte und besicherte Geldhandel betroffen. Trotz der rückläufigen Geldmarktaktivitäten im besicherten Geldhandel blieb dieser – gemessen am tagesdurchschnittlichen Umsatz – (wie oben erwähnt) das quantitativ bedeutsamste Geldmarktsegment. Seit 2002 dominiert es den bis dahin führenden unbesicherten Geldhandel. Bei beiden Geschäften herrschen sehr kurze Fristen vor: im unbesicherten Geldhandel „overnight", im besicherten Geldhandel TOM/NEXT bis zu einem Monat. In Hinblick auf die Marktstruktur interessiert der sog. Konzentrationsgrad. Er wird in den Geldmarktstudien der EZB durch eine LORENZkurve dargestellt. Diese zeigt, auf wie viel Prozent der Marktteilnehmer (absteigend geordnet nach ihrem Geldmarktanteil) wie viel Prozent der Geldmarktaktivitäten (gemessen am tagesdurchschnittlichen Umsatz) entfällt. Beispielsweise wurden im Jahre 2008 rd. 55 v.H. der tagesdurchschnittlichen Umsätze im unbesicherten Geldhandel von rd. 10 v.H. der Marktteilnehmer getätigt. Im Vergleich zu anderen Geldmarktgeschäften stellt der unbesicherte Geldhandel damit das bei weitem am wenigsten konzentrierte Geldmarktsegment dar.

## b) Regulierungs-Geldmarkt

Auf dem Regulierungs-Geldmarkt werden Geschäfte zwischen dem **Eurosystem**, d.h. der Europäischen Zentralbank und den nationalen Zentralbanken im Euroraum, und ihren Geschäftspartnern, d.h. den Geschäftsbanken, durchgeführt, die in Hinblick auf Laufzeit, Zinsgestaltung und Bonitätsanforderungen weitgehend den Geldhandelsusancen entsprechen. Da diese Transaktionen bei der Darstellung des geldpolitischen Instrumentariums im Abschnitt IV.3 noch im Einzelnen behandelt werden, soll hier nur kurz auf solche Geschäfte eingegangen werden, die regelmäßig bzw. ständig stattfinden und die für das Geldmarktgeschehen von größerer Bedeutung sind. Bei den *regelmäßig* durchgeführten Geschäften handelt es sich insbesondere um die **Hauptrefinanzierungsgeschäfte** und daneben um die **längerfristigen Refinanzierungsgeschäfte**. Beide Geschäfte dienen den Geschäftsbanken zur Beschaffung von Zentralbankgeld. Bei den Fazilitäten des Eurosystems, die von Geschäftsbanken *ständig* in Anspruch genommen werden können, handelt es sich um die sog. ständigen Fazilitäten in Form der **Spitzenrefinanzierungsfazilität** und der **Einlagefazilität**. Hingewiesen sei ferner auf die sog. *Feinsteuerungsoperationen* des Eurosystems[21], die unregelmäßig durchgeführt werden und erratische Zinsausschläge auf dem Geldmarkt dämpfen sollen.

---

21 Siehe hierzu genauer Unterabschnitt IV. 3c).

Im Rahmen von *Hauptrefinanzierungsgeschäften* und *längerfristigen Refinanzierungsgeschäften* versteigert das Eurosystem Zentralbankgeld im Ausschreibungsverfahren an die Geschäftsbanken, und zwar als sog. Standardtender[22]. Wird dieses Verfahren als *Mengentender* durchgeführt, dann gibt die EZB den Zinssatz vor, und die teilnehmenden Banken geben Gebote über den Geldbetrag ab, für den sie zum angekündigten Festzinssatz abschließen wollen. Bei der Zuteilung von Zentralbankgeld erfolgt i. Allg. eine Repartierung, d.h. die Gebote werden nicht voll erfüllt. Bei einem *Zinstender* nennen die Geschäftsbanken in ihren Geboten Beträge und Zinssätze, zu denen sie Refinanzierungsgeschäfte mit dem Eurosystem abschließen wollen. Bei der Zuteilung von Zentralbankgeld werden die Offerten, beim höchsten Zinsgebot beginnend, in absteigender Reihenfolge der Zinsgebote so lange berücksichtigt, bis der für die Zuteilung von Zentralbankgeld vorgesehene Gesamtbetrag erreicht ist. Der vom Eurosystem gerade noch akzeptierte Zinssatz wird als *marginaler Zuteilungssatz* bezeichnet. Die Zuteilung erfolgt seit einiger Zeit nach dem amerikanischen Zuteilungsverfahren, d.h. zu den jeweils von den Geschäftsbanken in ihren Geboten offerierten Zinssätzen. Die Geldbeschaffung im Rahmen von Hauptrefinanzierungsgeschäften und längerfristigen Refinanzierungsgeschäften ist wie bei sämtlichen Transaktionen mit dem Eurosystem, durch die Geschäftsbanken Zentralbankgeld zugeführt wird, von diesen zu besichern[23].

Hauptrefinanzierungsgeschäfte werden regelmäßig jede Woche mit einer Laufzeit von i.d.R. einer Woche durchgeführt, längerfristige Refinanzierungsgeschäfte regelmäßig jeden Monat mit einer Laufzeit von i.d.R. drei Monaten. Außerdem unterscheiden sich diese beiden Geschäfte im Fall eines Zinstenders u. a. dadurch, dass bei Hauptrefinanzierungsgeschäften - anders als bei längerfristigen Refinanzierungsgeschäften - ein Mindestbietungssatz vorgegeben ist, der den zinspolitischen Kurs der Europäischen Zentralbank signalisiert und den Geschäftsbanken insofern als **Leitzins** dient.

Mit der *Spitzenrefinanzierungsfazilität* bietet das Eurosystem den Geschäftsbanken die Möglichkeit, einen zu besichernden, betragsmäßig nicht begrenzten Übernachtkredit zu einem im Voraus festgelegten Zinssatz, dem *Spitzenrefinanzierungssatz*, bei den ihr angeschlossenen nationalen Zentralbanken aufzunehmen. Geschäftsbanken können andererseits die *Einlagefazilität* in Anspruch nehmen, um Zentralbankgeldüberschüsse als unbesicherte, *betragsmäßig* nicht begrenzte Übernachteinlage zu einem im Voraus festgesetzten Zinssatz, dem *Einlagesatz*, bei den nationalen Zentralbanken des Eurosystems zu halten.

### c) Geldmarktpapiere

In Übereinstimmung mit der in Abschnitt 1 vorgenommenen Abgrenzung sind **Geldmarktpapiere** Geldmarktinstrumente, die in Hinblick auf Laufzeit, Zinsgestaltung, Mindestbeträge und Bonitätsanforderungen den Usancen auf dem Banken-Geldmarkt, speziell im Geldhandel, entsprechen, d.h. zu ähnlichen Bedingungen gekauft und verkauft werden. Was die Behandlung von Geldmarktpapieren privater Emittenten anbelangt, so konzentriert sich die folgende Darstellung

22 Genaueres hierzu siehe Unterabschnitt IV. 3b).

23 Genaueres hierzu siehe Abschnitt IV.3.

auf die bereits erwähnten Einlagenzertifikate und Commercial Papers. Bei Geldmarktpapieren öffentlicher Emittenten wird nur auf in Deutschland vom Bund in Umlauf gebrachte Staatstitel mit Geldmarktcharakter eingegangen.

*aa) Einlagenzertifikate.* – **Einlagenzertifikate** (*Certificates of Deposit*; kurz: *CDs*) werden ausnahmslos von Geschäftsbanken begeben und entstehen durch Verbriefung (Securitization) von Termineinlagen. Sie werden auf diese Weise zu einem handelbaren (unbesicherten) Inhaberpapier. Sie unterscheiden sich dadurch von *Termineinlagen*, die auf den Namen des Anlegers lauten und erst bei Fälligkeit liquidiert werden können (es sei denn, es wird die Zahlung von Vorschusszinsen in Kauf genommen). Anders als Bankschuldverschreibungen sind Einlagenzertifikate nicht börsennotiert. Ihre Verzinsung orientiert sich an Geldmarktsätzen, wobei sie mit einem festen Zinssatz als *Fixed Rate CD* oder mit einem variablen Zinssatz in der Regel auf LIBOR-Basis[24] als *Floating Rate CD* begeben werden. Die Zinszahlungen erfolgen bei Fälligkeit, und zwar in der Regel über Kupons (Zinsscheine), möglicherweise aber auch durch Emission zum abgezinsten Kapitalwert, also als *Diskontpapier*[25]. Die Laufzeiten können sich innerhalb einer Spanne von wenigen Tagen bis zu fünf Jahren bewegen; Standardlaufzeiten sind ein, drei und sechs Monate[26].

Aus der Sicht der Geschäftsbanken besteht der Vorteil der Einlagenzertifikate darin, dass sie dadurch die Mittelbeschaffung im Passivgeschäft besser steuern können[27]. Die Initiative bei Emission von Einlagenzertifikaten liegt bei den Geschäftsbanken, während die Bildung von Termineinlagen maßgeblich von den Dispositionen der Bankkunden abhängt. Da Einlagenzertifikate in der Regel als Daueremission in Umlauf gebracht werden, kann das jeweilige Emissionsvolumen laufend dem Liquiditätsbedarf angepasst werden. Möglich ist es außerdem, das Volumen einer bereits durchgeführten Emission nach unten zu korrigieren, indem Geschäftsbanken von ihnen emittierte Einlagenzertifikate auf dem *Sekundärmarkt* [28] (etwa in London oder Luxemburg) zurückkaufen. Für die Käufer von Einlagenzertifikaten (wie Geldmarktfonds, Versicherungen, andere Geschäftsbanken und Unternehmungen) liegt der Vorteil von Einlagenzertifikaten insbesondere darin, dass sie auf Sekundärmärkten handelbar sind, sich ein Anleger also – anders als bei Termineinlagen – vor Fälligkeit ohne Ertragseinbußen durch Vorschusszinsen von seinem Engagement lösen kann.

Die Zinssätze für Einlagenzertifikate liegen geringfügig unter den Zinssätzen für Termineinlagen mit vergleichbarer Laufzeit. Aus der Sicht der Angebotsseite ist

[24] **LIBOR** (**L**ondon **I**nter**B**ank **O**ffered **R**ate) ist der Referenzzinssatz am Londoner Geldmarkt. Er wird an jedem Arbeitstag als Mittelwert aus den Quotierungen der wichtigsten, international tätigen Banken der British Banker's Association in London ermittelt und für verschiedene Währungen (wie dem US-Dollar und dem Euro) und verschiedene Laufzeiten veröffentlicht.

[25] Siehe V. Hasewinkel, Geldmarkt und Geldmarktpapiere. Frankfurt a.M. 1993. S. 143.

[26] Siehe ebenda.

[27] Siehe H. Mattes, Securitization. In: Handwörterbuch des Bank- und Finanzwesens. 2., überarb. u. erw. Aufl. Stuttgart 1995. S. 1705.

[28] Auf einem **Sekundärmarkt** werden umlaufende, bereits auf dem **Primärmarkt** emittierte Wertpapiere gehandelt.

dieses durch die etwas höheren Transaktionskosten auf Grund der Emissionskosten zu erklären. Der von den Emittenten geforderte Zinsabschlag wird auf Seiten der Nachfrager konzediert, weil Einlagenzertifikate den oben erwähnten Vorteil der Handelbarkeit aufweisen.

*bb) Commercial Papers (CPs).* – Bei den **Commercial Papers** handelt es sich um ein verbrieftes (unbesichertes) Geldmarktinstrument, das als Inhaberpapier von Industrie-, Handels- und Dienstleistungsunternehmen mit sehr guter Bonität[29] sowie auch von Banken und der öffentlichen Hand in großen Stückelungen (in Deutschland in der Regel ab 100 Millionen €) emittiert wird und das der Deckung eines kurzfristigen Finanzierungsbedarfs dient[30]. Die Laufzeit von CPs bewegt sich – wie bei anderen Geldmarktpapieren – zwischen wenigen Tagen und i.Allg. zwei Jahren, wobei Fristen von einem und drei Monaten dominieren[31].

Commercial Papers werden im Rahmen eines **Emissionsprogramms** begeben. Ein derartiges CP-Programm ist eine Rahmenvereinbarung zwischen dem *Emittenten* und einem *Arrangeur* (z.B. der Hausbank des Emittenten), mit der dem Emittenten das Recht eingeräumt, er aber nicht verpflichtet wird, im Rahmen eines vereinbarten Gesamtvolumens revolvierend Emissionen von Teilschuldverschreibungen vorzunehmen[32]. Die *Verzinsung*[33] einer Teilschuldverschreibung ist für die Laufzeit fest, kann aber bei der folgenden Tranche verändert werden. Dabei orientiert sich die Verzinsung am LIBOR oder EURIBOR, also an Geldmarktkonditionen. Je nach Bonität des Emittenten werden dabei gegenüber dem Referenzzinssatz Zuschläge oder Abschläge vorgenommen. Commercial Papers werden i.Allg. abgezinst, d.h. als Diskontpapier, begeben, zuweilen aber auch laufend verzinst[34]. Die für die Abwicklung des CP-Programms zuständige arrangierende Bank sorgt für die Unterbringung (Platzierung) der Teilschuldverschreibungen bei Anlegern, wobei sie meistens noch andere Banken als *Platzeure* beteiligt. Arrangeure bzw. Platzeure übernehmen dabei jedoch keine Platzierungsgarantie[35]; das Platzierungsrisiko liegt also allein beim Emittenten.

Dadurch, dass der Emittent das CP-Programm nicht ausschöpfen muss und die Gesamtemission in Teiltranchen durchgeführt wird, bietet sich ihm die Mög-

---

29 Bonitätseinschätzungen durch **Ratings** sind nicht obligatorisch, werden aber häufiger. Sie werden in Form von Noten durch Ratingagenturen vorgenommen (z.B. von Standard & Poor's mit Noten von AAA bis D, wobei D für Default (Ausfall) steht).

30 Vgl. Hasewinkel, a.a.O., S. 177.

31 Siehe ebenda, S. 177 f.

32 Einzelheiten zu den Details eines vereinbarten CP-Programms siehe ebenda, S. 178 f.

33 Siehe L. Perridon, M. Steiner, Finanzwirtschaft der Unternehmung. 14., überarb. u. erw. Aufl. München 2007. S. 424.

34 Siehe European Central Bank, The Euro Money Market, a.a.O., S. 30.

35 Siehe hierzu genauer J. Drukarczyk, Finanzierung. Eine Einführung. 9., neu bearb. Aufl. Stuttgart 2003. S. 421. – Commercial Papers unterscheiden sich in dieser Hinsicht von den **Euronotes**, die ähnlich ausgestaltet sind und deshalb auch zu den Geldmarktpapieren gehören, die aber mit einer **Underwriter-Garantie** ausgestattet sind. Diese beinhaltet, dass als Platzeure und „Underwriter" fungierende Kreditinstitute nicht platzierte Papiere bis zu einem vereinbarten Höchstbetrag zu einem vorab festgelegten Zinssatz übernehmen oder dem Emittenten eine Kreditlinie einräumen, die ihm eine Rücknahme nicht platzierter Papiere möglich macht (s. Perridon, Steiner, a.a.O. , S. 423).

lichkeit, die Fremdmittelbeschaffung flexibel an seinen Finanzierungsbedarf in Hinblick auf Umfang und Laufzeit sowie an die Zinsentwicklung anzupassen[36]. Neben dieser Flexibilität besteht ein weiterer *Vorteil* von Commercial Papers für den Kreditnehmer (Emittenten) darin, dass er sich finanzielle Mittel zu günstigen Geldmarktkonditionen beschaffen kann.

*Sekundärmärkte* für Commercial Papers existieren praktisch nicht. Ein wichtiger Grund hierfür dürfte darin liegen, dass die Laufzeit von Teilschuldverschreibungen zwischen Emittent und Anleger abgestimmt wird und deshalb beim Anleger i.Allg. kein Bedarf besteht, Commercial Papers vor Fälligkeit zu liquidieren. Hinzu kommt, dass offenbar viele Platzeure auch zu einem Rückkauf von ihnen platzierter Papiere bereit sind[37].

Zu den *Käufern* von Commercial Papers gehören in Deutschland insbesondere Investmentfonds, Versicherungen und Industrieunternehmen. Sonstige *nicht* zu den Großanlegern zählende Privatanleger kommen wegen der hohen Stückelung als Investoren kaum in Frage. Auch Geschäftsbanken spielen innerhalb der Anlegergruppe derzeit praktisch keine Rolle[38]. Ihre Funktion als Arrangeur bzw. Platzeur besteht vielmehr darin, Kreditbeziehungen zwischen den Nichtbanken herzustellen. Insofern ist der CP-Markt nicht nur ein Beispiel für die Tendenz zur *Verbriefung* von Kreditbeziehungen, sondern auch für den damit einhergehenden Trend zur *Disintermediation*, d.h. für die Entwicklung von Finanzierungstransaktionen unter Nichtbanken ohne Geschäftsbanken als kreditgebende Intermediäre. Für die Geschäftsbanken bedeutet diese Entwicklung, dass sie zwar einerseits mit bilanzunwirksamen, die Liquidität nicht beanspruchenden Transaktionen Erträge in Form von Provisionen erwirtschaften, anderseits aber auch, dass sie Kreditnehmer mit sehr guter Bonität verlieren. Da sich demzufolge das durchschnittliche Risiko ihres Kreditportefeuilles erhöht, müssen sie zur Kompensation höhere Zinsen verlangen, wodurch die Kreditaufnahme der verbleibenden Bankkunden (wie mittelständische Unternehmen und Kleinunternehmen) verteuert wird[39].

*cc) Papiere des Bundes.* – Zu den Geldmarktpapieren werden folgende Schuldtitel des Bundes mit einer Laufzeit bis zu zwei Jahren gerechnet: Unverzinsliche Schatzanweisungen, Bundesschatzanweisungen und Bundeskassenscheine[40]. Sie dienen der kurzfristigen Kreditfinanzierung des Bundeshaushalts.

aaa) Der Bund bringt die von ihm emittierten Papiere im freihändigen Verkauf und (oder) im Tenderverfahren in Umlauf. Der **freihändige Verkauf** erfolgt über

---

36 Siehe Drukarczyk, a.a.O., S. 420.

37 Siehe Hasewinkel, a.a.O., S. 181.

38 Siehe ebenda, S. 232.

39 Siehe zu dieser Implikation der Disintermediation Perridon, Steiner, a.a.O., S. 425.

40 Siehe auch Grill, Perczynski, a.a.O., S. 316. – *Finanzierungsschätze* werden wegen ihres niedrigen Mindestbetrags (ab 500 €) nicht in die Geldmarktpapiere einbezogen; sie können außerdem auch nicht von Geschäftsbanken erworben werden. Zu den Geldmarktpapieren könnte man demgegenüber noch solche Bundeswertpapiere rechnen, die wegen ihrer ursprünglichen Laufzeit zwar eindeutig Kapitalmarktpapiere sind (wie Bundesanleihen oder Bundesobligationen), die aber auf Grund ihrer kurzen Restlaufzeit als sog. *Restläufer* Geldmarktcharakter haben.

Geschäftsbanken und Landeszentralbanken fortlaufend ohne feste Emissionsfrist und ohne ein im Voraus festgelegtes Emissionsvolumen[41]. Die vom Bund festgelegten Konditionen, insbesondere also die Zinsgestaltung, werden von ihm laufend den Marktverhältnissen angepasst. Das **Tenderverfahren** ist ein Ausschreibungsverfahren; es entspricht dem bereits dargestellten Zinstender. Bietungsberechtigt sind die Mitglieder der „Bietergruppe Bundesemissionen". Bedingung für die Mitgliedschaft ist insbesondere eine ausreichende Platzierungskraft[42]. Die Gebote der Bieter enthalten die gewünschten Beträge an Wertpapieren und die Kurse, zu denen sie diese erwerben wollen. Bei der Zuteilung der Wertpapiere werden die Offerten, beim höchsten Kursgebot beginnend, in absteigender Reihenfolge so lange berücksichtigt, bis das angestrebte Emissionsvolumen erreicht ist. Die vom Bund akzeptierten Kaufgebote werden zu den jeweils von den Bietern in ihren Geboten genannten Kursen (entsprechend dem amerikanischen Verfahren) abgerechnet[43].

bbb) *Unverzinsliche Schatzanweisungen* (auch U-Schätze oder „Bubills" genannt) werden mit 2 bis 3 Ausgaben pro Monat im Tenderverfahren durch die Deutsche Bundesbank im Auftrag der Bundesrepublik Deutschland – Finanzagentur GmbH regelmäßig emittiert. Sie haben eine Laufzeit von 3, 6, 9 oder 12 Monaten. Das Mindestgebot beträgt 1 Mio €. Sie werden mit einem Abschlag (Diskont) vom Nennwert in Umlauf gebracht, sind also Diskontpapiere und deshalb entgegen ihrer Bezeichnung verzinslich. Die Berechnung der Zinsen ergibt sich dabei aus der Eurozinsmethode[44], d.h. auf act/360-Basis. Unverzinsliche Schatzanweisungen werden nicht in den Börsenhandel eingeführt; ein Verkauf an Sekundärmärkten ist aber möglich.

*Bundesschatzanweisungen* (auch „Schätze" genannt) werden im vierteljährlichen Rhythmus im Tenderverfahren begeben. Sie haben eine Laufzeit von zwei Jahren. Die Zinszahlung erfolgt jährlich nachträglich, wobei die Zinsberechnung auf act/act-Basis erfolgt, d.h. sie wird taggenau vorgenommen und die Zinstage werden – wie der Zinssatz – auf die tatsächlichen 365 bzw. 366 Tage eines Jahres bezogen. Bundesschatzanweisungen werden in den Handel an den deutschen Wertpapierbörsen eingeführt; es besteht also ein Sekundärmarkt.

*Bundeskassenscheine* (auch „cash bills" genannt) dienen ausschließlich dem Kassenmanagement des Bundes. Sie werden bei Bedarf, d.h. unregelmäßig, freihändig im Einzelabschluss oder im Tenderverfahren als Inhaberschuldverschreibungen abgegeben, wobei sich der Mindestbetrag beim Erwerb auf 5 Mio € beläuft. Laufzeiten von sieben Tagen bis unter ein Jahr sind möglich; die Regellaufzeit beträgt einen Monat. Sie werden als Diskontpapiere in Umlauf gebracht. Die Berechnung der Zinsen ergibt sich aus der Eurozinsmethode auf act/360-Basis. Bundeskassenscheine werden nicht in den Börsenhandel eingeführt.

---

41 Siehe Deutsche Bundesbank, Der Markt für deutsche Bundeswertpapiere. 3. Aufl. Frankfurt a.M. 2000. S . 44.

42 Einzelheiten hierzu siehe ebenda.

43 Kaufgebote ohne Kursangabe sind möglich; sie werden zum gewogenen Durchschnittspreis der akzeptierten Kaufgebote abgewickelt. Kursgebote, die dem gerade noch akzeptierten Mindestkurs entsprechen, können repartiert, d.h. nur zu einem gewissen Prozentsatz zugeteilt werden.

44 Siehe dazu den Unterabschnitt III. 3a) bb).

*dd) Geldmarktpapiere auf dem Euro-Geldmarkt.* - Der Markt für Geldmarktpapiere stellt - gemessen am tagesdurchschnittlichen Umsatz - das zweitkleinste Segment auf dem gesamten Geldmarkt dar. Nach der Abgrenzung der EZB handelt es sich dabei um Transaktionen mit kurzfristigen Schuldverschreibungen mit einer ursprünglichen Laufzeit bis zu einem Jahr, die auf dem Sekundärmarkt gehandelt werden. Der Handel in Geldmarktpapieren ist auf relativ wenige Marktteilnehmer konzentriert. Von den internationalen Finanzmarktturbulenzen war insbesondere das Marktsegment der mit Forderungen besicherten Commercial Papers betroffen. Wegen der sich verbreitenden Risikoabneigung hatten Emittenten dieser CPs zunehmend Schwierigkeiten, diese am Markt unterzubringen, so dass ihr Emissionsvolumen seit 2007 stark fiel.

### d) Derivate

**Derivate** oder **derivative Finanzinstrumente** sind aus anderen Finanzprodukten (Basiswerten) abgeleitete Finanzinstrumente. Bei dem einem Derivat zu Grunde liegenden **Basiswert**, auch *„underlying"* genannt, kann es sich z.B. um Aktien, Anleihen, Devisen oder Geldmarktanlagen handeln. Die Bewertung eines Derivats hängt von der Preisentwicklung des Basiswertes ab. Im Rahmen der Geldmarktanalyse wird im Folgenden auf Zinsswaps und Zinsfutures bzw. Forward Rate Agreements (FRAs) sowie auf Devisenswaps und Währungsswaps näher eingegangen, und zwar zunächst allgemein und danach unter Bezug auf den Geldmarkt im Euro-Währungsraum. Die entsprechenden Transaktionen mit Geldmarktderivaten sind zwar nicht - wie bei einem typischen Geldmarktgeschäft - mit Bewegungen von Zentralbankgeld verbunden; sie sind aber - wie erwähnt - für das Geldmarktgeschehen von besonderer Relevanz und werden auch zu Geldmarktusancen abgewickelt.

*aa) Zinsswaps.* - aaa) Unter einem **Zinsswap** ist der Tausch von Zinszahlungsströmen in gleicher Währung mit unterschiedlichen Konditionen zu verstehen. Die Zinszahlungen sind dabei auf einen vereinbarten Kapitalbetrag bezogen, wobei dieser aber nicht ausgetauscht wird. Im Rahmen eines Zinsswaps können z.B. Festzinssatzzinsen gegen variable Zinsen oder die Zinsen aus einer revolvierenden Dreimonatsanlage gegen die Zinsen aus einer revolvierenden Sechsmonatsanlage getauscht werden. Der zuerst genannten Form, dem sog. *Kuponswap*, kommt in der Praxis eine vergleichsweise große Bedeutung zu. Nur auf ihn wird näher eingegangen.

Kuponswaps sind wie jeder Zinsswap *„Over-the-counter-Produkte"* (OTC-Produkte). Sie sind also in Hinblick auf Ausstattungsmerkmale (wie Nominalbeträge, Laufzeit und Basiswert) nicht standardisiert und werden deshalb auch nicht börsenmäßig gehandelt. Ihre Funktionsweise sei durch folgendes *Beispiel* illustriert[45]. Angenommen wird, dass eine Bank eine variabel verzinsliche und eine Unternehmung eine festverzinsliche Finanzierung präferiert. Die für beide gültigen Marktkonditionen sind in folgender Übersicht angegeben:

---

[45] Vgl. hierzu auch H. SCHIERENBECK. M. LISTER, S. KIRMSSE, Ertragsorientiertes Bankmanagement. Band 2: Risiko-Controlling und integrierte Rendite-/Risikosteuerung. 9., aktualisierte u. überarb. Aufl. Wiesbaden 2008. S. 356 f.

| | Bank | Unternehmung |
|---|---|---|
| Festzinssatz | **6,0 v. H.** | **7,0 v. H.** |
| Variabler Zinssatz | **EURIBOR** | **EURIBOR + 0,5 v. H.** |

Wie man sieht, wird unterstellt, dass die Bank sowohl bei einer variabel verzinslichen als auch bei einer festverzinslichen Finanzierung die günstigeren Konditionen erhält. Der *komparative* Vorteil der Bank ist jedoch beim Festzinssatz (mit 1 v.H.) *größer* als beim variablen Zinssatz (mit 0,5 v.H.). Entsprechend RICARDOS Theorem der komparativen Kosten bietet es sich deshalb an, dass – zunächst unabhängig von den jeweiligen Präferenzen – sich die Bank zum Festzinssatz und die Unternehmung zum variablen Zinssatz verschulden und dann – den ursprünglichen Präferenzen folgend – ein Austausch der Zinszahlungen erfolgt. Die dabei insgesamt anfallenden Zinsaufwendungen belaufen sich auf EURIBOR plus 6,5 v.H. Hätten sich die Bank und die Unternehmung dagegen jeweils entsprechend ihren Präferenzen verschuldet, würden sich die gesamten Zinsaufwendungen auf EURIBOR plus 7 v.H. belaufen. Das der gesamten Zinskostenersparnis entsprechende **Arbitragepotenzial** beträgt also 0,5 v.H. Wird vereinfachend angenommen, dass sich die Swappartner die anfallende Zinskostenersparnis von 0,5 v.H. teilen, dann lassen sich die im Zusammenhang mit dem Zinsswap vorgenommenen Zinszahlungen wie folgt durch ein Flussdiagramm darstellen:

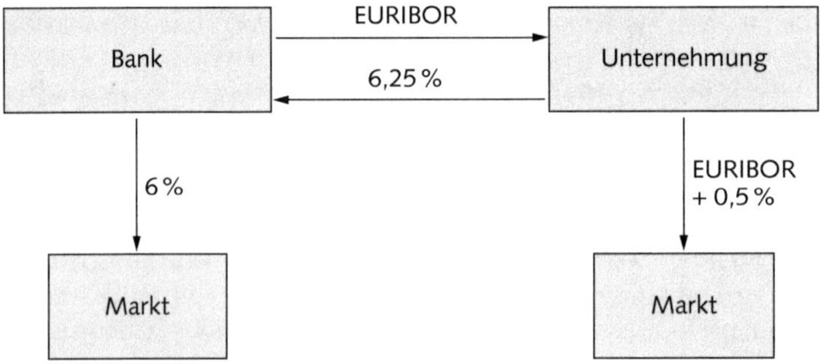


Abb. III.2: *Zinsswap*

Wie man sieht, verschuldet sich die Bank zum Festzinssatz (6 v.H.) und die Unternehmung zum variablen Zinssatz (EURIBOR + 0,5 v.H.) am Markt. Vereinbarungsgemäß zahlt die Unternehmung (Zahler) feste Zinszahlungen von 6,25 v.H. auf den vereinbarten Kapitalbetrag an die Bank (Empfänger), wobei diese variable Zinszahlungen auf den vereinbarten Kapitalbetrag zum EURIBOR-Satz an die Unternehmung leistet[46]. Im Endergebnis fallen für die Bank variable Zinszahlungen zum EURIBOR-Satz minus 0,25 v.H. an und für die Unternehmung feste Zinszahlungen zu 6,25 v.H. plus 0,5 v.H., so dass beide die von ihnen präferierte Form der Zinsbindung und dazu noch eine *Zinskostenreduktion* von jeweils 0,25 v.H. realisieren können.

46 In der Praxis erfolgt ein *Zins-Netting*, d.h. an den Zinszahlungsterminen werden die variablen Zinszahlungen gegen die festen aufgerechnet und nur die Differenz gezahlt.

bbb) Neben der Zinskostenreduktion dienen Zinsswaps der **Risikoabsicherung** gegenüber Zinsschwankungen[47]. So ist eine Bank, die auf Grund kurzer Zinsbindungsfristen einen Überhang variabler Zinsaufwendungen gegenüber variablen Zinseinkünften aufweist, dem Risiko *steigender* Zinssätze ausgesetzt. Sie kann diesem Risiko entgegenwirken, indem sie sich im Rahmen eines Zinsswaps als *Zahler* fester Zinsaufwendungen und *Empfänger* variabler Zinszahlungen betätigt. Umgekehrt kann eine Bank, die einen Überhang variabler Zinseinkünfte gegenüber variablen Zinsaufwendungen aufweist, dem Risiko *sinkender* Zinssätze entgegenwirken, indem sie sich im Rahmen eines Zinsswaps als *Empfänger* fester Zinszahlungen und *Zahler* variabler Zinszahlungen betätigt.

ccc) Die durch einen Zinsswap mögliche Risikoabsicherung kann auch durch eine Kombination bilanzwirksamer traditioneller Kassageschäfte erreicht werden. So lassen sich die Zahlungsströme, die durch einen Zinsswap für einen Zahler fester Zinsaufwendungen und Empfänger variabler Zinsaufwendungen anfallen, auch dadurch realisieren, dass zu einem festen Zinssatz Mittel langfristig aufgenommen werden, die revolvierend zu variablen Zinssätzen kurzfristig angelegt werden. Offenbar kann ein Zinsswap durch zwei bilanzverlängernde Kassageschäfte dupliziert bzw. aus ihnen abgeleitet werden. Deshalb bezeichnet man Zinsswaps auch als *derivative* Finanzinstrumente[48].

Zinsswaps weisen gegenüber einer Kombination von traditionellen Kassainstrumenten zur Risikoabsicherung eine Reihe von Vorteilen auf[49]. So ist das Ausfallrisiko bei einem Zinsswap erheblich geringer. Zum einen betrifft es nicht den angelegten Kapitalbetrag, und zum anderen kann ein Swappartner seine Zinszahlungen einstellen, wenn der andere seinen vertraglichen Zahlungsverpflichtungen nicht nachkommt[50]. Ferner können Zinsswaps schneller, flexibler und kostengünstiger abgeschlossen werden als eine Kombination entsprechender Kassainstrumente. Nicht zuletzt ist zu bedenken, dass Zinsswaps wegen des geringeren Ausfallrisikos - anders als die erwähnten bilanzverlängernden Maßnahmen zur Risikoabsicherung - bei gleichem dem Geschäft zugrunde liegenden Nominalbetrag mit weniger Eigenkapital unterlegt werden müssen[51], so dass sich

---

47 Siehe zum Folgenden auch SCHIERENBECK, LISTER, KIRMSSE, a.a.O., S. 357.

48 Siehe R. ELLER, C. SPINDLER, Zins- und Währungsrisiken optimal managen. Analyse, Risiko, Strategien. Wiesbaden 1994, S. 154.

49 Siehe ebenda. - Vgl. auch SCHIERENBECK, LISTER, KIRMSSE, a.a.O., S. 355.

50 Im Unterschied zum Zinsswap werden bei einer Risikoabsicherung durch eine Kombination zweier Kassatransaktionen *zwei* rechtlich selbständige Verträge abgeschlossen, so dass die Verpflichtungen aus der Verschuldung auch zu erfüllen sind, wenn die gleichzeitig erworbenen Forderungen ausfallen.

51 Die Ermittlung der Bemessungsgrundlage für die Eigenkapitalanforderungen im Falle eines Zinsswaps erfolgt gemäß § 49 Abs. 2 Nr. 3 in Verb. mit § 17 SolvV. Dabei wird der für die Anwendung der Risikogewichte relevante Nominalbetrag zu *Kreditäquivalenten* umgeformt, wodurch sich i.d.R. eine beträchtliche Kürzung der Bemessungsgrundlage ergibt. Dementsprechend sind die Beträge, mit denen Zinsswaps in den Gesamtbetrag der Risikoaktiva eingehen - bei gleichem Nominalbetrag - i.d.R. erheblich geringer als bei entsprechenden bilanzverlängernden Maßnahmen der Risikoabsicherung. Zur Ermittlung von Kreditäquivalenten siehe H.-E. BÜSCHGEN, Bankbetriebslehre. Bankgeschäfte und Bankmanagement. 5., vollständig überarb. u. erw. Auflage. Wiesbaden 1998. S. 1127 ff. - H. SCHIERENBECK, R. HÖLSCHER, BankAssurance. Institutionelle Grundlagen der Bank- und Versicherungsbetriebslehre. 4., vollständig überarb. u. erw. Aufl. Stuttgart 1998. S. 142 ff.

in Hinblick auf die Erfüllung aufsichtsrechtlicher Normen Ersparnisse an Eigenkapitalunterlegung von Risikokategorien ergeben.

ddd) Im Zusammenhang mit der *Bewertung eines Zinsswaps* stellt sich die Frage, welcher Festzins bei einem Tausch fester Zinszahlungen gegen variable Zinszahlungen „angemessen" erscheint. Damit geht es um das Problem der Festlegung eines „fairen Swapsatzes". Der **faire Swapsatz** ist als der Festzinssatz definiert, der den Gegenwartswert (Barwert) der festen Zinszahlungen und der variablen Zinszahlungen über den gleichen Zeitraum in Übereinstimmung bringt. Seine Ableitung soll durch einen einfachen Zinsswap veranschaulicht werden, bei dem feste Zinszahlungen aus einer Zweijahresanlage gegen die variablen Zinszahlungen aus zwei revolvierenden Einjahresanlagen getauscht werden. Wird der laufende (kurzfristige) Zinssatz für Einjahresanlagen mit $i_1$, der für das zweite Jahr erwartete (kurzfristige) Zinssatz für Einjahresanlagen mit $i_2^*$ und der laufende (langfristige) Zinssatz für Zweijahresanlagen mit $i_{l2}$ bezeichnet, dann ergibt sich der faire Festzinssatz bzw. Swapsatz $i_f$ aus folgendem Ansatz:

$$(1) \qquad \frac{i_f}{1+i_1} + \frac{i_f}{(1+i_{l2})^2} = \frac{i_1}{1+i_1} + \frac{i_2^*}{(1+i_{l2})^2}.$$

Die linke Seite von Gleichung (1) enthält die festen Zinszahlungen, die rechte Seite die variablen Zinszahlungen, jeweils abgezinst mit den für die verschiedenen Zahlungszeitpunkte relevanten Zinssätzen, d.h. für die erste Periode $i_1$ und für die zweite Periode $i_{l2}$. Löst man Gleichung (1) nach $i_f$ auf, ergibt sich:

$$(2) \qquad i_f = \frac{\dfrac{i_1}{1+i_1} + \dfrac{i_2}{(1+i_{l2})^2}}{\dfrac{1}{1+i_1} + \dfrac{1}{(1+i_{l2})^2}}$$ [52].

Gleichung (2) zeigt, wie sich der faire Swapsatz berechnen lässt, wenn man Zusammenhänge berücksichtigt, wie sie aus der im Rahmen der ***Zinsstrukturtheorie*** behandelten *Erwartungstheorie* bekannt sind[53]. So könnte man den erwarteten Zinssatz $i_2^*$ durch den sog. impliziten Terminzinssatz für Einjahresanlagen im zweiten Jahr ersetzen. Er lässt sich aus (Kassa-)Zinssätzen für Ein- und Zweijahresanlagen herleiten[54]. Der faire Swapsatz ließe sich somit allein mit Hilfe von Kassazinssätzen ermitteln (hier: für Laufzeiten von einem und von zwei Jahren). Alternativ hierzu könnte man den erwarteten Zinssatz $i_2^*$ durch den aktuellen Terminzinssatz für eine Einjahresanlage im zweiten Jahr $(i_2)$ und den (langfristi-

---

[52] Werden feste Zinszahlungen gegen variable Zinszahlungen aus *n* revolvierenden Einjahresanlagen getauscht, dann tritt an die Stelle von (2)

$$i_f = \frac{\dfrac{i_1}{1+i_1} + \dfrac{i_2^*}{(1+i_{l2})^2} + \ldots + \dfrac{i_n^*}{(1+i_n)^n}}{\dfrac{1}{1+i_1} + \dfrac{1}{(1+i_{l2})^2} + \ldots + \dfrac{1}{(1+i_n)^n}}.$$

Zur Ermittlung des fairen Festzinssatzes für beliebige, in Tagen ausgedrückte, Laufzeiten der verzinslichen Anlagen siehe L. Fischer, Swapgeschäft. In: Handwörterbuch des Bank- und Finanzwesens. 3., völlig überarb. u. erw. Aufl. Stuttgart 1995. S. 2042 f.

[53] Siehe hierzu Jarchow, Theorie und Politik des Geldes, a.a.O., S. 151 ff.

[54] Vgl. dazu ebenda, S. 155, Fußnote 14.

gen) Zinssatz für Zweijahresanlagen $i_{l2}$ durch den aktuellen Zinssatz $i_1$ und den Terminzinssatz $i_2$ ersetzen. Der faire Swapsatz ließe sich dann allein aus aktuellen Kassazinssätzen (hier: für Einjahresanlagen) und aus aktuellen Terminzinssätzen (hier: für Einjahresanlagen im zweiten Jahr) ermitteln. Aus Gleichung (2) kann man weiter nach einigen Umformungen unter Berücksichtigung von Zusammenhängen aus der Erwartungstheorie Folgendes herleiten:

- $i_f = i_{l2}$, wenn $i_{l2} = i_1$
- $i_f < i_{l2}$, wenn $i_{l2} > i_1$ und
- $i_f > i_{l2}$, wenn $i_{l2} < i_1$.

Insbesondere zeigt sich also, dass der faire Festzinssatz bzw. Swapsatz *unter* dem festen langfristigen Zinssatz (hier: für Zweijahresanlagen) liegt, wenn eine normale Zinsstruktur gegeben ist, der Zinssatz von Wertpapieren also umso höher liegt, je länger ihre Laufzeit ist.

eee) Bei Zinsswaps auf dem Geldmarkt sind die zu Grunde liegenden Basiswerte Geldmarktgeschäfte. Die in Euro denominierten Kontrakte umfassen eine Laufzeit bis hin zu einem Jahr und länger. Die Geschäftstätigkeit wird von einer kleinen Zahl großer Marktteilnehmer dominiert[55]. Wichtige Handelsplätze sind Frankfurt, London und Paris. Auf dem Euro-Zins-Swapmarkt werden feste Zinszahlungen gegen variable Zinszahlungen auf EONIA- bzw. EURIBOR-Basis getauscht, wobei sich die Abschlüsse auf den EONIA als Referenzzinssatz für die variable Zinskomponente konzentrieren. Besondere Bedeutung kommt dabei dem über eine Woche laufenden EONIA-Zinsswap zu, der den meisten Banken bei ihrer Gebotserstellung im Rahmen der wöchentlichen Hauptrefinanzierungsgeschäfte als Orientierungsgröße dienen dürfte. Der auf EONIA-Swaps bezogene (faire) **EONIA-Swapsatz** ist dabei – entsprechend der unter ddd) formulierten allgemeinen Definition – jener Festzinssatz, der den Gegenwartswert fester Zinszahlungen und den Gegenwartswert variabler Zinszahlungen für revolvierende Übernachtkredite, bezogen auf einen Zeitraum von einer Woche, gleichmacht. Er liegt durchweg unter dem Zinssatz für 1-Wochen-Geld. Nach den Ausführungen unter ddd) ist das bei einer durch eine Liquiditätsprämie[56] begründeten normalen Zinsstruktur als Regelfall auch zu erwarten. Hinzu kommt, dass das Kreditausfallrisiko bei Übernachtkrediten wegen der sehr kurzen Frist geringer einzuschätzen ist als bei länger laufendem Termingeld.

Zur Verbesserung der Markttransparenz auf dem EONIA-Swapmarkt wurde 2005 ein repräsentativer Referenzzinssatz für Geldmarktderivate in Form des **EONIA Swap Index** eingeführt. Es handelt sich hierbei um einen durchschnittlichen Marktsatz für EONIA-Swaps aus gemeldeten Quotierungen von z.Zt. 25 Banken mit höchster Bonität (sog. prime banks) und hohem Umsatz in EONIA-Swaps. Der EONIA Swap Index wird täglich für Laufzeiten im Bereich von einer Woche bis zu 24 Monaten fixiert.

*bb) Zinsfutures.* – aaa) **Zinsfutures** sind Finanzterminkontrakte, mit denen vereinbart wird, ein standardisiertes Zinsinstrument zu einem bei Vertragsab-

55 Siehe European Central Bank, The Euro Money Market, a.a.O., S. 6.
56 Siehe hierzu Jarchow, Theorie und Politik des Geldes, a.a.O., S. 159 ff.

schluss vereinbarten Preis (Kurs) an einem zukünftigen Erfüllungstermin zu kaufen oder zu verkaufen[57]. Derartige Kontrakte, bei denen grundsätzlich keine Kapitalübertragung stattfindet, implizieren eine Vereinbarung über einen *Terminzinssatz*, d.h. über einen Zinssatz, der im Zeitpunkt des Vertragsabschlusses $t$ festgelegt wird und sich auf eine Finanzanlage bezieht, deren Laufzeit in einem späteren Zeitpunkt $(t')$ beginnt und in einem noch späteren Zeitpunkt $(T')$ endet. Von der Grundidee her entsprechen Zinsfutures insofern den sog. **Forward Rate Agreements** (FRAs)[58]. Sie unterscheiden sich von FRAs insbesondere dadurch, dass sie standardisiert sind und börsenmäßig gehandelt werden[59]. Die Standardisierung betrifft den zu Grunde liegenden Basiswert, den Kontraktwert und den Erfüllungszeitpunkt[60]. Der börsenmäßige Handel im Euro-Währungsraum erfolgt an Terminbörsen wie der Eurex[61] oder der Euronext.liffe[62]. Die Vertragselemente von *Forward Rate Agreements* sind demgegenüber individuell aushandelbar; die FRAs sind dementsprechend Over-the-Counter-Produkte.

bbb) Zinsfutures werden - wie Zinsswaps - zur *Risikoabsicherung* eingesetzt, und zwar zur Begrenzung bzw. Eliminierung von Marktrisiken in Form von Zinsänderungsrisiken. Die davon betroffenen (offenen) Positionen werden durch Aufbau einer Gegenposition, also durch **Hedging**, geschlossen. Das Hedging kann dem Risiko von *Zinssteigerungen* ausgesetzte zinsvariable Verbindlichkeiten und zinsfixierte Anlagen (wie Anleihen)[63] betreffen oder dem Risiko von *Zinssenkungen* ausgesetzte zinsfixierte Verbindlichkeiten und zinsvariable Anlagen. Speziell bietet das Hedging durch Zinsfutures die Möglichkeit, zukünftige Zinsaufwendungen für eine spätere Mittelaufnahme bzw. zukünftige Zinserträge aus einer späteren Mittelanlage schon heute festzuschreiben. Wie später unter eee) noch genauer ausgeführt wird, besteht der Absicherungsmechanismus durch Zinsfutures im Wege des *Hedging* immer darin, dass die Auswirkungen von Zinsänderungen für die abzusichernde (offene) Zinsposition durch entgegengesetzte Kurswertveränderungen bei den Zinsfutures (der Gegenposition) kompensiert werden.

ccc) Das mit einem Zinsfuture bewirkte Hedging kann auch durch eine Kombination bilanzwirksamer traditioneller Kassageschäfte erreicht werden. So kann sich ein Wirtschaftssubjekt, das für die spätere Periode $n$ eine Mittelaufnahme plant, den Zinssatz hierfür heute schon sichern, indem es heute Wertpapiere mit einer Laufzeit bis zum Ende der Periode $n$ emittiert und gleichzeitig Wertpapiere mit einer Laufzeit bis zum Ende der Periode $n - 1$ erwirbt. Zinsfutures können also auch durch eine Kombination von Kassainstrumenten dupliziert, d.h. aus

---

57 Vgl. ELLER, SPINDLER, a.a. O., S. 95

58 Siehe zu diesem Zinsinstrument im Einzelnen ebenda, S. 64 ff.

59 Zu den Unterschieden siehe genauer ebenda, S. 65 ff.

60 Siehe BÜSCHGEN, Bankbetriebslehre, a.a.O., S. 1040.

61 Eurex ist eine der weltweit größten Terminbörsen für Finanzderivate. Sie gehört zu gleichen Teilen der Deutschen Börse AG und der SIX Swiss Exchange.

62 Euronext.liffe ist eine Abkürzung für Euronext.**L**ondon **I**nternational **F**inancial **F**utures and Options **E**xchange. Euronext entstand als Zusammenschluss der Börsen von Amsterdam, Brüssel und Paris im September 2000, übernahm dann im Oktober 2001 die liffe und vereinigte sich 2007 mit der New Yorker Börse (NYSE).

63 Bei Zinssteigerungen und fixierter Nominalverzinsung sinkt der Kurs von Anleihen. Bei zinsfixierten Krediten entgeht dem Kreditgeber die Möglichkeit, die Zinssätze nach oben anzupassen.

ihnen abgeleitet werden. Wie Zinsswaps weisen Zinsfutures gegenüber einer Kombination von traditionellen Kassainstrumenten Vorteile auf. So kann das Ausfall- bzw. Kontrahentenrisiko praktisch vernachlässigt werden[64]. Zunächst einmal garantiert die Terminbörse, genauer: die ihr angegliederte Clearingstelle als zentraler Vertragspartner der am Terminhandel beteiligten Parteien, die Erfüllung der Verträge. Für die Clearingstelle ihrerseits wird das Kontrahentenrisiko durch die *drei* folgenden Regelungen stark eingeschränkt. Erstens besteht gegenüber der Clearingstelle eine *Einschusspflicht*, d.h. es ist ein bestimmter Mindestkapitaleinschuss (initial margin) als Sicherheit für die Abdeckung von Erfüllungsrisiken von den Marktpartnern zu leisten. *Zweitens* werden die aus den laufenden Kursveränderungen von Zinsfutures resultierenden Gewinne bzw. Verluste börsentäglich mit dem Kapitaleinschuss verrechnet. *Drittens* besteht für die Marktpartner eine *Nachschusspflicht*, wenn während der Laufzeit des Futurekontrakts auf Grund von Kursverlusten eine Mindestbetragshöhe (maintenance margin) unterschritten wird.

Dass die der Terminbörse angegliederte Clearingstelle gegenüber den Vertragspartnern die Erfüllung der Verträge garantiert und auf Grund der angeführten drei Regelungen selbst gegenüber Erfüllungsrisiken weitgehend geschützt ist, wirkt sich darüber hinaus in *aufsichtsrechtlicher* Hinsicht aus. Handelt ein Kreditinstitut Zinsfutures an Terminbörsen, deren Clearingstellen (wie die der Eurex oder der Euronext.liffe) als *zentrale Kontrahenten* im Sinne des § 1 Abs. 31 Kreditwesengesetz fungieren[65], dann ergibt sich für das abgeschlossene Zinsfuture-Geschäft im Standardansatz eine Bemessungsgrundlage von Null. Solche Geschäfte werden also aus dem Gesamtbetrag der Risikoaktiva ausgeklammert. Ihre Befreiung von der Anrechnung bedeutet gegenüber einer Kombination von traditionellen Kassainstrumenten eine Möglichkeit, Eigenkapitalunterlegung zu sparen.

ddd) Was die Zinsfutures am *Geldmarkt* des Euro-Währungsgebiets anbelangt, so haben dort EURIBOR-Futures alle früheren Terminkontrakte ersetzt[66]. Als liquidester Markt hat sich dabei der 3-Monats-Euribor-Future erwiesen[67]. Wie alle Zinsfutures sind EURIBOR-Futures in Bezug auf Basiswert, Kontraktwert und Erfüllungszeitpunkt standardisiert. Basiswerte sind dabei Monatsgeld bzw. Dreimonatsgelder, die zum 1-Monats-EURIBOR bzw. 3-Monats-EURIBOR verzinst werden.

Im Zusammenhang mit der *Bewertung* von EURIBOR-Futures stellt sich die Frage, wie ihr *fairer Wert* (Kurs) zu bemessen ist. Grundlage hierfür ist der aus Zinsstrukturtheorie bekannte *implizite Terminzinssatz*, auf den auch bei der Be-

---

64 Siehe hierzu und zum Folgenden ELLER, SPINDLER, a.a.O., S. 66 f.

65 In diesem Sinne ist ein *zentraler Kontrahent* eine Unternehmung, die bei Kaufverträgen auf Finanzmärkten sowohl dem Käufer als auch dem Verkäufer als Vertragspartner dient und deren Forderungen aus Erfüllungsrisiken (Kontrahentenausfallrisiken) auf Tagesbasis hinreichend besichert werden.

66 Siehe EUROPÄISCHE ZENTRALBANK, Monatsbericht Januar 2000, S. 46.

67 Siehe EUROPEAN CENTRAL BANK, The Euro Money Market Study 2008, a.a.O., S. 36. – Ein Futures-Markt kann als *besonders liquide* angesehen werden, wenn wegen einer großen Zahl von Teilnehmern und hoher Umsätze große Kontraktmengen gehandelt werden können, ohne dass es hierdurch zu starken Kursschwankungen kommt.

rechnung des fairen Swapsatzes zurückgegriffen wurde. Zur Erläuterung wird folgendes *Beispiel*[68] für einen 3-Monats-EURIBOR-Future näher betrachtet. Es wird angenommen, dass seine Laufzeit am 14. Juni beginnt und am 14. September endet. Der faire Wert soll für den 15. April, an dem der Terminkontrakt abgeschlossen wird, ermittelt werden. Den zeitlichen Ablauf veranschaulicht folgende Skizze:

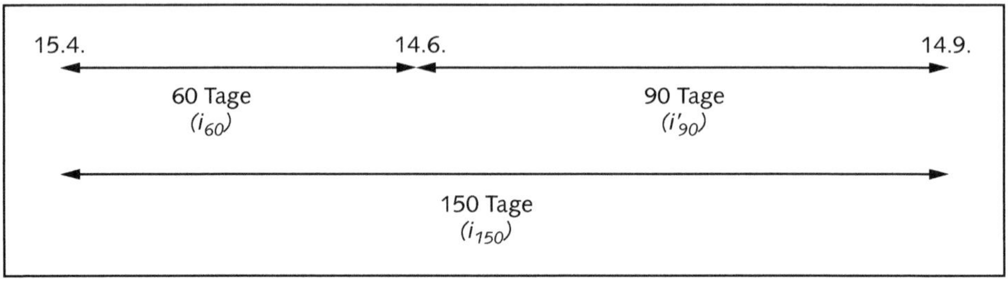


Wie schon erwähnt, ist der implizite Terminzinssatz die Basis der Ableitung. Er bezieht sich im vorliegenden Beispiel auf Dreimonatsgeld, das über die zukünftige Periode vom 14.6. bis zum 14.9. gehalten wird. Der implizite (faire) Terminzinssatz ($i'_{90}$) wird so berechnet, dass er

- den Liquidationserlös eines Euro, zunächst angelegt zum EURIBOR-Satz für eine Vorlaufperiode von 60 Tagen ($i_{60}$) und dann wiederangelegt zum (impliziten) Terminzinssatz für die Laufzeit des Terminkontrakts von 90 Tagen ($i'_{90}$) und
- den Liquidationserlös eines Euro, angelegt zum EURIBOR-Satz für eine Gesamtperiode von 150 Tagen ($i_{150}$)

in Übereinstimmung bringt. Diesem Ansatz entspricht folgende Gleichung:

$$(3) \quad \left(1 + i_{60}\frac{60}{360}\right)\left(1 + i'_{90}\frac{90}{360}\right) = \left(1 + i_{150}\frac{150}{360}\right),$$

wobei $i_{60}, i_{150}$ und $i'_{90}$ auf das *Jahr* (mit 360 Tagen) bezogene Zinssätze darstellen.

Wird Gleichung (3) nach $i'_{90}$ aufgelöst, dann erhält man für den **impliziten (fairen) Terminzinssatz** für Dreimonatsanlagen

$$(4) \quad i'_{90} = \left(\frac{1 + i_{150}\frac{150}{360}}{1 + i_{60}\frac{60}{360}} - 1\right)\frac{360}{90}.$$

Bei EURIBOR-Sätzen von z.B. $i_{150} = 0{,}03854$ und $i_{60} = 0{,}03600$ würde sich ein impliziter (fairer) Terminzinssatz von $i'_{90} = 0{,}04$ und – als Prozentsatz ausgedrückt – von 4 v.H. (p. a.) ergeben.

Geldmarkt-Futures werden als Kurse quotiert. Einem impliziten (fairen) Terminzinssatz für Dreimonatsgelder von 4 v.H. (p.a.) entspricht dabei ein **fairer Futurekurs** ($p_F$) von 96 (100 ./.4). Allgemein gilt für Dreimonatskontrakte

$$(5) \quad p_F = 100 - i'_{90} \cdot 100.$$

[68] Vgl. hierzu auch LIFFE, Short Term Interest Rate Futures and Options. London 1999. S. 32 f. (unter www.liffe.com).

Wie man sieht, steigt der (faire) Futurekurs mit sinkendem impliziten (fairem) Terminzins (und umgekehrt).

eee) Unter Verwendung der oben abgeleiteten Ergebnisse lässt sich das Hedging von Zinsänderungsrisiken durch Zinsfutures genauer beschreiben. Dabei wird vereinfachend von einer Differenz zwischen An- und Verkaufskursen (Geld-Brief-Spanne) bei Zinsfutures abgesehen. Außerdem wird unterstellt, dass sich die Kassazinssätze während der Vorlaufperiode (z.B. vom 15.4. bis zum 14.6.) nicht verändern, sondern erst zum Erfüllungstermin (14.6.)[69]. Diese Vereinfachungen sind für die Darstellung eines Hedge nicht wesentlich.

Verändert sich der Kassazinssatz für Dreimonatsgelder (mit einer Laufzeit z.B. vom 14.6. bis 14.9.) am Erfüllungszeitpunkt (14.6.) gegenüber dem Abschlusstermin (15.4.), dann verändert sich der auf dieselbe Periode bezogene (implizite) Terminzins in gleichem Maße[70]. Damit verändert sich auch der Futurekurs entsprechend Gleichung (5) in gleichem Maße, aber in *entgegengesetzter* Richtung. Folglich erzielt ein *Käufer* eines Zinsfuture bei einer Zinssenkung einen Kursgewinn; denn er kann den Zinsfuture am Erfüllungstermin teurer verkaufen, als er ihn vorher am Abschlusstermin gekauft hat. Umgekehrt erzielt ein *Verkäufer* eines Zinsfuture bei einer Zinserhöhung einen Kursgewinn; denn er kann den Zinsfuture am Erfüllungstermin billiger kaufen, als er ihn vorher am Abschlusstermin verkauft hat.

Nach den vorangegangenen Erläuterungen sollen zwei Vorgänge anhand konkreter Zahlen noch eingehender betrachtet werden, und zwar eine Absicherung a) einer zukünftigen Geldmarktanlage und b) einer zukünftigen Kreditaufnahme am Geldmarkt in Höhe von jeweils 10 Mio. Euro und mit einer Laufzeit von jeweils drei Monaten (vom 14.6. bis 14.9.). Ziel für den Zinsfuture sei es dabei, sich den am Abschlusstermin für den Zinsfuture (15.4.) geltenden (impliziten) Terminzinssatz, der den *erwarteten* Kassazinssatz für das zukünftige Geldmarktengagement widerspiegelt, zu sichern. Er betrage 4 v.H., so dass der entsprechende 3-Monats-EURIBOR-Future am 15.4. mit 96 quotiert wird.

*ad a)* Im Fall der späteren Geldmarktanlage besteht für die Bank das Risiko, dass der Kassazinssatz für Dreimonatsanlagen am 14.6. unter 4 v.H. fällt. Deshalb *kauft* die Bank am 15.4. 3-Monats-EURIBOR-Futures im Wert von 10 Mio. €. Angenommen sei nun, dass der Zinssatz zum 14.6. von 4 auf 3,6 v.H. (p.a.) fällt. Folglich ergibt sich für die Bank

- ein *Minderertrag* aus der Verzinsung der zukünftigen Anlage von 0,4 v.H. (p.a.), der sich für drei Monate auf einen Betrag von 10 000 € beläuft.

---

69 Demzufolge ist es nicht erforderlich, während der Vorlaufperiode aus den laufenden Kursveränderungen von Zinsfutures resultierende Gewinne bzw. Verluste börsentäglich mit dem Kapitaleinschuss zu verrechnen.

70 Unmittelbar vor Beginn der Laufzeit von Geldmarktanlagen sind der auf diese Laufzeit bezogene Kassa- und Terminzinssatz gleich. Dieses ergibt sich auch aus Gleichung (4), wenn für die Vorlaufperiode im Nenner statt 60 Tage null Tage und für die Gesamtperiode im Zähler statt 150 Tage 90 Tage eingesetzt werden.

Gleichzeitig steigt der Futurekurs zum 14.6. von 96 auf 96,4. Durch Verkauf (Glattstellung) des Future am Erfüllungstermin erzielt die Bank

- einen *Kursgewinn* von 0,4 v.H. (p.a.), der sich, umgerechnet auf drei Monate, ebenfalls auf einen Betrag von 10 000 € beläuft.

Der Kursgewinn wird der Bank von der Clearingstelle zulasten des Vertragspartners im Wege eines *Barausgleichs* (Ausgleichszahlung ohne Kapitalübertragungen) ausgezahlt.

Würde der Zinssatz nicht sinken, sondern steigen, z.B. von 4 auf 4,4 v.H., dann würde der *Mehrertrag* aus der Verzinsung der zukünftigen Geldmarktanlage von 10 000 € durch den *Kursverlust* im Betrage von ebenfalls 10 000 € (bedingt durch den auf 95,6 sinkenden Futurekurs) kompensiert. In jedem Fall werden also Minder- oder Mehrerträge aus der Verzinsung der zukünftigen Geldmarktanlage durch Futurekursgewinne bzw. –verluste ausgeglichen, so dass die angestrebte Verzinsung in Höhe des (impliziten) Terminzinssatzes von 4 v.H. gesichert bleibt, der Zinssatz also am Abschlusstermin im Voraus festgeschrieben werden kann.

*ad b)* Im Fall der späteren Kreditaufnahme am Geldmarkt besteht für die Bank das Risiko, dass der Kassazinssatz für Dreimonatsanlagen am 14.6. über 4 v.H. ansteigt. Deshalb *verkauft* die Bank am 15.4. 3-Monats-EURIBOR-Futures im Wert von 10 Mio. €. Angenommen sei nun, dass der Zinssatz zum 14.6. von 4 auf 4,4 v.H. ansteigt. Folglich ergeben sich für die Bank

- *Mehraufwendungen* durch die Verzinsung des zukünftigen Geldmarktkredits von 0,4 v.H. (p.a.), die sich für drei Monate auf einen Betrag von 10 000 € belaufen.

Gleichzeitig fällt der Futurekurs zum 14.6. von 96 auf 95,6. Durch Kauf (Glattstellung) des Future am Erfüllungstermin erzielt die Bank

- einen *Kursgewinn* von 0,4 v.H. (p.a.), der sich, umgerechnet auf drei Monate, ebenfalls auf einen Betrag von 10 000 € beläuft.

Würde der Zinssatz nicht steigen, sondern sinken, z.B. von 4 auf 3,6 v.H., dann würden die *Minderaufwendungen* für die Verzinsung des zukünftigen Geldmarktkredits durch den *Kursverlust* im Betrage von ebenfalls 10 000 € (bedingt durch den auf 96,4 steigenden Futurekurs) kompensiert. Somit gilt auch für diesen Vorgang, dass die angestrebte Verzinsung in Höhe des (impliziten) Terminzinssatzes von 4 v.H. gesichert bleibt. Zusammenfassend betrachtet, bewirkt also das Hedging durch Zinsfutures, dass die Auswirkungen von Zinsänderungen für die abzusichernde (offene) Zinsposition durch entgegengesetzte Kurswertveränderungen bei den Zinsfutures als Gegenposition ausgeglichen werden.

*cc) Devisenswaps.* – Die Devisenswaps (einschließlich Devisentermingeschäfte) gehören mit den Währungsswaps zu den derivativen Geldmarktinstrumenten, die in Beziehung zum Devisenmarkt stehen. Im Rahmen von Devisenswapgeschäften (Devisenswaps), die den Geldmarkt betreffen, erfolgt eine Anlage von Euro-Zentralbankgeld in Fremdwährung bzw. eine Beschaffung von Euro-Zentralbankgeld durch Kreditaufnahme in Fremdwährung. Diese Geldmarkttransaktionen sind unbesichert. Die dabei erforderlichen Devisentransaktionen werden als **Devisenswapgeschäfte** durchgeführt, d.h. als Kombination eines Devisenkassageschäfts und eines Devisentermingeschäfts mit demselben Geschäftspartner. Bei Transaktionen auf dem **Devisenkassamarkt** erfolgt die Übergabe und Bezahlung der Devisen innerhalb von zwei Börsentagen; bei Transaktionen auf dem **Devisenterminmarkt** erfolgt die Übergabe und Bezahlung der Devisen eine bestimmte Zeit nach Vertragsabschluss, und zwar zu dem bei Vertragsabschluss vereinbarten Terminkurs. Konkret besteht ein **Devisenswapgeschäft** darin, dass Devisen gegen Euro per Kasse gekauft und gleichzeitig per Termin wieder verkauft werden *oder* dass Devisen gegen Euro per Kasse verkauft und gleichzeitig per Termin (zurück-)gekauft werden.

Sollen liquide Euro-Mittel in Fremdwährung verzinslich angelegt werden, z.B. in Form von Dreimonatsgeld bei einer amerikanischen Bank, dann werden die für die Anlage erforderlichen Devisen, z.B. US-Dollar, gegen Euro per Kasse gekauft und gleichzeitig werden zur Kurssicherung der angelegten Fremdwährungsbeträge (einschließlich der Zinserträge) in Hinblick auf die spätere Liquidierung Devisen per Termin verkauft. Will sich eine Bank liquide Mittel durch Kreditaufnahme in Fremdwährung, z.B. in Form von Dreimonatsgeld bei einer amerikanischen Bank, beschaffen, dann werden die im Kreditwege erworbenen Devisen, z.B. Dollar, gegen Euro per Kasse verkauft und gleichzeitig werden zur Kurssicherung der kreditierten Fremdwährungsbeträge (einschließlich der Zinsaufwendungen) in Hinblick auf die spätere Tilgung Devisen per Termin zurückgekauft.

Das in Fremdwährung getätigte *Geldmarktgeschäft* und das der Kurssicherung dienende *Devisenswapgeschäft* stellen normalerweise getrennte Transaktionen dar, d.h. sie erfolgen mit unterschiedlichen Geschäftspartnern. Die Fristen für den Terminkontrakt sind jedoch mit der Laufzeit der Geldmarktgeschäfte abgestimmt. Im Interbankenhandel sind Fristen mit Ein-, Zwei-, Drei und Sechsmonatsfälligkeiten vorherrschend[71].

Zur Abwicklung des Terminkontrakts sei noch angemerkt, dass üblicherweise im Erfüllungszeitpunkt $(t = n)$ nur ein Barausgleich erfolgt, d.h. es wird lediglich eine *Ausgleichszahlung* vorgenommen, die durch die Differenz zwischen dem Terminkurs $w_{T,\ n}$ und dem im Erfüllungszeitpunkt herrschenden Kassakurs $w_n$ bestimmt wird. Dabei erhält der Verkäufer von Termindevisen vom Käufer eine Ausgleichszahlung pro Fremdwährungseinheit in Höhe von $(w_{T,\ n} - w_n)$, wenn der herrschende Kassakurs im Erfüllungszeitpunkt niedriger ist als der vereinbarte Terminkurs, d.h. wenn, $w_n < w_{T,\ n}$, und er zahlt an den Käufer eine Ausgleichszahlung pro Fremdwährungseinheit in Höhe von $(w_n - w_{T,\ n})$, wenn der herrschende Kassakurs im Erfüllungszeitpunkt höher ist als der vereinbarte Terminkurs, d.h. wenn $w_n > w_{T,\ n}$. Die Kurssicherung der Fremdwährungsanlagen bzw. -kredite zum Terminkurs bleibt auch bei dieser Form der Abwicklung erhalten.

*dd) Währungsswap.* – aaa) Unter einem **Währungsswap** (cross-currency swap) ist ein Tausch von Kapitalbeträgen und Zinszahlungen in einer Währung in Kapitalbeträge und Zinszahlungen in einer anderen Währung für einen vereinbarten Zeitraum zu verstehen. Der dabei zu Beginn der Laufzeit vorgenommene

71 Siehe GRILL, PERCZYNSKI, a.a.O., S. 520.

Tausch von Kapitalbeträgen wird am Ende der Laufzeit durch einen Rücktausch wieder ausgeglichen. Für beide Transaktionen wird üblicherweise der gleiche Wechselkurs vereinbart, und zwar i.d.R. der bei Abschluss des Swapgeschäfts herrschende Kassakurs. Wie ein Zinsswap ist ein Währungsswap ein *Over-the-counter-Produkt*.

Eine wichtige treibende Kraft bei der Entwicklung von Währungsswaps war die Weltbank. Sie führte 1981 mit IBM auch den ersten Währungsswap durch. Die Weltbank suchte damals Schweizer Franken (sfr) oder Deutsche Mark und konnte relativ günstig $-Anleihen begeben. IBM verfügte über sfr-Guthaben, die aus aufgenommenen sfr-Krediten stammten[72], und benötigte $-Guthaben. Bei dieser Ausgangslage bot sich ein Währungsswap an.

Die *Grundzüge eines Währungsswaps* lassen sich durch ein einfaches Beispiel illustrieren. Dazu seien zwei Unternehmungen *A* und *E* betrachtet, die ein derartiges Geschäft vornehmen wollen. *A* ist eine amerikanische Unternehmung, die für eine bestimmte Zeit Euro benötigt, und *E* eine im Euroraum ansässige Unternehmung, die für eine bestimmte Zeit Dollar benötigt. Es wird davon ausgegangen, dass sich beide Unternehmungen zunächst auf ihren jeweiligen Heimatmärkten refinanzieren. Dementsprechend begibt *A* eine $-Anleihe und *E* eine €-Anleihe. *A* möchte die erlösten $-Guthaben (150 Mio. $) in benötige €-Guthaben umtauschen; *E* die erlösten €-Guthaben (100 Mio. €) in benötigte $-Guthaben. Dabei wird für alle Währungstransaktionen ein Wechselkurs von 1,50 $/€ bei Geschäftsabschluss vereinbart. Der vorgenommene Währungsswap lässt sich in die folgenden *drei* Schritte zerlegen:

*1. Tausch von Kapitalbeträgen*
Am Beginn der Laufzeit tauscht *A* 150 Mio. $ zum Kassakurs von 1,50 $/€ bei *E* in 100 Mio. € um, d.h. *A* zahlt Dollar an *E* und empfängt von *E* Euro.

*2. Zinszahlungen*
Während der Laufzeit zahlt jeder Swappartner auf die von ihm im Zuge des Swapgeschäfts empfangenen Kapitalbeträge Zinsen. Dementsprechend zahlt *A* Zinsen in Euro an *E*, die dieser zur Abdeckung seiner Zinsverpflichtungen aus der von ihm begebenen €-Anleihe verwendet; *E* zahlt im Gegenzug Zinsen in $ an *A*, die dieser zur Abdeckung seiner Zinsverpflichtungen aus der von ihm begebenen $-Anleihe verwendet. Insofern erfolgt de facto ein Tausch der Zinsverpflichtungen.

*3. Rücktausch von Kapitalbeträgen*
Am Ende der Laufzeit tauscht *A* den zu Beginn erhaltenen Euro-Betrag von 100 Mio. bei *E* zum gleichen Wechselkurs wie beim Tausch der Kapitalbeträge am Beginn der Laufzeit zurück, erhält also im Gegenzug einen Dollar-Betrag von 150 Mio. *A* verwendet die 150 Mio. $ und *B* die 100 Mio. € zur Tilgung der von ihnen jeweils begebenen Anleihen.

Unter der Annahme, dass aus der zwischenzeitlichen Anlage der jeweils eingetauschten Fremdwährungen (bei *A*: Euro, bei *E*: Dollar) ein hinreichender Be-

[72] IBM hatte die aus sfr-Krediten stammenden sfr-Guthaben zunächst in Dollar konvertiert, diese dann aber später wieder gegen sfr-Guthaben auf dem Kassamarkt verkauft.

trag erlöst wird, um den jeweiligen Rückzahlungsbetrag in Fremdwährung (einschließlich der Zinsen) finanzieren zu können, besteht kein Wechselkursrisiko, da sämtliche Währungstransaktionen zwischen den Swappartnern zu einem vorab vereinbarten Wechselkurs und somit auf einer festen Kalkulationsgrundlage erfolgen. In Hinblick auf die Risikoabsicherung gegenüber Wechselkursschwankungen bestehen offenbar Ähnlichkeiten mit Devisenswaps. Während jedoch beim Währungsswap der Tausch und Rücktausch von Währungsbeträgen üblicherweise zum gleichen Wechselkurs (dem aktuellen Kassakurs) erfolgt, wird bei einem *Devisenswap* für den anfänglichen Währungstausch ein Kassakurs und für den abschließenden Rücktausch ein hiervon i.d.R. abweichender Terminkurs vereinbart. Der Terminkurs des Euro, ausgedrückt in Dollar ($w_T$ [\$/€]), fällt dabei höher aus als der entsprechende Kassakurs ($w_K$ [\$/€]), wenn für den Euro bis zum Ende der Laufzeit mit einer Aufwertung gegenüber dem Dollar gerechnet wird. Ein Swappartner, der zu Beginn der Laufzeit Dollar gegen Euro gekauft hatte, müsste also beim Rückkauf der Euro-Guthaben gegen Dollar für den gleichen Euro-Betrag mehr Dollar-Guthaben aufwenden als er zu Beginn erlöst hatte. Diese durch die Differenz zwischen dem Termin- und Kassakurs bestimmten Mehraufwendungen würden bei einem *Währungsswap* i.d.R. nicht anfallen. Dafür würden aber für den entsprechenden Swappartner höhere Zinsaufwendungen entstehen. Genauer ausgeführt müsste der Swappartner, der zu Beginn der Laufzeit Euro in Dollar getauscht hatte (Unternehmung *E* im o.a. Beispiel), für die von ihm übernommenen Zinsverpflichtungen in Dollar einen höheren Zinssatz zahlen als für die Zinsverpflichtungen, die in Euro anfallen und vom anderen Swappartner (Unternehmung *A* im o.a. Beispiel) übernommen wurden. Dieses folgt aus der gesicherten Zinsparität[73].

Nach der gesicherten Zinsparität gilt angenähert:

$$\frac{w_T[\$/€] - w_K[\$/€]}{w_K[\$/€]} = i_\$ - i_€, \text{ d.h.}$$

die auf den Kassakurs bezogene Differenz zwischen Termin- und Kassakurs, der sog. **Swapsatz**, entspricht (angenähert) der Differenz zwischen dem Dollarzinssatz und dem Eurozinssatz. Wie man sieht, liegt der Dollarzinssatz über dem Eurozinssatz, wenn der Terminkurs des Euro, ausgedrückt in Dollar, größer ist als der entsprechende Kassakurs.

Währungsswaps sind unterschiedlich ausgestaltet. So wird nicht in jedem Fall ein Austausch von Kapitalbeträgen am Anfang oder am Ende des vereinbarten Zeitraums vorgenommen. Bei den Zinstransaktionen werden nicht nur Festzinssatzzinsen in einer Währung gegen Festzinssatzzinsen in einer anderen Währung umgetauscht (zinsfixer-zinsfixer Währungsswap); es gibt daneben auch zinsfixe-zinsvariable und zinsvariable-zinsvariable Währungsswaps. Wie bei einem Zinsswap bieten diese Formen auch die Möglichkeit einer Risikoabsicherung gegenüber Zinsschwankungen[74].

---

73 Siehe hierzu genauer JARCHOW, RÜHMANN, Monetäre Außenwirtschaft I, a.a.O., S. 84 ff.

74 Zur Risikoabsicherung bei einem zinsvariablen-zinsvariablen Zinsswap siehe P. LERBINGER, Zins- und Währungsswaps. Neue Instrumente im Finanzmanagement von Unternehmen und Banken. Wiesbaden 1988. S. 39 ff.

Von den bereits behandelten Zins- und Devisenswaps unterscheiden sich Währungsswaps in folgender Weise: Anders als bei einem Zinsswap erfolgt beim Währungsswap ein Austausch von Zinszahlungen in *unterschiedlichen* Währungen; außerdem werden nicht nur Zinszahlungen, sondern auch Kapitalbeträge ausgetauscht. Von einem Devisenswap unterscheidet sich ein Währungsswap dadurch, dass nicht nur ein Tausch von Kapitalbeträgen, sondern zusätzlich auch von Zinszahlungen vorgenommen wird.

bbb) Neben der Absicherung gegen Risiken aus Wechselkurs- und Zinsschwankungen bieten Währungsswaps Swappartnern nicht zuletzt die Möglichkeit, durch Nutzung ***komparativer Kostenvorteile*** Zinsaufwendungen einzusparen. In dieser Hinsicht bestehen Parallelen zum Zinsswap.

Um zu illustrieren, wie komparative Vorteile durch einen Währungsswap genutzt werden können, sei auf das bereits verwendete Beispiel mit der amerikanischen Unternehmung *A*, die Euro benötigt, und die im Euroraum ansässige Unternehmung *E*, die Dollar benötigt, zurückgegriffen. Ergänzend sei angenommen, dass die Laufzeit des Swapkontrakts 5 Jahre beträgt und die Zinszahlungen einmal jährlich erfolgen. Die für beide gültigen Zinskonditionen sind in folgender Übersicht enthalten:

| | Unternehmung *A* | Unternehmung *E* |
|---|---|---|
| Dollar-Zinssatz | 7 v.H. | 9 v.H. |
| Euro-Zinssatz | 5 v.H. | 6 v.H. |

Die Angaben implizieren, dass die Unternehmung *A* auf Grund einer höher eingeschätzten Bonität sowohl bei einem Dollarkredit als auch bei einem Eurokredit günstigere Konditionen erhält. Der ***komparative*** Zinsvorteil ist dabei in der Inlandswährung, d.h. beim Dollar-Zinssatz (mit 2 v.H.), größer als beim Euro-Zinssatz (mit 1 v.H.). Entsprechend RICARDOs Theorem der komparativen Kosten werden sich – unabhängig davon, welche Währung letztlich benötigt wird – die Unternehmung *A* deshalb in Dollar und die Unternehmung *E* in Euro verschulden. Dementsprechend wird wieder angenommen, dass die Unternehmung *A* eine $-Anleihe (zu 7 v.H.) begibt und die Unternehmung *E* eine €-Anleihe (zu 6 v.H.). Da die Unternehmung *A* aber letztlich Euro und die Unternehmung *E* Dollar benötigt, bietet sich ein Währungsswap an. Die dabei insgesamt pro Jahr anfallenden Zinsaufwendungen belaufen sich dann auf 13 v.H. (7 + 6 v.H.) des getauschten Kapitalbetrages. Hätten sich die beiden Unternehmungen dagegen in der jeweils benötigten Währung verschuldet, hätte ein Betrag von insgesamt 14 v.H. (5 + 9 v.H.) des getauschten Kapitalbetrages an Zinsen aufgewendet werden müssen. Das der gesamten Zinskostenersparnis entsprechende ***Arbitragepotenzial*** beträgt also jährlich 1 v.H. des getauschten Kapitalbetrages. Für die Nutzung des Arbitragepotenzials durch einen Währungsswap gibt es verschiedene Ausgestaltungsmöglichkeiten. Dabei werden der Tausch der Kapitalbeträge zu Beginn der Laufzeit und ihr Rücktausch am Ende in der bereits dargestellten Weise vorgenommen: Unternehmung *A* tauscht im ersten Schritt den Anleiheerlös in Höhe von 150 Mio. $ zum Kassakurs von 1,50 $/€ bei *E* in 100 Mio. € um. Im letzten Schritt tauscht *A* dann nach fünf Jahren den zu Beginn erhaltenen Euro-Betrag von 100 Mio. € zum gleichen Wechselkurs bei *E* zurück, erhält also im Gegenzug einen Dollarbetrag von 150 Mio.

Die Nutzung des Arbitragepotenzials und seine Verteilung ergibt sich aus dem zweiten Schritt, der die Zinszahlungen betrifft. Bei seiner Darstellung wird berücksichtigt, dass in der Praxis bei einem Währungsswap typischerweise eine Bank als Finanzintermediär zwischengeschaltet ist. Außerdem wird hier angenommen, dass die Unternehmung *A* wegen ihrer besseren Bonität stärker an der Ausnutzung des Arbitragepotenzials beteiligt wird als die Unternehmung *E*. Wie das folgende Flussdiagramm illustriert, kann der Finanzintermediär *(F)* die Zinszahlungen so arrangieren, dass das Arbitragepotenzial von 1 v.H. in voller Höhe ausgeschöpft wird.

Im dargestellten Beispiel wird angenommen, dass *A* jährlich an den Finanzintermediär *(F)* Zinsen in Euro in Höhe von 4,6 v.H. des Kapitalbetrages von 100 Mio. € zahlt (also 4,6 Mio. €) und vom Finanzintermediär Zinsen in Dollar in Höhe von 7 v.H. des Kapitalbetrages von 150 Mio. $ erhält (also 10,5 Mio. $). Letztere verwendet *A* zur Abdeckung seiner jährlichen Zinsverpflichtungen aus der von ihm begebenen $-Anleihe. Annahmegemäß zahlt *E* Zinsen in Dollar an den Finanzintermediär in Höhe von 8,7 v.H. des Kapitalbetrages von 150 Mio. $ (also 13,05 Mio. $) und erhält Zinsen in Euro in Höhe von 6 v.H. des Kapitalbetrages von 100 Mio. € ( also 6 Mio. €). Letztere verwendet *E* zur Abdeckung seiner jährlichen Zinsverpflichtungen aus der von ihm begebenen €-Anleihe.

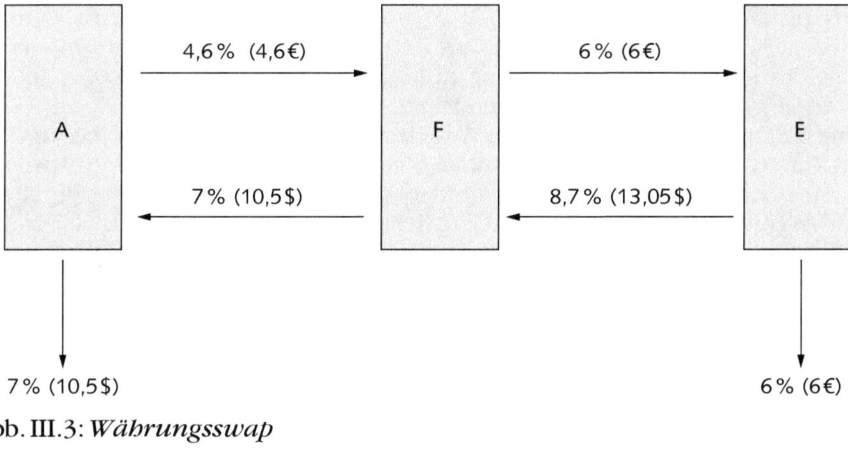


Abb. III.3: *Währungsswap*

Für *A* ergibt sich im Rahmen des Währungsswaps im Endergebnis ein Zinssatz von 4,6 v.H. Hätte er den benötigten Eurobetrag als €-Anleihe aufgenommen, hätte er einen Zinssatz von 5 v.H. entrichten müssen; er realisiert also pro Jahr eine Zinskostenersparnis von 0,4 v.H. Für *E* ergibt sich im Rahmen des Währungsswaps im Endergebnis ein Zinssatz von = 8,7 v.H. Hätte er den benötigten Dollarbetrag als $-Anleihe aufgenommen, hätte er einen Zinssatz von 9 v.H. entrichten müssen; er realisiert also pro Jahr eine Zinskostenersparnis von 0,3 v.H. Der Finanzintermediär realisiert einen Dollargewinn in Höhe von 1,7 v.H. und einen Euroverlust von 1,4 v.H.; per Saldo ergibt sich also einen prozentualer (jährlicher) Nettogewinn von 0,3 v.H.[75]. Das Arbitragepotenzial von 1 v.H. wird also voll ausgeschöpft. Da sich dabei für beide Swappartner Zinskostenersparnisse gegenüber einer direkten Verschuldung in der jeweils benötigten Währung ergeben und außerdem eine Provision für die Bank finanziert werden kann, erweist sich der Währungsswap für alle drei Beteiligten als profitabel.

*ee) Geldmarktderivate und Risiko.* – Geschäfte mit Geldmarktderivaten sind – wie die Repogeschäfte im besicherten Geldhandel – mit einem geringeren Risiko behaftet als der unbesicherte Geldhandel. Im unbesicherten Geldhandel stellt der Geldgeber einen Kapitalbetrag für einen bestimmten Zeitraum als Kredit zur Verfügung. Kommt der Geldnehmer seinen Tilgungsverpflichtungen nicht nach, dann verliert der Geldgeber neben den aufgelaufenen Zinsen den investierten Kapitalbetrag. Im Fall von Geldmarktderivaten besteht ein derartiges Risiko nicht, da der betroffene Geschäftspartner seine Zahlungen einstellen kann, wenn der Kontrahent seinen vertraglichen Zahlungsverpflichtungen nicht nachkommt. Dessen ungeachtet besteht aber für den betroffenen Geschäftspartner ein sog. **Kontrahentenrisiko**. Dieses ergibt sich daraus, dass die Risiken wieder aufleben, gegen die sich der betroffene Geschäftspartner durch Geschäfte mit Geldmarktderivaten absichern wollte. Für einen *Zinsswap*, der zur Absicherung gegenüber Zinsschwankungen abgeschlossen wurde, bedeutet das konkret z.B. Folgendes: Wollte eine Bank zukünftige variable Zinserträge gegen das Risiko von Zinssenkungen absichern und hat sie deshalb variable Zinszahlungen gegen feste getauscht, dann muss sie bei Ausfall des Swappartners ein entsprechendes Ersatzgeschäft abschließen. Sie geht dabei insofern ein sog. *Wiedereindeckungsrisiko* ein, als der neue Zinsswap u. U. nur zu ungünstigeren Zinskonditionen als der ursprüngliche abgeschlossen werden kann.

Für einen *Devisenswap*, der der Absicherung gegenüber Wechselkursrisiken dient, äußert sich das Kontrahentenrisiko z.B. konkret so: Wollte eine Bank aus dem Euroraum den zukünftigen Liquidationserlös einer Auslandsanlage gegen das Risiko einer zukünftigen Abwertung der Auslandswährung, z.B. des US-Dollar, absichern und hat sie deshalb den entsprechenden Dollarbetrag per Termin verkauft, dann muss sie bei Ausfall des Swappartners einen neuen Terminkontrakt abschließen. Das Kontrahentenrisiko ergibt sich in diesem Fall daraus, dass der Terminkurs des Dollar *pro Euro* im Zuge einer Dollarabwertung möglicherweise in der Zwischenzeit gestiegen ist, bei Fälligkeit des neuen Terminkontrakts also weniger Euro *pro Dollar* erlöst werden als bei Erfüllung des alten Terminkontrakts. Sollte sich erst bei Fälligkeit des Terminkontrakts herausstellen, dass die Gegenseite die Termindollar nicht gegen Zahlung von Euro abnimmt, dann muss der betroffene Swappartner den aus der Auslandsanlage erlösten Dollarbetrag auf dem Devisenkassamarkt verkaufen. Das Risiko besteht hierbei darin, dass dieses u.U. nur zu einem Kassakurs des Dollar *pro Euro* möglich ist, der über dem

---

75 Der Gewinn in Euro beträgt also pro Jahr 0,3 Mio., wenn der Kassakurs von 1,5 \$/€ bei der Umrechnung von Dollar in Euro zu Grunde gelegt wird. Da der Wechselkurs aber während der Laufzeit des Währungsswaps schwanken kann, müsste der Finanzintermediär zur Absicherung von Wechselkursrisiken eine Serie entsprechender Devisenterminkontrakte abschließen. Vgl. J. C. HULL. Optionen, Futures und andere Derivate. 6. Aufl. München 2006. S. 213.

im Devisenswap vereinbarten Terminkurs liegt und deshalb aus der Dollaranlage beim Kassageschäft *pro Dollar* weniger Euro erlöst werden als bei Erfüllung des Terminkontrakts.

Im Fall eines Währungsswaps führt die Nichterfüllung des Swapkontrakts dazu, dass der betroffenene Swappartner erneut Wechselkursrisiken und ggf. auch Zinsänderungsrisiken (wie bei einem zinsfixen-zinsvariablen Währungsswap) ausgesetzt ist. Um sich hiervor zu schützen, muss der betroffene Swappartner ein entsprechendes Ersatzgeschäft vornehmen, was aber mit dem bereits erwähnten Wiedereindeckungsrisiko verbunden ist. Was schließlich die *Zinsfutures* anbelangt, so kann das Ausfall- bzw. Kontrahentenrisiko bei den entsprechenden Geschäften – wie bereits erläutert – praktisch vernachlässigt werden, da diese an einer Terminbörse wie der Eurex oder Euronext.liffe abgewickelt werden und deren Clearingstelle die Erfüllung der Kontrakte sicherstellt.

*ff) Derivate und Euro-Geldmarkt.* – Die Derivate, über die die EZB regelmäßig ausführlicher in ihren Geldmarktstudien berichtet, sind „Over-the Counter-Produkte". Deshalb handelt es sich in ihren Berichten bei den Finanzterminkontrakten nicht um Zinsfutures, sondern um die ihnen weitgehend ähnelnden (aber nicht börsenmäßig gehandelten) Forward Rate Agreements (FRAs). Außerdem unterscheidet die ECB bei den Zinsswaps zwischen den „overnight-Zinsswaps", die auf dem EONIA-Swap-Markt gehandelt werden, und „anderen Zinsswaps". Schließlich ist noch anzumerken, dass von der EZB Devisenterminkontrakte unter die Devisenswapgeschäfte subsumiert werden.

Vom Umsatz her bewegen sich die gesamten Geldmarktgeschäfte in Derivaten in einer vergleichbaren Größenordnung wie der besicherte Geldhandel. Quantitativ dominieren unter den Derivaten die Devisenswapgeschäfte. Sie übertreffen mittlerweile vom Umsatz her den ungesicherten Geldhandel und haben sich damit – nach dem gesicherten Geldhandel – quantitativ zum zweitstärksten Segment des Geldmarktes entwickelt. Der Anteil von Währungsswaps an den gesamten Derivaten ist sehr gering. Innerhalb des gesamten Euro-Geldmarktes stellen sie auch das bei weitem kleinste Segment dar. Die Laufzeiten sind von Derivat zu Derivat recht unterschiedlich. Bei Devisenswaps dominieren Fälligkeiten bis zu einer Woche, bei „overnight"-Zinsswaps" bis zu einem Monat. Demgegenüber sind die Fristen bei Währungsswaps, aber auch bei den „anderen Zinsswaps" recht lang. Sie gehen mit einem hohen Anteil von Fälligkeiten von zwei Jahren und darüber deutlich über die am Euro-Geldmarkt üblichen Fristen hinaus. Der Konzentrationsgrad beim Handel mit Derivaten ist relativ hoch, insbesondere bei den FRAs, den „anderen Zinsswaps" und den Währungsswaps, etwas niedriger bei den overnight-Zinsswaps und Devisenswaps. Er ist im Zuge der Finanzmarktturbulenzen – insgesamt gesehen – noch gestiegen, da sich offenbar einige Marktteilnehmer vom Handel mit Geldmarktderivaten zurückgezogen haben.

## e) Integrationsfortschritte

Ein Zusammenwachsen der nationalen Geldmärkte zu einem einheitlichen Geldmarkt im Euroraum ermöglicht einen effizienten, grenzüberschreitenden Liquiditätsausgleich unter Banken in diesem Währungsgebiet, schafft damit die Voraussetzung dafür, dass das von der Europäischen Zentralbank bereitgestellte

Zentralbankgeld dem Liquiditätsbedarf entsprechend verteilt wird und liefert so die Basis für eine einheitliche Geldpolitik. Wie man beobachten kann, erfolgt der grenzüberschreitende Liquiditätsausgleich dabei in erster Linie durch die großen, besonders geldmarktaktiven Banken, während die kleineren und mittleren Institute im Wesentlichen am Liquiditätsausgleich im jeweils nationalen Geldmarktbereich beteiligt sind.

Das Zusammenwachsen der nationalen Geldmärkte zu einem einheitlichen Euro-Geldmarkt ist inzwischen sehr weit fortgeschritten. Im unbesicherten Geldhandel wurde schon kurz nach Einführung des Euro der Stand einer nahezu vollkommenen Integration erreicht. Das zeigte sich daran, dass die Streuung der entsprechenden Geldmarktsätze zwischen den Ländern des Euroraums (gemessen durch die Standardabweichung im Rahmen einer Querschnittsanalyse) auf ein praktisch zu vernachlässigendes Niveau fiel. Der Integrationsfortschritt hat sich auch im besicherten Geldhandel, d.h. bei den Repogeschäften, bemerkbar gemacht. Allerdings ist dort der Anteil der Geldmarkttransaktionen mit Handelspartnern aus dem eigenen Land noch vergleichsweise hoch. Dass der Repomarkt noch nicht vollkommen homogen erscheint, liegt an der Vielzahl der verwendeten Wertpapiere sowie an unterschiedlichen Rahmenbedingungen in rechtlicher und steuerlicher Hinsicht und an gewissen Schwierigkeiten bei der grenzüberschreitenden Verwaltung und Abwicklung von Sicherheiten. Hinzu kommt noch das insbesondere für den Special Repo relevante Problem, dass das gewünschte „special collateral“ nicht überall im Euroraum gleichmäßig verfügbar ist. Trotz gewisser Einschränkungen erscheint der Integrationsgrad im besicherten Geldhandel aber inzwischen als recht hoch. Der Markt für Geldmarktderivate ist nach Errichtung der Europäischen Währungsunion im Zuge erheblicher Umsatzzuwächse deutlich tiefer und damit liquider geworden und ist durch ein hohes Integrationsniveau gekennzeichnet. Eine nennenswerte Ausnahme von der insgesamt recht weit fortgeschrittenen Integration auf dem Euro-Geldmarkt bildet somit nur der Markt für Geldmarktpapiere (wie Commercial Papers und Einlagenzertifikate), der noch in erheblichen Maße national fragmentiert ist. Dementsprechend ist der Anteil der Transaktionen in Geldmarktpapieren, die mit Handelspartnern aus dem gleichen Land getätigt werden, auch höher als in den anderen Segmenten des Euro-Geldmarktes. Abgesehen davon, dass die entsprechenden Sekundärmärkte meist vergleichsweise wenig liquide sind, weil die Investoren die Geldmarkttitel häufig bis zur Fälligkeit halten, dürfte der Grund für die Fragmentierung darin liegen, dass noch gewisse rechtliche, steuerliche und abwicklungstechnische Integrationshemmnisse bestehen.

Zum Zusammenwachsen der nationalen Geldmärkte im Euroraum trug auch die Etablierung der Referenzzinssätze EONIA, EURIBOR, Eurepo und des EONIA Swap Index bei, die sich im Besonderen für die Geldmarktderivate als integrationsfördernd erwiesen. Eine Schlüsselrolle für die rasche Integration innerhalb des Euro-Geldmarktes spielte jedoch die Errichtung des Zahlungsverkehrssystems TARGET.

**TARGET** ist eine Abkürzung für „Trans-European Automated Real-time Gross settlement Express Transfer System. Im Einzelnen bedeuten:

- **T**rans-European, dass Monetäre Finanzinstitute aus EU-Ländern teilnehmen,
- **A**utomated, dass es sich um ein voll automatisiertes, papierloses Verfahren handelt,
- **R**eal-time, dass alle Zahlungen in Echtzeit, d.h. sofort, kontinuierlich und endgültig ausgeführt werden,
- **G**ross settlement, dass alle Aufträge einzeln belastet und gutgeschrieben werden (d.h. nicht auf Nettobasis abgerechnet werden),
- **E**xpress, dass die Abwicklungszeit pro Auftrag in den meisten Fällen nur wenige Sekunden beträgt, und
- **T**ransfer, dass nur Überweisungen ausgeführt werden

Das vom Eurosystem betriebene TARGET ermöglicht grenzüberschreitende Überweisungen in Form einer Übertragung von Euro-Zentralbankgeld zwischen Monetären Finanzinstituten, wobei alle Zahlungen fortlaufend und als einzelne Transaktionen bearbeitet werden. Dazu verknüpfte TARGET die nationalen RTGS-Systeme (**R**eal-**T**ime-**G**ross **S**ettlement-Systeme) der teilnehmenden Zentralbanken und den Zahlungsverkehrsmechanismus der EZB in Form eines sog. Interlinking.

Inzwischen wurde die erste TARGET-Version durch eine verbesserte, effizientere **TARGET2**-Version ersetzt[76]. Dabei trat an die Stelle der nationalen RTGS-Systeme eine zentrale technische Gemeinschaftsplattform. An ihr sind neben der EZB die 16 nationalen Zentralbanken des Eurosystems sowie fünf weitere nationale Zentralbanken aus EU-Ländern beteiligt, die den Euro noch nicht eingeführt haben (nämlich Dänemark, Estland, Lettland, Litauen und Polen). Damit sind 22 von den 28 Zentralbanken, die einschließlich der EZB das Europäische System der Zentralbanken (ESZB) bilden, dem TARGET2 angeschlossen.

## Zusammenfassung

1. Der Geldhandel umfasst unbesicherte Geldmarktkredite (Tagesgeld wie „overnight money", terminiertes Tagesgeld und Termingeld) und durch Wertpapiere besicherte Repogeschäfte. Auf dem Regulierungsgeldmarkt werden Transaktionen zwischen dem Eurosystem (EZB und nationale Zentralbanken des Euroraums) abgeschlossen, z. B. in Form der Hauptrefinanzierungsgeschäfte. Auf dem Markt für Geldmarktpapiere werden verbriefte Geldmarktinstrumente wie Einlagenzertifikate, Commercial Papers und Papiere öffentlicher Emittenten (z. B. des Bundes) gehandelt.

[76] Siehe hierzu auch Grill, Perczynski, a.a.O., S. 121.

2. Der insbesondere der Risikoabsicherung dienende Markt für Geldmarktderivate umfasst Zinsswaps, Zinsfutures bzw. Forward Rate Agreements (FRAs) sowie Devisen- und Währungsswaps. Bis auf die standardisierten, börsenmäßig gehandelten Zinsfutures stellen die anderen genannten Geldmarktderivate „Over-the-counter-Produkte" dar. Bei einem Zinsswap werden Zinszahlungen mit unterschiedlichen Zinskonditionen ausgetauscht. Zinsfutures bzw. FRAs stellen Finanzterminkontrakte dar, mit denen ein Finanzinstrument zu einem bei Vertragsabschluss vereinbarten Preis (Kurs) für einen zukünftigen Erfüllungstermin ge- oder verkauft wird. Devisenswapgeschäfte sind eine Kombination eines Devisenkassageschäfts mit einem Devisentermingeschäft. Unter einem Währungsswap ist schließlich ein Tausch von Kapitalbeträgen und Zinszahlungen in verschiedenen Währungen zu verstehen.

3. Geschäfte mit Geldmarktderivaten sind – wie die Repogeschäfte im besicherten Geldhandel – mit einem geringeren Risiko behaftet als der unbesicherte Geldhandel.

4. Das Zusammenwachsen der nationalen Geldmärkte zu einem einheitlichen Geldmarkt im Euroraum – Voraussetzung für einen effizienten, grenzüberschreitenden Liquiditätsausgleich – entwickelte sich in den einzelnen Geldmarktsegmenten unterschiedlich, wobei die Integrationsdynamik bei den unbesicherten Geldmarktkrediten und den Geldmarktderivaten (wie den Zinsswaps und Devisenswaps) besonders stark war. Zu der insgesamt recht weit fortgeschrittenen Integration beigetragen hat neben der Etablierung von Referenzzinssätzen wie EONIA (für Tagesgeld) und EURIBOR (für Termingeld) vor allem die Errichtung des Zahlungsverkehrssystems TARGET.

## 4. Bestimmungsfaktoren für das Zinsniveau

### a) Die Entwicklung der Liquiditätsposition des Geschäftsbankensektors

*aa) Autonome und dispositionsbedingte Veränderungen der frei verfügbaren Barreserven.* – Während Liquiditätsdivergenzen zwischen den Geschäftsbanken die notwendige Voraussetzung für die Entfaltung von Geldhandelsaktivitäten bilden, ist die gesamte Liquiditätsposition des Bankensektors maßgeblich für die Höhe des Zinsniveaus auf dem Banken-Geldmarkt. Da Anlagen auf dem Banken-Geldmarkt und den anderen Segmenten des breiter abgegrenzten Geldmarktes *enge Substitute* darstellen, ist davon auszugehen, dass die Liquiditätsposition auf dem Banken-Geldmarkt nicht nur für die Zinsentwicklung auf diesem Segment maßgeblich ist, sondern indirekt auch für die Zinsentwicklung auf den anderen Geldmarktsegmenten. Die Liquiditätsposition des Bankensektors wiederum hängt von allen Vorgängen ab, die eine Veränderung des frei verfügbaren Bestandes an Zentralbankgeld im Geschäftsbankensektor (also der gesamten frei verfügbaren Barreserven) bewirken. Bei diesen Vorgängen kann es sich *nicht* um Zentralbankgeldtransaktionen *innerhalb* des Geschäftsbankensystems des Euroraums handeln; von Interesse sind vielmehr Bewegungen von Zentralbankgeld *zwischen* Geschäftsbanken des Euroraums und anderen Wirtschaftseinheiten wie den Geschäftsbanken außerhalb des Euroraums, den Nichtbanken oder dem *Eurosystem*, d.h. der Europäischen Zentralbank und den nationalen Zentralbanken des Euroraums. Die Vorgänge, die hinter solchen Bewegungen von Zentralbankgeld stehen, lassen sich in zwei verschiedene Kategorien einteilen. Zur *ersten* Kategorie gehören die Vorgänge, die kurzfristig und unmittelbar nicht von Geschäftsbanken beeinflussbar sind, zur *zweiten* Kategorie gehören Transaktionen, die im Rahmen der Gelddisposition durchgeführt werden und Geldmarkt- sowie Refinanzierungsgeschäfte mit dem Eurosystem betreffen.

Vorgänge, die eine Zu- bzw. Abnahme der frei verfügbaren Barreserven bewirken und aus der Sicht der Geschäftsbanken überwiegend *autonome Faktoren* darstellen, sind:

- Veränderungen des Bargeldumlaufs,
- Veränderungen der Einlagen öffentlicher Haushalte beim Eurosystem,
- Veränderungen der Nettoaktiva (Nettoposition) des Eurosystems in Gold und Devisen,
- Entstehung und Ausschüttung von Gewinnen des Eurosystems,
- Veränderungen des Mindestreserve-Solls und
- sonstige autonome Faktoren[77].

[77] Hierbei handelt es sich um restliche, den autonomen Faktoren zuzurechnende Positionen aus der aggregierten Bilanz des Eurosystems. – Ein Beispiel hierfür sind Übertragungen von Zentralbankgeld von Geschäftsbanken des Euroraums an Geschäftsbanken außerhalb des Euroraums, z.B. im Zuge von Kundenüberweisungen oder im Zusammenhang mit Geldmarktanlagen im Ausland. In diesem Fall nehmen die Verbindlichkeiten des Eurosystems in Euro gegenüber Ansässigen außerhalb des Euroraums zu.

Bei den *dispositionsbedingten* Veränderungen der Barreserven (also Transaktionen der zweiten Kategorie) handelt es sich um folgende Transaktionen mit dem Eurosystem:

- Hauptrefinanzierungsgeschäfte,
- längerfristige Refinanzierungsgeschäfte sowie
- die Inanspruchnahme der ständigen Fazilitäten und
- sonstige Geschäfte[78].

Zu beachten ist, dass einige der als überwiegend autonom angesehenen Faktoren langfristig und mittelbar auch durch die Geschäftsbanken beeinflusst werden. So ist davon auszugehen, dass eine Ausweitung des Kreditgeschäfts der Banken Bargeldabzüge (und damit den Bargeldumlauf) sowie die Mindestreserveverpflichtungen vergrößert. Außerdem können die Banken auf den Bargeldumlauf auch dadurch einwirken, dass sie seine Alternativkosten verändern, z.B. erhöhen, indem sie die Habenzinssätze für Einlagen- und Einlagenzertifikate heraufsetzen. Im Sprachgebrauch der EZB sind **autonome** (die Liquiditätsposition beeinflussende) **Faktoren** solche, die normalerweise nicht aus dem Einsatz geldpolitischer Instrumente resultieren. Sie entsprechen den o.a. Vorgängen der ersten Kategorie ohne Veränderungen des Mindestreserve-Solls.

*bb) Die Einflussfaktoren im Einzelnen.* – aaa) Zunächst werden die überwiegend autonom bestimmten Veränderungen der Barreserven behandelt, und zwar in der unter aa) angegebenen Reihenfolge.

Schwankungen im *Bargeldumlauf* sind die Folge von Veränderungen im Bedarf der Nichtbanken an Noten und Münzen. Ein zunehmender Bedarf an Noten und Münzen im Nichtbankensektor äußert sich z.B. darin, dass Nichtbanken Sichteinlagen bei den Geschäftsbanken auflösen und den Gegenwert in Form von Bargeld abfordern. Da Einkommen und Vermögen in einer wachsenden Wirtschaft im langfristigen Trend steigen und diese Entwicklung von einer Erhöhung der Geldnachfrage und dadurch induziert auch der Geldmenge begleitet sein dürfte, ist bei einem nicht zu starken Rückgang der Bargeldquote zu erwarten, dass der Bargeldumlauf (wie in der Vergangenheit) zunimmt und sich diese Entwicklung als permanente Belastung für die Barreserven des Geschäftsbankensystems auswirkt.

Aber auch in besonderen Situationen kann es – abgesehen von den regelmäßig wiederkehrenden Terminen mit erhöhtem Bargeldumlauf – zu einem deutlichen Anstieg der Bargeldhaltung kommen, nämlich in Zeiten erhöhter Unsicherheiten auf Finanzmärkten[79]. So zeigte sich z.B., dass der Euro-Bargeldumlauf als liquideste Form der Geldaufbewahrung infolge der Zuspitzung der internationalen Finanzkrise im Herbst 2008 sprunghaft zunahm. Dass dabei die großen Stü-

---

[78] Hierbei handelt es sich um restliche, den geldpolitischen Geschäften zuzurechnende Positionen aus der aggregierten Bilanz des Eurosystems. – Zu solchen geldpolitischen Geschäften gehören z.B. die im Unterabschnitt IV. 3c) genauer zu behandelnden Feinsteuerungsmaßnahmen, mit denen das Eurosystem dem Geschäftsbankensektor Zentralbankgeld kurzfristig zuführt oder entzieht.

[79] Siehe hierzu DEUTSCHE BUNDESBANK, Monatsbericht Juni 2009, S. 49 ff.

ckelungen (vor allem 500-Euro-Noten) stärker nachgefragt wurden, verdeutlicht, dass der auch für die Bargeldhaltung relevanten Wertaufbewahrungsfunktion[80] hierbei eine besondere Rolle zukam.

Für Veränderungen der *Zentralbankeinlagen öffentlicher Haushalte* sind insbesondere Dispositionen öffentlicher Haushalte maßgeblich. Steigen ihre Zentralbankeinlagen, weil Überweisungen *von* Kunden der Geschäftsbanken erfolgen (z.B. im Zuge von Steuerzahlungen), dann nehmen die Barreserven der Geschäftsbanken ab. Sinken ihre Zentralbankeinlagen, weil Überweisungen *auf* Konten der Geschäftsbanken vorgenommen werden (z.B. im Zuge einer Verausgabung von öffentlichen Mitteln), dann nehmen die Barreserven der Geschäftsbanken zu.

Ob sich Veränderungen der *Nettoaktiva* des Eurosystems in Gold und Devisen und dadurch bedingte Veränderungen der Barreserven der Geschäftsbanken einstellen, hängt wesentlich[81] davon ab, ob das Eurosystem auf dem Devisenmarkt interveniert oder nicht. Bei völlig flexiblen Wechselkursen ohne jegliche Interventionen des Eurosystems auf dem Devisenmarkt kommt es nicht zu interventionsbedingten Veränderungen der Nettoaktiva des Eurosystems und daraus resultierenden Veränderungen der Barreserven der Geschäftsbanken. Interveniert das Eurosystem dagegen auf dem Devisenmarkt, um den Wechselkurs der heimischen Währung gegenüber anderen Währungen auf einem bestimmten Niveau zu stabilisieren oder um starke Wechselkursschwankungen zu glätten, dann verändern sich dabei die Nettoaktiva des Euro-Systems und gleichzeitig der Bestand an Zentralbankgeld bei den Geschäftsbanken. Kauft das Eurosystem z.B. Devisen und bezahlt es diese mit Zentralbankgeld, dann erhöhen sich seine Nettoaktiva und die Barreserven der an dieser Transaktion beteiligten Geschäftsbanken nehmen zu. Umgekehrt tritt eine Verringerung der Nettoaktiva des Eurosystems und der Barreserven der Geschäftsbanken ein, wenn das Eurosystem z.B. Devisen verkauft und ihm im Gegenzug Zentralbankgeld zufließt.

Ferner werden die Barreserven der Geschäftsbanken auch durch die (sukzessive) Entstehung und die (blockweise) Ausschüttung von *Gewinnen des Eurosystems* beeinflusst. So bewirken Zinszahlungen der Geschäftsbanken an das Eurosystem infolge aufgenommener Zentralbankkredite - isoliert betrachtet - eine Abnahme der Barreserven. Umgekehrt führt eine Ausschüttung von Gewinnen des Eurosystems an die nationalen Zentralbanken zu einer Zunahme, wenn die Gewinne an zentrale öffentliche Haushalte (wie den Bund) abgeführt und von diesen verausgabt oder in das Geschäftsbankensystem verlagert werden.

Wie schließlich die *Mindestreservehaltung*[82] die frei verfügbaren Barreserven der Geschäftsbanken beeinflusst, ist unmittelbar einsichtig. Nimmt die Mindestreservehaltung zu (z.B. auf Grund steigender mindestreservepflichtiger Verbindlichkeiten oder erhöhter Mindestreservesätze der Zentralbank), dann vergrößert sich damit der Bestand an Sichteinlagen, den die Geschäftsbanken im Eurosystem festlegen müssen, und umgekehrt.

---

80 Siehe ebenda.

81 Die Währungsreserven des Eurosystems ändern sich z.B. auch dadurch, dass auf seine Devisenreserven vom Ausland Zinsen gezahlt werden.

82 Siehe hierzu genauer den Unterabschnitt IV. 3g).

bbb) Während das Eurosystem im Falle der Mindestreservehaltung den Geschäftsbanken bei gegebenem Bestand an mindestreservepflichtigen Verbindlichkeiten durch Variation der Mindestreservesätze eine bestimmte Änderung der frei verfügbaren Barreserven aufzwingen kann, bleibt es den Dispositionen der Geschäftsbanken letztlich überlassen, ob sie bei den bestehenden Bedingungen (die allerdings der Kontrolle des Eurosystems unterliegen) Geldmarkt- und Refinanzierungsgeschäfte mit dem Eurosystem abschließen. Nehmen die Geschäftsbanken im Rahmen von *Hauptrefinanzierungsgeschäften* oder *längerfristigen Refinanzierungsgeschäften* erfolgreich an einer Versteigerung von Zentralbankgeld im Tenderverfahren teil, erhöhen sich ihre Barreserven. Am Ende der Laufzeit der entsprechenden Kontrakte ergibt sich im Zuge der Tilgung der Refinanzierungskredite dann ein automatischer Rückfluss von Zentralbankgeld an das Eurosystem, d.h. die Geschäftsbanken verlieren am Fälligkeitstermin Barreserven. Refinanzieren sich die Geschäftsbanken durch Inanspruchnahme der *Spitzenrefinanzierungsfazilität*, dann fließen ihnen Barreserven zu; umgekehrt verlieren sie Barreserven, wenn sie Zentralbankgeldüberschüsse in der *Einlagefazilität* anlegen. Bei Fälligkeit kehrt sich dann jeweils der Strom von Zentralbankgeld zwischen Eurosystem und Geschäftsbanken um.

### b) Die Geldmarktsituation

*aa) Bestimmungsfaktoren der allgemeinen Geldmarktsituation.* – Wie bereits erwähnt, ist die Liquiditätsposition der Geschäftsbanken maßgeblich für die Zinsbildung auf dem Banken-Geldmarkt und damit – wegen des engen Zinsverbunds – indirekt auch für die Zinsbildung auf den anderen Geldmarktsegmenten. Da die Liquiditätsposition der Geschäftsbanken durch Vorgänge bestimmt wird, die den Gesamtbestand an Zentralbankgeld bei den Geschäftsbanken verändern, ist es nach den vorangegangenen Ausführungen nicht mehr schwer anzugeben, wie die allgemeine Geldmarktsituation durch bestimmte Vorgänge beeinflusst wird oder genauer: welche Vorgänge am Geldmarkt eine **Verflüssigung** und damit ein Nachgeben der Zinssätze und welche Vorgänge eine **Anspannung** und damit ein Ansteigen der Geldmarktsätze nach sich ziehen. Generell ist immer damit zu rechnen, dass am Geldmarkt eine Verflüssigung eintritt, wenn die frei verfügbaren Barreserven im Geschäftsbankensystem zunehmen, und eine Anspannung erfolgt, wenn die frei verfügbaren Barreserven abnehmen. Die dahinter stehenden Vorgänge und ihre voraussichtlichen Wirkungen sind im Einzelnen tabellarisch dargestellt (siehe Tabelle III.2).

In der Tabelle wird insofern der bereits bekannten Zweiteilung Rechnung getragen, als zuerst Vorgänge aufgeführt werden, die sich dem Einflussbereich der Geschäftsbanken weitgehend entziehen und damit Veränderungen der frei verfügbaren Barreserven wiedergeben, die durch überwiegend *autonome Faktoren* bewirkt werden. In der nächsten Gruppe (unter 7. bis 11.) folgen dann alle Transaktionen, die von Geschäftsbanken im Rahmen ihrer Gelddisposition durchgeführt werden und Geldmarktgeschäfte mit dem Eurosystem darstellen.

Tabelle III.2: *Bestimmungsfaktoren der Geldmarktsituation*

| Einflussgrößen | Änderung | Wirkungen auf den Geldmarkt |
|---|---|---|
| 1. Bargeldumlauf | Zunahme<br>Abnahme | Anspannung<br>Verflüssigung |
| 2. Einlagen öffentlicher Haushalte beim Eurosystem | Zunahme<br>Abnahme | Anspannung<br>Verflüssigung |
| 3. Nettoauslandsaktiva des Eurosystems | Zunahme<br>Abnahme | Verflüssigung<br>Anspannung |
| 4. Gewinne des Eurosystems | Entstehung<br>Ausschüttung | Anspannung<br>Verflüssigung |
| 5. Mindestreservehaltung | Zunahme<br>Abnahme | Anspannung<br>Verflüssigung |
| 6. Sonstige autonome Faktoren | .................... | .................... |
| 7. Hauptrefinanzierungsgeschäfte | Abschluss<br>Auflösung | Verflüssigung<br>Anspannung |
| 8. Längerfristige Refinanzierungsgeschäfte | Abschluss<br>Auflösung | Verflüssigung<br>Anspannung |
| 9. Inanspruchnahme der Spitzenrefinanzierungsfazilität | Zunahme<br>Abnahme | Verflüssigung<br>Anspannung |
| 10. Inanspruchnahme der Einlagefazilität | Zunahme<br>Abnahme | Anspannung<br>Verflüssigung |
| 11. Sonstige Geschäfte | .................... | .................... |

*bb) Besondere Anspannungstermine.* – Es ist eine für die Gelddisposition der Geschäftsbanken wichtige Erfahrung, dass sich einige der in der Tabelle angeführten Einflussgrößen an bestimmten Terminen besonders stark auf die Geldmarktsituation auswirken können. So ist zum Monatswechsel mit einem verstärkten **Bargeldumlauf** zu rechnen, weil regelmäßig Lohn- und Gehaltszahlungen vorgenommen werden, die nach wie vor zu einem gewissen Teil in bar erfolgen oder bei Überweisungen zu sofortigen Barabhebungen führen können. Auf Grund dieses Vorgangs treten bei den Geschäftsbanken vorübergehend Zentralbankgeldverluste ein, die c. p. eine Anspannung des Geldmarktes bewirken. Mit größeren Abzügen an Zentralbankgeld ist ferner in der Urlaubszeit zu rechnen (insbesondere im Hauptreisemonat Juli), und zwar zum einen, weil größere Bargeldbestände gehalten werden, und zum anderen, weil der Devisenbedarf für Auslandsreisen steigt.

Als besonderer Anspannungstermin gilt schließlich der *Jahresultimo*, an dem sich verschiedene Einflussgrößen in ihrer Wirkung auf das Geldmarktgeschehen überlagern. Abgesehen davon, dass an jedem Monatswechsel mit überdurchschnittlichen Zentralbankgeldverlusten bei den Banken zu rechnen ist, erreicht auch der Bargeldbedarf des Publikums im Dezember auf Grund der Weihnachtseinkäufe einen weit über dem Jahresdurchschnitt liegenden Umfang. Und nicht zuletzt trägt auch das Bestreben der Banken, in den Jahresabschlussbilanzen aus Gründen der *Bilanzoptik* („window dressing") einen besonders hohen Bestand an Zentralbankguthaben auszuweisen, mit dazu bei, dass bei den Geschäftsbanken gegen Jahresende ein beträchtlicher Bedarf an Zentralbankgeld auftritt, der auf dem Geldmarkt zu einer spürbaren, u. U. auch erheblichen Anspannung führt.

### c) Der Einfluss der EZB-Politik auf die Zinsbildung am Geldmarkt

*aa) Der EONIA im Zinskorridor.* – Der EONIA-Tagesgeldsatz bewegt sich im Zeitablauf innerhalb eines Zinskorridors, der nach oben durch den Spitzenrefinanzierungssatz und nach unten durch den Einlagesatz begrenzt wird. Diese Beobachtung (vgl. Abb. III.4) lässt sich wie folgt erklären. Überschreitet der Tagesgeldsatz den Spitzenrefinanzierungssatz, kommt es zu Anpassungsvorgängen folgender Art:

1. Für Geldnehmer (Banken mit einem Zentralbankgeldbedarf) ist es vorteilhafter, ihren Refinanzierungsbedarf durch Inanspruchnahme der Spitzenrefinanzierungsfazilität zu decken, als Kredite auf dem Geldmarkt aufzunehmen.
2. Für Arbitrageure lohnt es sich, einen Kredit in der Spitzenrefinanzierungsfazilität aufzunehmen, um mit dem Gegenwert einen Geldmarktkredit zu gewähren.

Wegen des ersten Vorgangs tritt eine *Abnahme der Nachfrage* nach Geldmarktkrediten (in Form von Übernachtkrediten) ein, wegen des zweiten Vorgangs eine *Zunahme des Angebots*. Im Endergebnis resultiert hieraus eine *Senkung des Tagesgeldsatzes*, die bei voller Wirksamkeit der Anpassungsvorgänge dazu führen muss, dass ein Tagesgeldsatz *oberhalb* des Spitzenrefinanzierungssatzes nicht bestehen bleiben kann[83].

Fällt der Tagesgeldsatz unter den Einlagesatz, kommt es zu folgenden Anpassungsvorgängen:

1. Für Geldgeber (Banken mit Zentralbankgeldüberschüssen) ist es jetzt vorteilhafter, Zentralbankgeld in der Einlagefazilität anzulegen, als Geldmarktkredite zu gewähren.
2. Für Arbitrageure lohnt es sich, Geldmarktkredite aufzunehmen, um den Gegenwert in der Einlagefazilität anzulegen.

Wegen des ersten Vorgangs tritt auf dem Geldmarkt eine *Abnahme des Angebots* an Geldmarktkrediten (in Form von Übernachtkrediten) ein und wegen des zwei-

---

[83] Streng genommen gilt diese Aussage nur für *besicherte* Übernachtkredite, da für die Inanspruchnahme der Spitzenrefinanzierungsfazilität Sicherheiten zu stellen sind. Deshalb könnte der sich auf unbesicherte Übernachtkredite beziehende EONIA theoretisch den Spitzenrefinanzierungssatz auch überschreiten. Praktisch ist diese Möglichkeit aber offenbar nicht von Relevanz (siehe DEUTSCHE BUNDESBANK, Monatsbericht Januar 2000, S. 18).

ten Vorgangs eine *Zunahme der Nachfrage*. Im Endergebnis resultiert hieraus eine Erhöhung des Tagesgeldsatzes, die bei voller Wirksamkeit der Anpassungsvorgänge dazu führen muss, dass ein Tagesgeldsatz *unterhalb* des Einlagesatzes nicht bestehen bleiben kann.

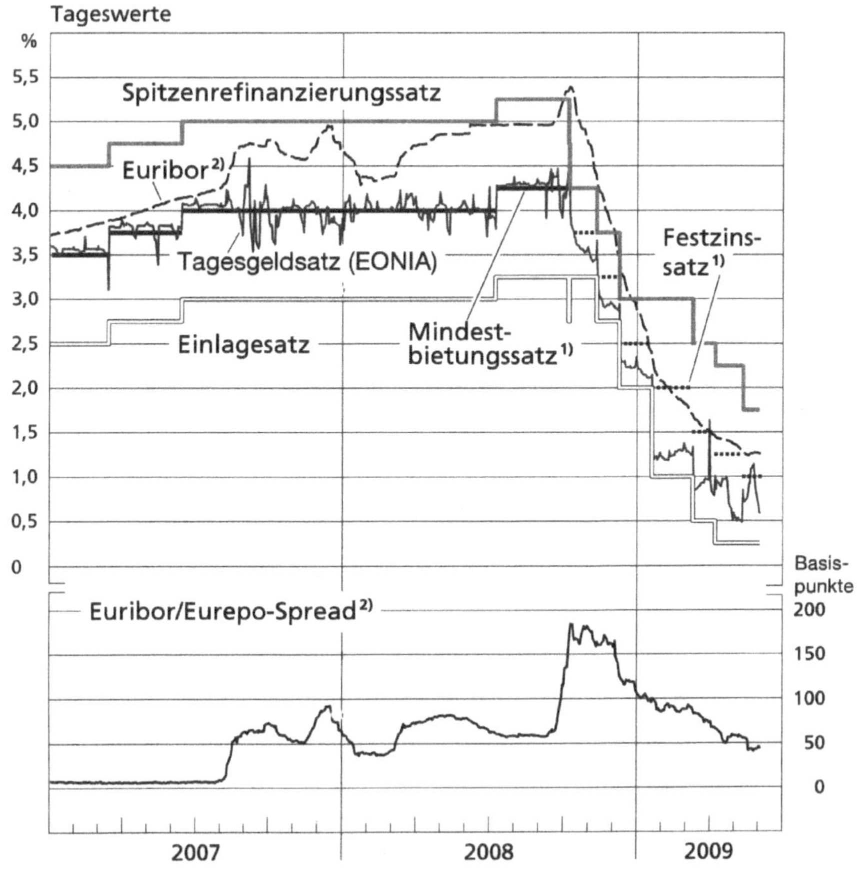


1 Zinssatz der Hauptrefinanzierungsgeschäfte. Ab 15. Oktober 2008 Festzinssatz. — 2 Laufzeit drei Monate.

Abb. III. 4: EONIA im Zinskorridor[84]

Wie aus Abb. III. 4 auch hervorgeht, wird der EONIA innerhalb des Zinskorridors[85] durch den als Leitzins fungierenden Hauptrefinanzierungssatz geführt (genauer: durch den Mindestbietungssatz im Fall eines Zinstenders bzw. dem

84 Quelle: DEUTSCHE BUNDESBANK.

85 Der Zinskorridor liegt symmetrisch um den Hauptrefinanzierungssatz und hatte meistens eine Bandbreite von 200 Basispunkten (2 Prozentpunkte). Derzeit beträgt die Bandbreite 150 Basispunkte.

Festzinssatz im Fall eines Mengentenders), d.h. der EONIA folgt dem Hauptrefinanzierungssatz in der Tendenz. Es gibt aber – offenbar in Abhängigkeit von der Liquiditätsposition der Geschäftsbanken – kurzfristig deutliche Abweichungen nach oben oder unten. Dieses kann schon deshalb nicht überraschen, weil Hauptrefinanzierungsgeschäfte nur an einem Tag in der Woche durchgeführt werden und mit einer Laufzeit von einer Woche eine andere Fristigkeit aufweisen als Übernachtkredite. Deshalb dürfte der Zusammenhang zwischen den Zinssätzen im Geldhandel und dem Mindestbietungssatz bzw. Festzinssatz bei Fristenkongruenz der Geldmarktkontrakte auch enger sein. Dementsprechend wäre ein strafferer Zusammenhang zwischen dem Hauptrefinanzierungssatz und dem Geldmarktsatz für Geldhandelsgeschäfte mit einer Laufzeit von einer Woche zu erwarten[86]. Zwischen diesem Geldmarktsatz und dem Tagesgeldsatz EONIA wiederum ist auf Grund von *intertemporalen Arbitragevorgängen* ebenfalls ein positiver Zusammenhang anzunehmen.

Mit intertemporalen Arbitragevorgängen ist auf Grund der für die Zinsstruktur bedeutsamen Erwartungstheorie zu rechnen[87]. Sinkt beispielsweise der herrschende kurzfristige Zinssatz (bei gegebenen Zinserwartungen) gegenüber dem Ausgangsgleichgewicht, dann bieten Arbitrageure kurzfristige Schuldtitel an und fragen gleichzeitig längerfristige Schuldtitel nach. Die Überschussnachfrage bei längerfristigen Schuldtiteln führt dort zu einer Kurserhöhung bzw. Zinssenkung, während sich bei den kurzfristigen Schuldtitel infolge eines Überschussangebots eine Kurssenkung bzw. ein Wiederanstieg des Zinssatzes einstellt. Hinzu kommt, dass die potenziellen Geldgeber bei einer Senkung des kurzfristigen Zinssatzes den Markt für längerfristige Schuldtitel bevorzugen, während sich die potenziellen Geldnehmer dem Markt für kurzfristige Schuldtitel zuwenden. Auch dieses bewirkt, dass Zinsveränderungen bei kurzfristigen und längerfristigen Schuldtiteln in der Tendenz gleichgerichtet erfolgen.

Dieses erklärt dann, weshalb auch der EONIA dem Mindestbietungssatz bzw. Festzinssatz in der Tendenz folgt. Dass die Entwicklung dabei *nur tendenziell* gleichgerichtet verläuft, kann – wie bereits erwähnt – damit zusammenhängen, dass Hauptrefinanzierungsgeschäfte nur einmal wöchentlich mit einer Laufzeit von einer Woche stattfinden. Unterschiedliche Entwicklungen können zudem darauf beruhen, dass Zinsänderungen bei Übernachtkrediten erwartet werden.

Besonders nahe am Hauptrefinanzierungssatz dürfte der Reposatz für einwöchige General Collateral Repos liegen, da diese nicht nur in Hinblick auf die Fristigkeit mit den Hauptrefinanzierungsgeschäften übereinstimmen, sondern wie diese auch zu besichern sind. Im Übrigen ist ein relativ enger Zusammenhang auch zwischen dem Reposatz für *dreimonatige* General Collateral Repos und dem marginalen Zuteilungssatz bei *längerfristigen Refinanzierungsgeschäften*

86 Stark korreliert dürfte auch der Hauptrefinanzierungssatz einerseits und der EONIA-Swapsatz andererseits sein. Dieses ließe sich damit erklären, dass sich die meisten Banken (wie bereits erwähnt) bei ihrer Gebotserstellung im Rahmen der Hauptrefinanzierungsgeschäfte am EONIA-Swapsatz für eine Woche laufende EONIA-Zinsswaps orientieren dürften.

87 Siehe hierzu JARCHOW, Theorie und Politik des Geldes, a.a.O., S. 151 ff.

mit gleicher Laufzeit zu erwarten, und zwar vor allem an solchen Terminen, an denen Letztere durchgeführt werden.

Auf Grund der intertemporalen Arbitrage ist ferner mit einem gleichgerichteten Zusammenhang zwischen dem EURIBOR für ungesicherte Dreimonatsgelder und dem EONIA zu rechnen. Dementsprechend zeigt Abb. III.4, dass auch der EURIBOR - wie der EONIA - dem Mindestbietungssatz bzw. Festzinssatz folgt, allerdings weniger eng. Er liegt dabei in Übereinstimmung mit einer normalen Zinsstruktur über dem EONIA[88].

Weiter verdeutlicht Abb. III.4, dass das Risiko von Geldmarktausleihungen von den Banken als Folge der internationalen Finanzkrise deutlich höher eingeschätzt wurde. So nahm die Differenz zwischen dem Zinssatz für *ungesicherte* Dreimonatsanlagen, repräsentiert durch den EURIBOR, und dem Zinssatz für *gesicherte* Dreimonatsanlagen, repräsentiert durch den Eurepo, im zweiten Halbjahr 2008 schlagartig zu, d.h. der EURIBOR/Eurepo-Spread weitete sich sprungartig aus.Auf die auch hierin zum Ausdruck kommenden Anspannungen auf dem Geldmarkt reagierte die EZB - wie Abb. III. 4 deutlich macht - mit einer in mehreren Schritten vorgenommenen beträchtlichen Senkung des Hauptrefinanzierungssatzes.

*bb) Mindestreservehaltung und EONIA-Entwicklung.* - Eine genauere Beobachtung der EONIA-Entwicklung im Zeitablauf würde erkennen lassen, dass der Tagesgeldsatz in der Vergangenheit in regelmäßigen Abständen Ausschläge nach oben und unten aufwies[89]. Diese periodischen Ausschläge lassen sich mit der **Mindestreservehaltung** und den für sie maßgeblichen Regelungen erklären[90]. Das *Mindestreserve-Soll* wird durch die Monatsendstände der reservepflichtigen Verbindlichkeiten der Kreditinstitute bestimmt, auf die der von der Europäischen Zentralbank festgesetzte Mindestreservesatz angewendet wird. Die so (z.B. Ende Januar) ermittelte Reservebasis ist dann für das Mindestreserve-Soll in der erst im übernächsten Monat (z.B. März) beginnenden Erfüllungsperiode maßgeblich.

Das *Mindestreserve-Ist* ergibt sich aus dem *Durchschnitt* der Tagesendstände der bei den nationalen Zentralbanken des Eurosystems während der Mindestreserveerfüllungsperiode gehaltenen Guthaben. Die Mindestreserveerfüllungsperiode beginnt nach der seit März 2004 praktizierten Neuregelung[91] am Abwicklungstag desjenigen Hauptrefinanzierungsgeschäfts, das auf die Sitzung folgt, für die die monatliche Erörterung des geldpolitischen Kurses vorgesehen ist. Dieses geschieht i.d.R. nur in der ersten Sitzung im Monat (z.B. Anfang März). Die Erfüllungsperiode endet vor dem entsprechenden Abwicklungstag im Folgemonat (z.B. Anfang April). Das Mindestreserve-Soll ist also zu Beginn der Mindestreserveerfüllungsperiode bekannt; die Kreditinstitute kennen aber nicht die Höhe der autonomen Zuflüsse und Abflüsse, die ihre Liquiditätsposition während

---

88 Eine normale Zinsstruktur lässt sich mit der Liquiditätsprämientheorie erklären. Siehe dazu ebenda, S. 159 ff.

89 Vgl. dazu EUROPÄISCHE ZENTRALBANK, Die Geldpolitik der EZB. Frankfurt a.M. 2004. S. 84.

90 Siehe dazu genauer den Unterabschnitt IV. 3g).

91 Vor der Neuregelung begann die Mindestreserveerfüllungsperiode nach dem für das Mindestreserve-Soll maßgeblichem Monatsende (z.B. Ende Januar) jeweils am 24. Kalendertag des nächsten Monats (z.B. Februar) und endete am 23. Kalendertag des darauf folgenden Monats.

der Mindestreserveerfüllungsperiode beeinflussen. Wichtig für die Erklärung der beobachteten EONIA-Ausschläge ist die Regelung, dass das Mindestreserve-Soll nur im *Periodendurchschnitt* zu erfüllen ist. Diese Regelung bietet Kreditinstituten die Möglichkeit, zeitweilige Fehlbeträge und Überschüsse in der Reservehaltung durch entgegengesetzte Positionen während der Mindestreserveerfüllungsperiode auszugleichen. Die Ausgleichsmöglichkeiten werden jedoch gegen Ende der Mindestreserveerfüllungsperiode begrenzter und sind am letzten Tag der Erfüllungsperiode überhaupt nicht mehr gegeben. Hinzu kommt, dass nach dem Abschlusstag des letzten Hauptrefinanzierungsgeschäfts in der Mindestreserveerfüllungsperiode diese Refinanzierungsquelle bis zum Ende dieser Periode nicht mehr zur Verfügung steht. Fehlbeträge an Zentralbankgeld müssen dann am Tagesgeldmarkt oder durch Inanspruchnahme der Spitzenrefinanzierungsfazilität finanziert und Überschüsse an Zentralbankgeld auf dem Tagesgeldmarkt oder durch Inanspruchnahme der Einlagefazilität angelegt werden. Im ersten Fall steigt der EONIA am Ende der Erfüllungsperiode, im zweiten sinkt er. Parallel dazu kommt es am Ende der Erfüllungsperiode typischerweise zu einer relativ starken Inanspruchnahme der Spitzenrefinanzierungsfazilität (im ersten Fall) oder der Einlagefazilität (im zweiten Fall)[92]. Den hierin zum Ausdruck kommenden Liquiditätsungleichgewichten wirkt die EZB seit Herbst 2004 durch Feinsteuerungsmaßnahmen entgegen. Sie haben dazu beigetragen, die EONIA-Schwankungen am Ende der Mindestreserveerfüllungsperiode und die Inanspruchnahme der ständigen Fazilitäten zu verringern

### d) Finanzkrise, Geldmarktklemme und EZB-Politik

*aa) Finanzkrise und Geldmarktklemme.* – Dieses Kapitel abschließend, bleibt noch, auf die Auswirkungen der internationalen Finanzkrise auf den Euro-Geldmarkt und die hierdurch veranlassten Maßnahmen der EZB im Zusammenhang einzugehen. Ausgelöst wurden die Finanzmarktturbulenzen im Sommer 2007 durch die sich zuspitzende Krise am US-amerikanischen Markt für zweitklassige Hypotheken. Vorausgegangen war ein Immobilienboom, der sich nicht zuletzt als Folge der amerikanischen Geldpolitik mit „zu lange zu niedrigen Zinsen“ zu einer Vermögenspreisblase entwickelt hatte.

Die Verbreitung der Turbulenzen nach dem Platzen der Vermögenspreisblase, auch auf den Euroraum, erfolgte insbesondere dadurch, dass Hypothekenforderungen verbrieft und an andere Finanzinvestoren, nicht zuletzt an Banken, weiterverkauft wurden. Als die amerikanischen Hypothekenschuldner zunehmend ihren Zahlungsverpflichtungen im Zuge stark fallender Immobilienpreise nicht mehr nachkamen, erfuhren die verbrieften Schuldverschreibungen erhebliche Wertverluste. Diese betrafen neben Banken auch andere Finanzinstitute, die in diese Papiere investiert hatten. Zur Stärkung ihrer Liquidität verkauften die betroffenen Investoren daraufhin andere Wertpapiere (wie Aktien), so dass sich die Krise auf die entsprechenden Finanzmärkte ausbreitete. Besondere Probleme ergaben sich auch dadurch, dass viele Finanzinvestitionen durch Verschuldung

---

92 Siehe dazu Schaubild 4.4 in Europäische Zentralbank, Die Geldpolitik der EZB, a.a.O., S. 91.

finanziert waren, um durch Aufnahme zinsgünstigen Fremdkapitals und die damit verbundene Hebelwirkung die Eigenkapitalrendite zu steigern. Die Rückführung der Verschuldung erforderte zusätzliche liquide Mittel.

Verschärft wurde die Finanzkrise, als die amerikanische Investmentbank Lehman Brothers Mitte September 2008 insolvent wurde und auch zahlreiche andere Banken hierdurch mit erheblichen Liquiditäts- und Solvenzproblemen konfrontiert waren. Die zunehmende Unsicherheit, auch in Hinblick auf die Bewertung forderungsgedeckter Schuldverschreibungen, verstärkte das Bemühen der Banken, zur Absicherung eigener Risikopositionen Liquiditätspuffer aufzubauen. Es hatte auch zur Folge, dass ihre Bereitschaft, anderen Banken Geldmarktkredite zu gewähren, deutlich abnahm, zumal sie auch deren Risikoposition nicht mehr einschätzen konnten. Dementsprechend wurden Kreditlinien im Interbankenverkehr gekürzt, und bonitätsschwächere Banken konnten auf dem Geldmarkt entweder überhaupt keine Mittel mehr aufnehmen oder nur zu Zinssätzen, die erheblich über den Sätzen lagen, die bonitätsstarken Geldnehmern berechnet wurden. So kam es zu einer Geldmarktklemme, die sich konkret darin äußerte, dass die Geldmarktumsätze insgesamt und nicht zuletzt im Geldhandel spürbar zurückgingen. Zu befürchten war, dass die Funktionsmängel des Geldmarktes den Zugang der Nichtbanken zu Bankkrediten erschweren würden, die *Geldmarktklemme* also eine Kreditmarktklemme nach sich ziehen würde. Da sich eine Kreditmarktklemme negativ auf die Realwirtschaft auswirkt, d.h. die Entwicklung von Produktion und Beschäftigung beeinträchtigt wird, waren die Zentralbanken weltweit bemüht, den Geldmarktverspannungen durch umfangreiche Liquidität zuführende Lockerungsmaßnahmen entgegenzuwirken. So übernahm auch das Eurosystem wegen des Rückzugs der Geschäftsbanken am Geldmarkt weitgehend die Rolle eines Finanzintermediärs.

*bb) Gegenmaßnahmen der EZB.* – Die Maßnahmen des Eurosystems zur Verminderung der Verspannungen am Euro-Geldmarkt waren vielfältig[93]: Abgesehen davon, dass die EZB im Oktober 2008 nach Verschärfung der Finanzmarktturbulenzen eine Zinssenkungsrunde bei den Hauptrefinanzierungsgeschäften und den längerfristigen Refinanzierungsgeschäften einleitete, wurden diese Operationen – zeitlich begrenzt – vom Zinstender auf *Mengentender bei voller Zuteilung* umgestellt, so dass die Zuteilung an Zentralbankgeld bei den von der EZB fixierten Refinanzierungssätzen allein durch den Umfang der Gebote der Geschäftsbanken, d.h. durch deren Nachfrage, bestimmt war. Außerdem wurde die Häufigkeit der längerfristigen Refinanzierungsgeschäfte weiter erhöht und im Rahmen dieser Fazilität u. a. auch sechs- und zwölfmonatige Geschäfte durchgeführt. Mit der verstärkten Bereitstellung längerfristiger Finanzierungsmittel sollte vor allem den bei längerfristigen Laufzeiten auftretenden Spannungen auf dem Geldmarkt begegnet werden. Ergänzt wurden die Maßnahmen durch den Beschluss der EZB, die Liste der notenbankfähigen Sicherheiten – zeitlich begrenzt – auszuweiten, indem sie z.B. auch auf Fremdwährungen lautende Schuldverschreibungen einbezog und die Bonitätsanforderungen für marktfähige und nicht-marktfähige Finanzaktiva (vom Mindestrating A- auf BBB-) herabsetzte. Verstärkt wurde ferner

93 Siehe hierzu auch EUROPÄISCHE ZENTRALBANK, Monatsbericht Juli 2009, S. 85 ff.

das sog. *Frontloading* im Zuge von Hauptrefinanzierungsgeschäften, d.h. das Eurosystem erhöhte zu Beginn der Mindestreserveerfüllungsperiode die über die sog. **Benchmark**[94] hinausgehenden Zuteilungsbeträge deutlich, um sie gegen Ende in späteren Hauptrefinanzierungsgeschäften wieder einzuschränken. Motiviert war diese Vorgehensweise dadurch, dass die Geschäftsbanken wegen der Unsicherheit über ihre Liquiditätsposition auf Grund der Finanzmarktturbulenzen vorsorglich schon relativ früh in der Mindestreserveerfüllungsperiode Zentralbankgeld ansammelten[95]. Der hieraus resultierende zusätzliche Zentralbankgeldbedarf erhöht tendenziell den EONIA. Um ihn nahe beim angestrebten Geldmarktsatz zu halten, verstärkte die EZB deshalb im Rahmen von Hauptrefinanzierungsgeschäften frühzeitig ihre Liquiditätszufuhr, betrieb also ein Frontloading.

Indirekt ist für die Zinsentwicklung auf dem Geldmarkt auch ein neues geldpolitisches Instrument der EZB relevant, das Mitte 2009 - ebenfalls im Zusammenhang mit den Finanzmarktturbulenzen - eingeführt wurde: Ankäufe von gedeckten, d.h. besicherten Schuldverschreibungen (wie Pfandbriefe), die outright, d.h. endgültig erfolgen. Auf diese Neuerung wird im folgenden Kapitel (Unterabschnitt f) bb)) im Einzelnen eingegangen. Dort wird u. a. erläutert, dass die bei Ankäufen z.B. von Pfandbriefen zu erwartende Senkung ihrer Rendite durch Substitutionseffekte auch einen Druck auf die Termingeldsätze ausübt.

Schließlich nahm die EZB auch Operationen zur Verbesserung der Bankenliquidität in Fremdwährung vor. So stellte sie seit Ende 2007 Dollarguthaben im Rahmen von Tendergeschäften im Zusammenhang mit der von der US-amerikanischen Zentralbank (Federal Reserve) eingerichteten *Term Auction Facility* zur Verfügung. Außerdem führte sie - ebenfalls zeitlich begrenzt - seit Herbst 2008 auch *Devisenswapgeschäfte* durch, mit denen sie die Bankenliquidität in US-Dollar und Schweizer Franken verbesserte. Genauer wird auf die beiden Liquidität in Fremdwährung zuführenden Operationen im folgenden Kapitel in Absatz 3 eingegangen.

Die von der EZB als Reaktion auf die Finanzmarktturbulenzen ergriffenen Maßnahmen zur Liquiditätsanreicherung auf dem Geldmarkt sind so angelegt, dass sie - von der Konzeption her gesehen - in einer veränderten Situation relativ einfach zurückgeführt werden können. So könnte man im Rahmen einer *„Exit-Strategie"* allmählich die Laufzeiten bei den längerfristigen Refinanzierungsgeschäften reduzieren, die Bonitätsanforderungen wieder erhöhen und die Operationen zur Verbesserung der Bankenliquidität in Fremdwährung auslaufen lassen sowie bei den regelmäßigen Tendergeschäften nicht unbegrenzte, sondern - wie vor der Krise - begrenzte Beträge an Zentralbankgeld zur Verfügung stellen. Der angemessene Zeitpunkt für die Einleitung des „Exit" hängt einerseits von der Entwicklung auf den Finanzmärkten ab, und wird andererseits davon bestimmt, wie schnell sich die Produktion im Zuge einer wirtschaftlichen Erholung ihrem Potenzial annähert und inwieweit sich als Spätwirkung des stark expansiven Kurses der Geldpolitik Inflationsgefahren abzeichnen.

---

94 Der **Benchmark**-Betrag im Rahmen eines Hauptrefinanzierungsgeschäfts stellt sicher, dass die Geschäftsbanken ihr Mindestreserve-Soll während der Laufzeit des Hauptrefinanzierungsgeschäfts voraussichtlich problemlos erfüllen können.

95 Zum *Frontloading* siehe auch Europäische Zentralbank, Monatsbericht Mai 2008, S. 99.

## Zusammenfassung

1. Das Zinsniveau auf dem Interbankenmarkt wird von allen Vorgängen beeinflusst, die eine Änderung der frei verfügbaren Barreserven der Geschäftsbanken bewirken. Hierbei handelt es sich entweder um Vorgänge, die aus der Sicht der Geschäftsbanken überwiegend exogen erscheinen (wie z. B. Veränderungen des Bargeldumlaufs, der Nettoaktiva des Eurosystems und des Mindestreserve-Solls) oder um Transaktionen, die im Rahmen der Gelddisposition durchgeführt werden (wie z. B. Hauptrefinanzierungsgeschäfte und längerfristige Refinanzierungsgeschäfte mit der EZB).

2. Der EONIA-Tagesgeldsatz folgt in der Tendenz dem als Leitzins fungierenden Mindestbietungssatz bzw. Festzinssatz im Hauptrefinanzierungsgeschäft; er bewegt sich dabei innerhalb eines Korridors, der nach oben durch den Spitzenrefinanzierungssatz und nach unten durch den Einlagesatz begrenzt wird.

3. Die internationale Finanzkrise führte zu erheblichen Anspannungen auf dem Geldmarkt, denen die EZB mit zahlreichen Maßnahmen entgegenwirkte, u. a. mit einer Umstellung der Hauptrefinanzierungsgeschäfte und der längerfristigen Refinanzierungsgeschäfte vom Zinstender auf Mengentender bei voller Zuteilung.

## Ausgewählte Literaturangaben zum III. Kapitel


E. BREHMER, Struktur und Funktionsweise des Geldmarktes der Bundesrepublik Deutschland seit 1948. Zugleich eine theoretische Grundlegung für Geldmärkte im allgemeinen. 2., neu bearb. u. erw. Aufl. (Kieler Studien, 65.) Tübingen 1964 (zu **2** und **4**).

H.-E. BÜSCHGEN, Bankbetriebslehre. Bankgeschäfte und Bankmanagement. 5., vollständig überarb. u. erw. Aufl. Wiesbaden 1998 (zu **3**).

DEUTSCHE BUNDESBANK, Monatsbericht Januar 2000, S. 15 ff. (zu **3** und **4**).

– : Der Markt für deutsche Bundeswertpapiere. 3. Aufl. Frankfurt a.M. 2000 (zu **3**).

H.-D. DEPPE, Geldmarkt und Geldmarktkonzepte. In: Unternehmen und Gesellschaft. (Festschrift zum 75. Geburtstag von W. HASENACK.) Hrsg. von H.-J. ENGELEITER. Herne/Berlin 1976, S. 163 ff. (zu **1**).

R. ELLER, C. SPINDLER, Zins- und Währungsrisiken optimal managen. Analyse, Risiko, Strategien. Wiesbaden 1994 (zu **3**).

EUROPÄISCHE ZENTRALBANK, Monatsbericht Oktober 2001, S 59 ff. (zu **4**).

– : Monatsbericht Juli 2009, S. 85 ff. (zu **4**).

EUROPEAN CENTRAL BANK, The Euro Money Market. July 2001. Frankfurt a.M. 2001 (zu **1** und **3**).

– : Euro Money Market Study 2008. February 2009. Frankfurt a.M. 2009. (www.ecb.europa.eu/pub/pubbydate/2009/html/index.en.html) (zu **1** und **3**).

W. GRILL, H. PERCZYNSKI, Wirtschaftslehre des Kreditwesens. 42. Aufl. Troisdorf 2008 (zu **3**).

V. HASEWINKEL, Geldmarkt und Geldmarktpapiere. Frankfurt a.M. 1993 (zu **1** und **3**).

A. HERRMANN, Die Geldmarktgeschäfte. 3., neubearb. u. erw. Aufl. Frankfurt a.M. 1986 (zu **2**, **3** und **4**).

– : Geldmarkt. In: Knapps enzyklopädisches Lexikon des Geld-, Bank- und Börsenwesens. 5., neu bearb. Aufl. Frankfurt a.M. 2007, S. 763 ff. (zu **3**).

C. HULL, Optionen, Futures und andere Derivate. 6. Aufl. München 2006 (zu **3**).

H. LIPFERT, Der Geldmarkt mit Euro-Geldmarkt. 8., völlig neu bearb. Aufl. (Taschenbücher für Geld, Bank und Börse, hrsg. von PH. MÖHRING, HCH. RITTERSHAUSEN, Bd. 1.) Frankfurt a.M. 1975 (zu **3** und **4**).

L. PERRIDON, M. STEINER, Finanzwirtschaft der Unternehmung. 14., überarb. u. erw. Aufl. München 2007 (zu **3**).

H. SCHIERENBECK, M. LISTER, S. KIRMSSE, Ertragsorientiertes Bankmanangement. Band 2: Risiko-Controlling und integrierte Rendite-/Risikostreuung. 9., aktual. u. erw. Auflage. Wiesbaden 2008 (zu **3**).

C. SCHINKE, Der Geldmarkt im Euro-Währungsraum. Geldmarktgeschäfte, Zinsbildung und die Taylor Rule. (CeGE-Schriften, Bd.7). Frankfurt a.M. 2004 (zu **1**, **3** und **4**).

M. SCHMIDT, Derivative Finanzinstrumente. Eine anwendungsorientierte Einführung. 3., überarb. u. erw. Aufl. Stuttgart 2006 (zu **3**).

## *Kapitel IV*

# Die Europäische Zentralbank

Mit dem in Maastricht im Februar 1992 unterzeichneten Vertrag über eine Europäische Union (EU) wurde die Schaffung einer **Europäischen Wirtschafts- und Währungsunion (EWWU**[1]) beschlossen.

Bereits vor dem Übergang in die Endstufe[2] der EWWU am 1. Januar 1999, den zunächst elf EU-Mitglieder vollzogen, wurde Anfang Juni 1998 das **Europäische System der Zentralbanken (ESZB)** errichtet. Es besteht aus der **Europäischen Zentralbank (EZB)** und den 27 **nationalen Zentralbanken** der 27 Mitgliedsstaaten der Europäischen Union (EU)[3]. Der EU-Vertrag weist dem ESZB im Rahmen der Europäischen Union bestimmte Aufgaben und Ziele zu. Jener Teil des ESZB, der die Mitglieder umfasst, die bereits den Euro eingeführt und ihre geldpolitische Souveränität an das ESZB abgetreten haben, wird **Eurosystem** genannt. Das Eurosystem, das mit dem Beitritt Griechenlands zur EWWU (zum 1.1.2001), Sloweniens (zum 1.1.2007), Maltas und Zyperns (zum 1.1.2008) sowie der Slowakei (zum 1.1.2009) aus 16 Mitgliedern besteht, ist für die einheitliche Geldpolitik im Euroraum zuständig. Die EZB ist die zentrale Schaltstelle des Eurosystems und des ESZB[4]

Bei der Behandlung der Geldpolitik des ESZB bzw. des Eurosystems wird in folgender Weise vorgegangen: Zunächst werden Ziele, Aufgaben und Organisation des ESZB beschrieben (Abschnitt 1), danach wird auf die Frage der geldpolitischen Strategie der EZB eingegangen (Abschnitt 2), und den größten Raum nimmt dann eine ausführliche Darstellung des vom Eurosystem angewandten geldpolitischen Instrumentariums ein (Abschnitt 3).

---

1 Für Europäische Wirtschafts- und Währungsunion werden auch die Abkürzungen WWU oder EWU verwendet.

2 Zum Weg, der zur Endstufe der EWWU führte, siehe im Einzelnen JARCHOW, RÜHMANN, Monetäre Außenwirtschaft, II, a.a.O., Kapitel VIII.

3 Es handelt sich dabei um EU-Mitglieder, die auch der EWWU angehören (z.Zt. Belgien, Deutschland, Finnland, Frankreich, Griechenland, Irland, Italien, Luxemburg, Malta, Niederlande, Österreich, Portugal, Slowakei, Slowenien, Spanien, Zypern) und EU-Mitgliedern, die ihr noch nicht angehören (z.Zt. Bulgarien, Dänemark, Estland, Großbritannien, Lettland, Litauen, Polen, Rumänien, Schweden, Tschechische Republik, Ungarn).

4 EUROPÄISCHE ZENTRALBANK, Jahresbericht 2008, S. 216.

# 1. Ziele, Aufgaben und Organisation

## a) Ziele und Aufgaben

*aa) Ziele.* – Das wichtigste Ziel ist dem ESZB durch Art. 105 (1) des EG-Vertrages[5] vorgegeben. Dort heißt es:

*„Das vorrangige Ziel des ESZB ist es, die Preisstabilität zu gewährleisten".*

Das wichtigste Ziel des ESZB ist also die Sicherung der Kaufkraftstabilität des Euro. Weiter heißt es in Art. 105 (1)

*„Soweit dies ohne Beeinträchtigung des Zieles der Preisstabilität möglich ist, unterstützt das ESZB die allgemeine Wirtschaftspolitik der Gemeinschaft, ...".*

Mit dem Eintritt in die Endstufe der EWWU wird die Deutsche Bundesbank integraler Bestandteil des ESZB. Das bedingt eine Änderung der §§ 3 und 12 des Bundesbankgesetzes (BBankG), in denen die Aufgaben der Bundesbank und ihr Verhältnis zur Bundesregierung geregelt sind[6].

*bb) Aufgaben.* – Die EZB hat das ausschließliche Recht, die Ausgabe von Banknoten und den Umfang von Münzprägungen zu genehmigen. Weitere grundlegende Aufgaben des ESZB bestehen nach Artikel 105 (2) des EG-Vertrages in

- der Festlegung und Durchführung der einheitlichen Geldpolitik,
- der Durchführung der Devisengeschäfte im Einklang mit Art. 111,
- der Haltung und Verwaltung der offiziellen Währungsreserven[7] und
- der Förderung des reibungslosen Funktionierens der Zahlungssysteme.

Einer ergänzenden Erläuterung bedürfen die *Devisengeschäfte*, die im Einklang mit Art. 111 des EG-Vertrages stehen müssen. Zwar obliegt dem ESZB die Durchführung der Devisengeschäfte und damit der Interventionen am Devisenmarkt, grundlegende Entscheidungen in der Wechselkurspolitik gegenüber *Drittlandswährungen* (wie dem US-Dollar) fallen aber in die Zuständigkeit des Ministerrats der EU. Genauer bestimmt Artikel 111 Folgendes:

- Bei grundsätzlich *festen* Wechselkursen gegenüber Drittlandswährungen kann der Ministerrat (mit qualifizierter Mehrheit) Leitkurse festlegen, ändern oder aufgeben, allerdings nur nach Anhörung der EZB, und zwar (wie es in Artikel 111 (1) heißt) „in dem Bemühen, zu einem mit dem Ziel der Preisstabilität im Einklang stehenden Konsens zu gelangen, ...".

---

[5] Siehe zu den angegebenen Artikeln den Vertrag von Amsterdam (Bundeszentrale für politische Bildung, Vertrag von Amsterdam. Texte des EU-Vertrages und des EG-Vertrages mit den deutschen Begleittexten, hrsg. von Th. Läufer. Bonn 2000).

[6] Siehe hierzu Unterabschnitt II. 3a).

[7] Dazu übertragen die nationalen Zentralbanken einen ihrem jeweiligen Anteil am gezeichneten Kapital entsprechenden Anteil ihrer Währungsreserven an die EZB, und zwar insgesamt bis zu einem Gegenwert von 50 Mrd. Euro. Die EZB kann über diesen Betrag hinaus unter bestimmten Bedingungen die Einzahlung weiterer Währungsreserven fordern.

- Bei grundsätzlich *flexiblen* Wechselkursen gegenüber Drittwährungen kann der Ministerrat (mit qualifizierter Mehrheit) allgemeine Orientierungen für die Wechselkurspolitik gegenüber diesen Währungen geben, die allerdings (wie es im Artikel 111 (2) heißt) „das vorrangige Ziel des ESZB, die Preisstabilität zu gewährleisten, nicht beeinträchtigen (dürfen)".

Devisenmarktinterventionen sind nicht nur gegenüber Drittlandswährungen möglich, sie können auch durch den sog. *Wechselkursmechanismus II (WKM II)* bedingt sein. Dieser dem Europäischen Währungssystem (EWS)[8] ähnelnde Wechselkursmechanismus regelt die Wechselkursbeziehungen zwischen EU-Mitgliedern, die der Währungsunion (und damit dem Euro-Währungsgebiet) angehören (kurz: „ins") und EU-Mitgliedern, die ihr noch nicht angehören (kurz: „pre-ins" bzw. Nicht-Teilnehmer). Wesentlich für den WKM II ist, dass für die Währungen der Nicht-Teilnehmer an der Währungsunion änderbare[9] Leitkurse gegenüber dem Euro festgelegt werden[10], um die die Wechselkurse nur innerhalb einer Bandbreite von ± 15 v.H. des Leitkurses schwanken dürfen. Eine engere Schwankungsmarge als die genannte Standardbandbreite kann aber auf Antrag einer „pre-in"-Zentralbank vereinbart werden. Die zur Einhaltung der vereinbarten Schwankungsbreite erforderlichen *obligatorischen Interventionen* am Devisenmarkt werden von der Zentralbank der betroffenen Nicht-Teilnehmerwährung und im Normalfall von „in"-Zentralbanken, die als Agenten der EZB fungieren, durchgeführt, und zwar in unbegrenzter Höhe. Der aus den Interventionen resultierende, auf die Währung des Kreditgebers lautende Schuldnersaldo ist – wie bei der sehr kurzfristigen Finanzierung im EWS – wie folgt auszugleichen: Die Erstfälligkeit liegt vor dem 16. des *dritten* Monats nach dem Monat, in dem interveniert wird; eine Verschiebung der Fälligkeit ist möglich, und zwar ohne Zustimmung der Gläubigernotenbank um drei Monate und mit Zustimmung der Gläubigernotenbank um weitere drei Monate. Sowohl die EZB als auch die in den WKM II einbezogenen nationalen Zentralbanken haben die Möglichkeit, die obligatorischen Interventionen und deren Finanzierung auszusetzen, wenn die hiermit verbundene Geldmengenexpansion das vorrangige Ziel der Preisniveaustabilität gefährdet. Die Teilnahme am WKM II ist nicht obligatorisch; eine Beteiligung wird aber erwartet[11].

---

8 Siehe dazu genauer JARCHOW, RÜHMANN, Monetäre Außenwirtschaft II, a.a.O., Abschnitt VIII. 2.

9 Ein Verfahren zur Überprüfung der Leitkurse kann von allen beteiligten Zentralbanken, also auch von der EZB, und von den Finanzministern sowie der EU-Kommission eingeleitet werden.

10 Zum Verfahren siehe genauer: EUROPÄISCHES WÄHRUNGSINSTITUT, Die einheitliche Geldpolitik in Stufe 3. Festlegung des Handlungsrahmens, Januar 1997, S. 69.

11 Dänemark gehört dem WKM II auf eigenen Wunsch ab 1. Januar 1999 an, wobei für die dänische Krone (DKK) eine enge Bandbreite von ± 2¼ v.H. um den Leitkurs vereinbart worden ist. Estland und Litauen sind dem WKM II im Juni 2004 und Lettland im Mai 2005 beigetreten. Für die Währungen dieser drei Länder gilt die Standardbandbreite von ± 15 v.H. um die jeweiligen Leitkurse. Dabei wurde jedoch akzeptiert, dass Estland und Litauen von sich aus auf die Schwankungsmöglichkeiten verzichten und damit an den von ihnen praktizierten Currency Board-Regelungen festhalten (zu den Currency Board-Regelungen siehe JARCHOW, RÜHMANN, Monetäre Außenwirtschaft II, a.a.O., S. 238 f.). Die lettischen Währungsbehörden haben erklärt, den Wechselkurs ihrer Währung mit einer Schwankungsbreite von ± 1 v.H. um den Euro-Kurs schwanken zu lassen.

Wie im EWS können im WKM II neben den obligatorischen Interventionen am Devisenmarkt auch Interventionen innerhalb der Bandbreiten durchgeführt werden. Mit solchen *intramarginalen Interventionen*, die entweder einseitig oder durch koordinierte Aktionen zwischen der EZB und den „pre-in"-Zentralbanken vorgenommen werden, lässt sich u. U. verhindern, dass die Wechselkurse an die Grenzen der Bandbreite stoßen und dadurch Spekulationen über Leitkursänderungen auslösen.

Erstmals intervenierte die EZB, unterstützt von dem Federal Reserve System der USA und der Bank von Japan, im September 2000 auf dem Dollarmarkt, um der Abnahme des Euro-Außenwerts entgegenzuwirken. Danach intervenierte die EZB noch an drei Tagen Anfang November 2000 im Alleingang aus dem gleichen Grund. Sie neutralisierte den mit Dollarverkäufen einhergehenden Liquiditätsentzug dabei jeweils beim folgenden Hauptrefinanzierungsgeschäft[12]. Ende November begann sich der Euro dann gegenüber dem US-Dollar zusehends zu erholen. Diese Entwicklung dürfte jedoch nicht durch die Devisenmarktinterventionen ausgelöst worden sein, sondern damit zusammenhängen, dass sich damals die Anzeichen für eine Verschlechterung der konjunkturellen Aussichten in den USA verstärkten.

*cc) Unabhängigkeit.* – Theoretische Erwägungen und empirische Untersuchungen zur Antiinflationspolitik von Zentralbanken[13] lassen vermuten, dass die EZB ihr vorrangiges Ziel, die Preisniveaustabilität, nur realisieren kann, wenn sie unabhängig ist. Diesem Erfordernis trägt der Artikel 108 des EG-Vertrages (analog zu § 12 BBankG[14]) Rechnung. Danach

*„... darf weder die EZB noch eine nationale Zentralbank noch ein Mitglied ihrer Beschlussorgane Weisungen von Organen oder Einrichtungen der Gemeinschaft, Regierungen der Mitgliedstaaten oder anderen Stellen einholen oder entgegennehmen".*

Die hierdurch kodifizierte *institutionelle Unabhängigkeit* ist durch *personelle* und *funktionelle Unabhängigkeit* zu ergänzen. Auf Erstere wird im folgenden Unterabschnitt b) noch eingegangen; Letztere bedeutet, dass die EZB in die Lage versetzt wird, das Wachstum der Euro-Geldbasis und damit der Euro-Geldmenge bzw. den als Operationsziel dienenden Zinssatz im Sinne der Preisniveaustabilität zu kontrollieren. Die so verstandene funktionelle Unabhängigkeit könnte durch den Zwang, Budgetdefizite mit Zentralbankkrediten finanzieren oder auf dem Devisenmarkt intervenieren zu müssen, gefährdet werden. Art. 101 in Verbindung mit Art. 116 (3) des EG-Vertrags verbietet jedoch den Zentralbanken der EU-Mitgliedstaaten bereits seit dem am 1.1.1994 vollzogenen Übergang zur zweiten Stufe der EWWU, Kredite an öffentliche Stellen zu gewähren. Die für die Devisenmarktinterventionen maßgeblichen Wechselkursregelungen, für die der EU-Ministerrat zuständig ist, sollen zwar auch dem Ziel der Preisniveaustabilität

---

12 Zum Hauptrefinanzierungsgeschäft siehe Unterabschnitt IV. 3b).

13 Siehe hierzu Abschnitt I.1.

14 In § 12 BBankG heißt es (vor und nach der Neufassung), dass die Bundesbank „bei der Ausübung der Befugnisse, die ihr nach diesem Gesetz zustehen, von Weisungen der Bundesregierung unabhängig (ist)".

Rechnung tragen, sie schließen aber eine Beeinträchtigung der funktionellen Unabhängigkeit der EZB sowie einen Konflikt zwischen politischen Instanzen und EZB wegen bestehender Interpretationsspielräume nicht aus.

*dd) Transparenz.* – Von einer unabhängigen Institution, die wirtschaftspolitisch bedeutsame Beschlüsse fasst und innerhalb einer demokratischen Gesellschaftsordnung agiert, ist zu erwarten, dass sie ihre geldpolitischen Beschlüsse begründet und deren Ergebnisse rechtfertigt. Eine derartige Transparenz in der Geldpolitik fordert auch der EG-Vertrag vom ESZB. Das beinhaltet u. a. eine strengere Berichtspflicht. Das ESZB kommt dieser Verpflichtung z.B. dadurch nach, dass es wöchentlich eine konsolidierte Bilanz des Eurosystems veröffentlicht[15] und einen Monatsbericht sowie einen Jahresbericht herausgibt. Auch hat das Europäische Parlament die Möglichkeit, den Jahresbericht zum Gegenstand einer Plenardiskussion zu machen, wobei der Präsident der EZB und andere Mitglieder des Direktoriums auf Antrag des Parlaments oder auf eigene Initiative gehört werden können. Schließlich dient es auch der Transparenz der EZB-Politik, dass der Präsident des EU-Rats und ein Vertreter der Europäischen Kommission ohne Stimmrecht an den Sitzungen des EZB-Rats teilnehmen können. Transparenz in Verbindung mit Kommunikation fördert die Effizienz der EZB-Politik, indem sie dazu beiträgt, Inflationserwartungen auf einem Niveau zu verankern, das mit Preisniveaustabilität vereinbar ist.

### b) Organisation

*aa) Organisationsstruktur des Eurosystems.* – Aufbau und Zusammensetzung des Eurosystems ähneln der früheren Organisationsstruktur der Deutschen Bundesbank[16]. Wie schon erwähnt, besteht das Eurosystem aus der Europäischen Zentralbank (EZB) und den nationalen Zentralbanken (NZBen), die den Euro eingeführt haben. Anders als das Eurosystem und das ESZB besitzen die EZB und die NZBen Rechtspersönlichkeit im Sinne des Völkerrechts, d.h. beispielsweise, sie können völkerrechtlich verbindliche Verträge abschließen[17]. Die Beschlussorgane des Eurosystems sind der *EZB-Rat* und das *Direktorium*; sie leiten das Eurosystem. Der **EZB-Rat**, bestehend aus dem Direktorium mit dem Präsidenten, dem Vizepräsidenten und vier weiteren Mitgliedern sowie den Präsidenten der NZBen des Eurosystems, bestimmt die Geldpolitik im Euro-Währungsgebiet. Dazu gehört die Festlegung einer geldpolitischen Strategie und vor allem die Ent-

---

15 Die entsprechende Pressemitteilung der EZB wird von der Deutschen Bundesbank regelmäßig in ihren „Presseauszügen" abgedruckt.

16 Organe der Deutschen Bundesbank waren der Zentralbankrat, das Direktorium mit dem Präsidenten, dem Vizepräsidenten und (zunächst) bis zu sechs weiteren Mitgliedern sowie die Vorstände der Landeszentralbanken. Der Zentralbankrat bestand aus den Mitgliedern des Direktoriums und den Präsidenten der Landeszentralbanken. Zu den Organen der Deutschen Bundesbank siehe genauer Unterabschnitt II. 3c).

17 Sie können sich auch an der Arbeit internationaler Organisationen (wie dem Internationalen Währungsfonds, der Bank für Internationalen Zahlungsausgleich oder der OECD) beteiligen. Weitere Einzelheiten zur Rechtsstellung der EZB bzw. der NZBen siehe EUROPÄISCHE ZENTRALBANK, Monatsbericht Juli 1999, S. 60 f.

scheidung über den Einsatz geldpolitischer Aktionsparameter (wie die Änderung von Refinanzierungssätzen und die Bereitstellung von Zentralbankgeld). Das **Direktorium** als zentrales Exekutivorgan ist für die Umsetzung der geldpolitischen Entscheidungen des EZB-Rats und für die Führung der laufenden Geschäfte der EZB verantwortlich. Entsprechend dem *Subsidiaritätsprinzip* (also des grundsätzlichen Vorrangs der unteren vor der oberen Ebene) obliegt die Ausführung der geldpolitischen Beschlüsse im Grundsatz den NZBen als operative Organe, die hierzu die erforderlichen Weisungen vom Direktorium erhalten.

Die Organisationsstruktur des Eurosystems wird durch Abb. IV.1 noch einmal zusammengefasst und illustriert.

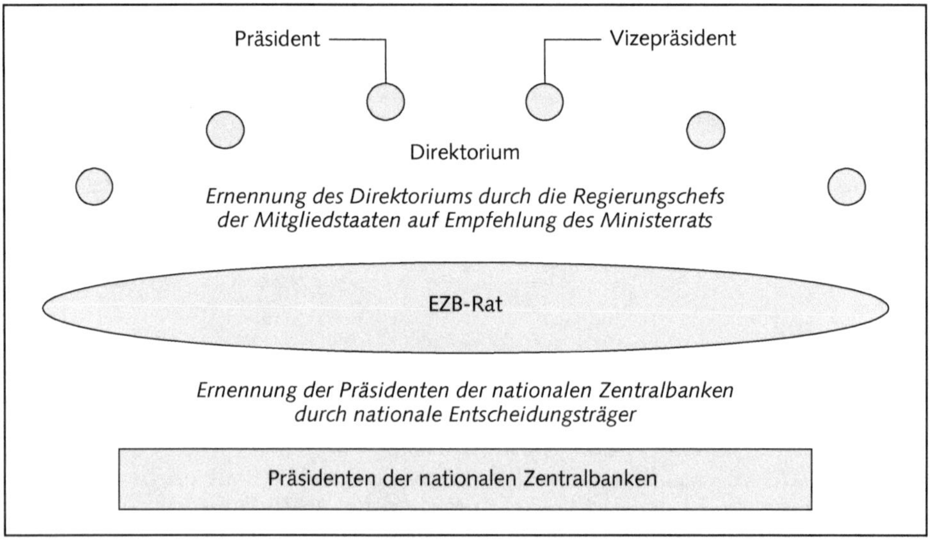


Abb. IV.1: *Die Organisationsstruktur des Eurosystems*

Der Präsident, der Vizepräsident und die weiteren Mitglieder des Direktoriums werden von den Regierungen der Mitgliedstaaten auf der Ebene der Staats- und Regierungschefs auf Empfehlung des Rates (auf Ministerebene), der hierzu das Europäische Parlament und den EZB-Rat anhört, einvernehmlich ausgewählt und ernannt. Ihre Amtszeit beträgt acht Jahre; eine Wiederernennung ist nicht möglich[18]. Die Präsidenten der nationalen Zentralbanken werden nach den für die NZBen relevanten innerstaatlichen Rechtsvorschriften für eine Amtszeit von mindestens fünf Jahren gewählt. So wird der Präsident der Deutschen Bundesbank nach § 7 (3) BBankG vom Bundespräsidenten auf Vorschlag der Bundesregierung bestellt, und zwar grundsätzlich für acht Jahre, ausnahmsweise auch für eine kürzere Zeit, mindestens aber für fünf Jahre. Aus der Bestellung der Mitglieder des EZB-Rats könnte sich trotz der in Artikel 108 des EG-Vertrages gesetzlich verankerten Unabhängigkeit die Möglichkeit einer gewissen politisch motivierten Beeinflussung der EZB über die Auswahl der Mitglieder ihrer Beschlussorgane erge-

[18] Siehe zu diesen Bestimmungen Artikel 112 (2) des EG-Vertrages.

ben. Zwar wird die personelle Unabhängigkeit im Direktorium der EZB dadurch gestärkt, dass die Amtszeit seiner Mitglieder acht Jahre beträgt[19]; die Amtszeit der Präsidenten der NZBen erscheint jedoch unter diesem Aspekt eher zu kurz, wenn sie nur der vorgesehenen Mindestamtszeit von fünf Jahren entspricht.

*bb) Abstimmungsregeln.* – aaa) Die Abstimmungsmodalitäten im EZB-Rat sind bisher wie folgt geregelt: Abgesehen von Abstimmungen in bestimmten finanziellen Angelegenheiten (wie z.B. bei der Zeichnung des Kapitals, der Übertragung von Währungsreserven und der Verteilung von Gewinnen bzw. Verlusten), bei denen eine Stimmengewichtung erfolgt, hat jedes (anwesende) Mitglied bei Abstimmungen im EZB-Rat eine gleichberechtigte Stimme („ein Mitglied, eine Stimme"). Dieses bedeutet konkret, dass z.B. die Stimmen der Zentralbankpräsidenten der Deutschen Bundesbank und der Banque de France das gleiche Gewicht haben wie die Stimmen der Zentralbankpräsidenten von Malta und Zypern. Hinter diesem „one person, one vote"-Prinzip steht die Erwartung, dass sich alle Mitglieder bei Abstimmungen nicht an den Interessen ihres Landes, sondern – davon unabhängig – ausschließlich an den Zielen und Aufgaben des ESZB orientieren.

Grundsätzlich beschließt der EZB-Rat (wie auch das Direktorium) mit einfacher Mehrheit, wobei im Falle der Stimmengleichheit die Stimme des Präsidenten den Ausschlag gibt. Das Abstimmungsverhalten der einzelnen Ratsmitglieder darf laut Satzung nicht veröffentlicht werden. Andernfalls bestünde die Gefahr, dass die Mitglieder des EZB-Rats durch politischen Druck (insbesondere von nationaler Seite) in ihrer Unabhängigkeit eingeschränkt werden. Derzeit treten der EZB-Rat i.d.R. zweimal im Monat und das Direktorium mindestens einmal wöchentlich zusammen. Dabei nimmt der EZB-Rat zinspolitische Entscheidungen (ebenso wie Einschätzungen seines geldpolitischen Kurses) in der Regel nur auf seiner ersten Sitzung im Monat vor.

bbb) Eine *Reform der Abstimmungsregeln*[20] im EZB-Rat zur Sicherung der Effizienz seiner Entscheidungsfindung erscheint unumgänglich, wenn die Zahl der EWWU-Mitglieder stärker ansteigt. Von einer derartigen Entwicklung ist auszugehen, weil die EU-Mitgliedstaaten, die bisher noch nicht der EWWU angehören, in Zukunft (nach entsprechender Qualifizierung) Teilnehmer am Eurosystem werden können. Die EZB hatte deshalb einen Vorschlag für die Anpassung der Abstimmungsregeln vorgelegt, der im Jahr 2003 vom Europäischen Rat beschlossen und inzwischen von den EU-Mitgliedern entsprechend den jeweiligen verfassungsrechtlichen Erfordernissen ratifiziert worden ist. Hierdurch wird Artikel 10.2 der Satzung des ESZB und der EZB verändert.

Die Satzungsänderung berücksichtigt in gewisser Weise die relative wirtschaftliche Größe der Volkswirtschaft und des Finanzsektors des jeweiligen Mitgliedstaats im Euro-Währungsgebiet und begrenzt die Zahl der von den nationa-

---

19 Zu beachten ist allerdings, dass bei der *erstmaligen Ernennung* der Mitglieder des Direktoriums der Vizepräsident nur für eine Dienstzeit von vier Jahren und die weiteren Mitglieder für eine gestaffelte Dienstzeit zwischen fünf und acht Jahren ernannt wurden.

20 Siehe hierzu Europäische Zentralbank, Monatsbericht Mai 2003, S. 79 ff., und Europäische Zentralbank, Die Europäische Zentralbank, Geschichte, Rolle und Aufgaben. 2., überarb. Aufl. von H. K. Scheller. Frankfurt a.M. 2006. S. 59 ff.

len Zentralbankpräsidenten im EZB-Rat ausgeübten Stimmrechte. Dabei behalten die sechs Mitglieder des Direktoriums ihr permanentes Stimmrecht, während die Stimmrechte der Präsidenten einem Rotationsverfahren unterworfen werden, wobei eine Gruppenbildung erfolgt.

Abstimmungsregeln mit diesen Elementen sind aus dem **Federal Open-Market Committee**, dem Entscheidungsgremium des *amerikanischen Zentralbanksystems* (Federal Reserve), bekannt. Diesem Gremium gehören neben den sieben Mitgliedern des *Federal Reserve Board* (das Gegenstück zum EZB-Direktorium) die Präsidenten der zwölf *regionalen (Distrikt-) Zentralbanken* an. Die zwölf Präsidenten der Distrikt-Zentralbanken verfügen über insgesamt fünf Stimmrechte, wovon eines ständig vom Präsidenten der Federal Reserve Bank of New York ausgeübt wird, während die restlichen vier auf vier *Gruppen* von Distrikten aufgeteilt werden. Innerhalb einer Gruppe *rotiert* jeweils das Stimmrecht unter den Präsidenten der Distrikt-Zentralbanken, die dieser Gruppe angehören. Mit den sieben Stimmen des Federal Reserve Board sind also insgesamt *zwölf* Stimmen im Federal Open-Market Committee vertreten, so dass der Federal Reserve Board – anders als das Direktorium im EZB-Rat – stimmenmäßig das Übergewicht hat.

Die Gruppenbildung ordnet die Teilnehmer am Eurosystem nach einem zusammengesetzten Indikator, der aus zwei Komponenten besteht. Die erste ist der Anteil eines Mitgliedstaats am aggregierten Bruttoinlandsprodukt zu Marktpreisen der Mitgliedstaaten als Maß für die relative Größe der Volkswirtschaft (mit einem Gewicht von 5/6) und die zweite der Anteil eines Mitgliedstaats an der gesamten aggregierten Bilanz der Monetären Finanzinstitute der Mitgliedstaaten als Maß für die relative Größe des Finanzsektors (mit einem Gewicht von 1/6). Innerhalb einer Gruppe rotieren die Stimmrechte der Zentralbankpräsidenten, und zwar um so häufiger, je geringer das Gewicht der Länder der betreffenden Gruppe ist. Insofern wird das Prinzip *„one man, one vote"* zu Gunsten der Berücksichtigung der Wirtschaftskraft eines Mitglieds modifiziert. Es gilt aber nach wie vor für alle stimmberechtigten Mitglieder.

Im Einzelnen beinhaltet die Reform der Abstimmungsregeln Folgendes:

- Sobald dem Eurosystem mehr als 15 und bis zu 21 Präsidenten der nationalen Zentralbanken angehören, werden *zwei* Gruppen gebildet. Die erste Gruppe besteht aus den Zentralbankpräsidenten der *fünf* wirtschaftlich stärksten Mitglieder. Die fünf Zentralbankpräsidenten haben insgesamt vier Stimmen. Die zweite Gruppe umfasst alle anderen Zentralbankpräsidenten. Sie verfügen gemeinsam über *elf* Stimmen.
- Sobald dem Eurosystem mehr als 21 Präsidenten der nationalen Zentralbanken angehören, werden *drei* nach der Wirtschaftskraft geordnete Gruppen gebildet. Wie zuvor gehören der ersten Gruppe die Zentralbankpräsidenten der fünf wirtschaftlich stärksten Mitglieder an; auf sie entfallen wieder insgesamt *vier* Stimmen. Die zweite Gruppe umfasst zahlenmäßig die Hälfte aller Zentralbankpräsidenten (ggf. auf die nächste glatte Zahl aufgerundet); sie repräsentieren die Teilnehmer, die – gemessen an der ihrer Wirtschaftskraft – die Plätze hinter

den Ländern der ersten Gruppe einnehmen. Die zweite Gruppe verfügt über insgesamt *acht* Stimmen. Die dritte Gruppe besteht aus allen anderen Zentralbankpräsidenten. Auf sie entfallen insgesamt *drei* Stimmen.

Außerdem sieht der veränderte Artikel 10.2 der Satzung des ESZB vor, dass der EZB-Rat mit einer Mehrheit von zwei Dritteln seiner stimmberechtigten und nicht stimmberechtigten Mitglieder beschließen kann, die Rotationsregelung so lange zu verschieben, bis die Anzahl der Präsidenten der nationalen Zentralbanken 18 übersteigt. Ein entsprechender Beschluss wurde vom EZB-Rat Ende 2008 verabschiedet. Gleichzeitig wurde vom EZB-Rat beschlossen, dass die Stimmrechte unter den NZB-Präsidenten zu Beginn eines Monats rotieren, und zwar für die Dauer eines Monats. So wird der jeweilige Zeitraum, in dem ein Zentralbankpräsident kein Stimmrecht hat, kurz gehalten und damit zur Stabilität in der Zusammensetzung der stimmberechtigten Mitglieder des EZB-Rats beigetragen[21].

Die vorgesehene Reform der Abstimmungsregeln begrenzt die Zahl der stimmberechtigten Mitglieder im EZB-Rat auf *21* bzw. 24 Stimmen (6 Stimmen der Direktoriumsmitglieder und 15 Stimmen bzw. 18 Stimmen aus dem Kreis der nationalen Zentralbankpräsidenten). Dennoch ist nicht auszuschließen, dass sich die Sitzungen des EZB-Rats in Zukunft als recht zeitaufwendig herausstellen, da neben den sechs Mitgliedern des Direktoriums sämtliche nationale Zentralbankpräsidenten (bis zu 27) an den Sitzungen des EZB-Rats teilnehmen und sich aktiv an den Beratungen beteiligen können.

*bb) Der Erweiterte Rat der EZB.* – Solange noch nicht alle EU-Mitglieder an der Währungsunion teilnehmen, wird als drittes Beschlussorgan der EZB ein **Erweiterter Rat** eingerichtet. Ihm gehören der Präsident und Vizepräsident der EZB an sowie die Präsidenten der Zentralbanken *aller* EU-Mitglieder, also einschließlich jener, die an der Währungsunion noch nicht teilnehmen und die als *„Mitgliedstaaten, für die eine Ausnahmeregelung gilt“*, bezeichnet werden[22]. In seiner Funktion als Bindeglied zwischen diesen Ländern und der EZB übernimmt er teilweise ähnliche Aufgaben wie das Europäische Währungsinstitut (EWI) bis zu seiner Liquidation bei Errichtung der EZB Anfang Mai 1998: Zum einen sorgt der Erweiterte Rat für eine geldpolitische Koordinierung zwischen der EZB und den EU-Mitgliedern mit Ausnahmeregelung, zum anderen überwacht er die Wechselkursregelungen zwischen ihren Währungen, also den WKM II, und verwaltet den Interventionsmechanismus und die hierfür vorgesehenen Finanzierungsfazilitäten. Er hat aber keine geldpolitischen Befugnisse innerhalb des ESZB; dafür behalten die Länder mit Ausnahmeregelung die Zuständigkeit für ihre Geldpolitik.

---

21 Siehe Europäische Zentralbank, Jahresbericht 2008, S. 218. – Zu weiteren Details der Durchführung der Rotation siehe Europäische Zentralbank, Monatsbericht Juli 2009, S. 103 ff.

22 Die weiteren Mitglieder des EZB-Direktoriums können an den Sitzungen des Erweiterten Rates teilnehmen, aber ohne Stimmrecht.

## Zusammenfassung

1. Das vorrangige Ziel des Europäischen Systems der Zentralbanken (ESZB) ist es, Preisstabilität zu gewährleisten. Seine Aufgaben bestehen u. a. darin, die einheitliche Geldpolitik festzulegen und auszuführen sowie auf dem Devisenmarkt zur Beeinflussung von Wechselkursentwicklungen gegenüber Drittlandswährungen oder im WKM II zu intervenieren.

2. Die EZB ist in ihren geldpolitischen Entscheidungen von Weisungen (z. B. seitens der Regierungen von Mitgliedstaaten oder Einrichtungen der Gemeinschaft) unabhängig. Die Unabhängigkeit wird unter funktionalem Aspekt durch das Verbot von Zentralbankkrediten an öffentliche Stellen unterstützt.

3. Das ESZB setzt sich aus der Europäischen Zentralbank (EZB) als zentraler Institution und den nationalen Zentralbanken (NZBen) der EU-Mitgliedstaaten zusammen. Jener Teil des ESZB, der nur die Mitglieder des Euroraums umfasst, bildet das Eurosystem. Der EZB-Rat, bestehend aus dem Präsidenten, dem Vizepräsidenten und den vier weiteren Mitgliedern des Direktoriums sowie den Präsidenten der NZBen des Euroraums, ist das zentrale Entscheidungsorgan für die einheitliche Geldpolitik, das Direktorium das zentrale Exekutivorgan. Zur Ausführung der Geldpolitik erteilt das Direktorium den NZBen die hierfür erforderlichen Weisungen.

4. Der Erweiterte Rat der EZB besteht aus dem Präsidenten und Vizepräsidenten der EZB sowie aus den Präsidenten der nationalen Zentralbanken aller EU-Mitglieder, d. h. einschließlich jener, die an der Währungsunion noch nicht teilnehmen (Mitglieder mit Ausnahmeregelung). Er sorgt für eine koordinierte Geldpolitik zwischen den Mitgliedern mit Ausnahmeregelung und der EZB und ist für die Überwachung und Verwaltung des WKM II zuständig.

## 2. Die geldpolitische Strategie der EZB

Bei der geldpolitischen Strategie der EZB wurden nach Abschluss einer gründlichen Überprüfung im Mai 2003 gewisse Veränderungen vorgenommen. Von den Strategieveränderungen (von der EZB als „Klarstellung" bezeichnet) wurden ihre Hauptelemente tangiert.

### a) Hauptelemente und Charakteristika.

Die geldpolitische Strategie des Eurosystems[23] setzt sich aus *drei* Hauptelementen zusammen. Das *erste* Hauptelement ist eine **Preisstabilisierungsnorm**. Sie bedeutet eine quantitative Präzisierung des im EG-Vertrag als vorrangig festgelegten Ziels der Geldpolitik, der Gewährleistung der Preisniveaustabilität, und wurde im Zuge der Strategieveränderungen modifiziert. Sie beinhaltet in ihrer modifizierten Form als *erste* Neuerung konkret Folgendes:

- Preisniveaustabilität wird quantitativ definiert als Steigerungsrate des Harmonisierten Verbraucherpreis-Index (HVPI) für das Euro-Währungsgebiet von **nahe, aber unter 2 v.H.** gegenüber dem Vorjahr[24]. Preisniveaustabilität soll, in dieser Weise präzisiert, auf mittlere Sicht gewährleistet werden.

Mit der Rate von *nahe*, aber unter 2 v.H. will die EZB einen ausreichenden Sicherheitsabstand gegenüber Deflationsrisiken schaffen. Deflationsrisiken resultieren nicht zuletzt daraus, dass die Zentralbank den nominalen Zinssatz nicht unter ein Niveau von null senken kann[25], wenn sie deflationären Entwicklungen entgegenwirken möchte. Eine positive Inflationsrate macht es aber möglich, den letztlich für die gesamtwirtschaftliche Nachfrage relevanten realen Zinssatz unter null zu drücken. Außerdem berücksichtigt diese Rate mögliche Messfehler bei der Ermittlung des HVPI sowie die Erfahrung, dass die durchschnittliche Preissteigerungsrate im Euro-Währungsgebiet mit beträchtlichen Inflationsdivergenzen zwischen den Mitgliedstaaten einhergehen kann.

Da sich geldpolitische Impulse erst mit zeitlichen Verzögerungen auf das Preisniveau auswirken, muss die EZB ihre Geldpolitik vorausschauend betreiben. Hierzu benötigt sie Informationen, die mögliche Risiken für die zukünftige Preisniveaustabilität signalisieren. Die Informationsbeschaffung und ihre Auswertung erfolgt im Rahmen eines sog. **Zwei-Säulen-Ansatzes**. Die beiden sich ergänzenden Säulen, die das zweite und dritte Hauptelement der geldpolitischen Strategie der EZB bilden, wurden im Zuge der Strategieveränderungen in ihrer Anordnung umgestellt: Mit dieser *zweiten* Neuerung wurde die frühere zweite Säule zur ersten und umgekehrt.

---

[23] Zur geldpolitischen Strategie der EZB vor den Strategieveränderungen siehe Europäische Zentralbank, Monatsbericht Januar 1999, S. 43 ff., und November 2000, S. 41 ff., sowie Europäische Zentralbank, Die Geldpolitik der EZB. Frankfurt a. M. 2001. S. 41 ff.

[24] Vor der Modifikation wurde die Preisniveaustabilität als Anstieg des HVPI „von unter 2 v.H." gegenüber dem Vorjahr definiert.

[25] Bei negativer Nominalverzinsung würde das Publikum nur Bargeld halten, um negative Nominalzinsen bei Finanzanlagen zu vermeiden.

Die (nunmehr) **erste Säule** soll *kurz- bis mittelfristige* Inflationsrisiken im Rahmen einer sog. *wirtschaftlichen Analyse* aufdecken und berücksichtigt dabei eine breite Palette realwirtschaftlicher, finanzieller und weiterer Faktoren, die die Entwicklung der gesamtwirtschaftlichen Nachfrage- und Angebotskonstellation und damit die Preisentwicklung beeinflussen. Hinsichtlich der *Nachfrageseite* spielen erwartete Veränderungen der gesamtwirtschaftlichen Nachfragekomponenten Konsum, Investition und Außenbeitrag eine Rolle. Dadurch erlangen deren Bestimmungsgrößen wie Realeinkommen, Zinssatz, Preise von Vermögenswerten wie Aktienkurse, realer Wechselkurs und Auslandseinkommen als *Frühindikatoren* der zukünftigen Preisentwicklung Bedeutung. Frühindikatoren, die mit der Entwicklung der *Angebotsseite* verbunden sind, stellen insbesondere Veränderungen der Arbeitskosten dar, bedingt durch Veränderungen der Geldlohnsätze und der Arbeitsproduktivität, sowie Preisänderungen bei importierten Vorleistungen, bedingt durch Veränderungen der Importpreise in Auslandswährung, vor allem der Rohstoffpreise (wie insbesondere des Ölpreises), und des nominalen Wechselkurses. Als Frühindikatoren der zukünftigen Preisentwicklung spielen innerhalb der ersten Säule außerdem eine Rolle: die Kapazitätsauslastung, die Zinsstruktur sowie aus Verbraucher- und Branchenumfragen ermittelte Angaben über die in naher Zukunft erwarteten Verbraucher- und Erzeugerpreisänderungen. Schließlich werden bei der Beurteilung der zukünftigen Preisentwicklung und der Risiken für die zukünftige Preisniveaustabilität im Rahmen der ersten Säule – neben Einschätzungen von Wirtschaftsexperten – auch modellgestützte ökonometrische Inflationsprognosen bzw. -projektionen einbezogen. Seit Ende 2000 veröffentlicht die EZB zudem eigene Projektionen über die Zuwachsrate des Harmonisierten Verbraucherpreis-Index (HVPI), durch die sich verschiedene Indikatorgrößen in einer einzigen Größe bündeln lassen. Zusammengefasst beinhaltet die *erste Säule* Folgendes:

- Im Rahmen der ersten Säule wird eine umfassende Einschätzung der zukünftigen Preisentwicklung und möglicher Risken für die zukünftige Preisniveaustabilität auf kurz- bis mittelfristige Sicht anhand zahlreicher preisrelevanter Indikatorgrößen vorgenommen. Die EZB veröffentlicht seit Ende 2000 eigene Inflationsprojektionen.

Die von Experten des Eurosystems erstellten und vierteljährlich veröffentlichten *Inflationsprojektionen* sind Bestandteil makroökonomischer Projektionen. Sie beziehen sich auf die Wachstums- und Inflationsaussichten, wobei wegen der mit Unsicherheit belasteten Schätzungen Bandbreiten für die Variablen angegeben werden. Im Rahmen der Projektionen von September 2009 wird die erwartete Inflationsrate z.B. für 2009 zwischen 0,2 und 0,6 v.H. und für 2010 zwischen 0,8 und 1,6 v.H. liegen. Bei den Projektionen handelt es sich um *bedingte* Vorhersagen, da die Projektionen bezüglich bestimmter exogener Variablen von „konditionierenden Annahmen" ausgehen. Sie betreffen z.B. die Entwicklung des weltweiten Bruttoinlandsprodukts (als Bestimmungsfaktor der Exporte) und den Ölpreis. Insbesondere wird unterstellt, dass sich die durch geldpolitische Maßnahmen beeinflussbaren kurzfristigen Zinssätze entsprechend den Markterwartungen (gemessen durch Terminzinssätze) entwickeln und die bilateralen Euro-Wechselkurse konstant bleiben. Von der EZB wird ausdrücklich betont[26], dass die Projektionen des Eurosystems auf dem Fachwissen der Mitarbeiter beruhen und nicht die Auffassung des EZB-Rats wiedergeben. Dieser wird sämtliche Informationen, die für die Beurteilung der Risiken für die zukünftige Preisniveaustabilität wichtig sind und die bei der Analyse im Rahmen des Zwei-Säulen-Ansatzes anfallen, in den geldpolitischen Entscheidungsprozess einbeziehen.

Die (nunmehr) **zweite Säule** trägt der Erkenntnis Rechnung, dass auf *mittlere bis lange Sicht* ein signifikanter Zusammenhang zwischen Geldmengenentwicklung und Inflation besteht. Konkret beinhaltet die *zweite Säule* Folgendes:

- Im Rahmen der zweiten Säule wird eine *monetäre Analyse* vorgenommen, die mittel- bis langfristige Inflationsrisiken aufdecken soll und somit die erste Säule ergänzt. Der Geldmenge wird dabei insofern eine hervorgehobene Rolle zuerkannt, als die EZB zur Bewertung der monetären Entwicklung einen Referenzwert für die Wachstumsrate des Geldmengenaggregats M3 festlegt und ankündigt.

In die monetäre Analyse werden neben der Entwicklung der *Geldmenge M3* auch Veränderungen ihrer *Komponenten* und bilanziellen *Gegenposten* einbezogen. Bei den Komponenten handelt es sich um die Geldmenge M1, befristete Einlagen, die zur Geldmenge M2 gehören, sowie bestimmte marktfähige Finanzinstrumente wie Geldmarktfondsanteile. Die wichtigsten Gegenposten zu M3 sind Kredite und längerfristige (nicht zu M3 gehörende) Verbindlichkeiten der Monetären Finanzinstitute wie Einlagen mit einer vereinbarten Laufzeit von mehr als zwei Jahren. Außerdem werden Indikatoren berücksichtigt, die über die *Liquiditätsausstattung* im Euro-Währungsgebiet informieren wie die nominale und reale Geldlücke im Sinne der EZB[27].

Im Verhältnis zueinander dient die monetäre Analyse im Rahmen der zweiten Säule dazu, die Ergebnisse aus der kurz- bis mittelfristigen wirtschaftlichen Analyse der ersten Säule bezüglich der Inflationsrisiken aus mittel- bis langfristiger Sicht „gegenzuprüfen". Mit diesem „cross-checking" will man unter Beachtung unterschiedlicher zeitlicher Perspektiven zu einer angemessenen Gesamtbeurteilung der Inflationsrisiken gelangen.

Mit ihrem „diversifizierten Ansatz" will die EZB dem Umstand Rechnung tragen, dass Geldpolitik in einem durch beträchtliche Unsicherheiten geprägten Umfeld betrieben wird. Diese betreffen u. a. den Transmissionsmechanismus monetärer Impulse, die Zuverlässigkeit in der Messung und Interpretation der verfügbaren

---

26 Siehe EUROPÄISCHE ZENTRALBANK, Monatsbericht November 2000, S. 48.

27 Die **nominale Geldlücke** im Sinne der EZB ist die Differenz zwischen dem tatsächlichen M3-Bestand und dem M3-Bestand, der sich ergeben hätte, wenn M3 seit Dezember 1998 mit seinem Referenzwert gewachsen wäre. Die **reale Geldlücke** im Sinne der EZB, ist die Differenz zwischen dem tatsächlichen M3-Bestand, deflationiert mit dem tatsächlichen HVPI, und dem M3-Bestand, der sich ergeben hätte, wenn M3 entsprechend seinem Referenzwert und der HVPI-Deflator entsprechend der Preisstabilisierungsnorm gewachsen wäre, und zwar seit Dezember 1998. Weist die nominale bzw. reale Geldlücke eine positive Differenz aus, dann deutet dieses auf *Überschussliquidität* hin, die Inflationsrisiken signalisieren könnte. – Zu beachten ist, dass sich die reale Geldlücke im Sinne der EZB von dem im Zusammenhang mit der Preislücke in Kapitel I behandelten Konzept der realen Geldlücke unterscheidet.

Konjunktur- und Finanzmarktindikatoren und die konditionierenden Annahmen bei Inflationsprojektionen, z.B. über Entwicklungen der Rohstoffpreise und der Weltkonjunktur. Von ihrem auf einer umfassenden Informationsverwertung beruhenden Ansatz verspricht sich die EZB in Anbetracht der beträchtlichen Unsicherheiten bei der Einschätzung der zukünftigen Preisentwicklung eine Verminderung des Risikos von Fehlbeurteilungen und damit eine „robustere" Strategie als bei ausschließlicher Orientierung an einer der beiden Säulen. Der diversifizierte Ansatz, der nicht auf einer einheitlichen, geschlossenen Theorie basiert und insbesondere im Rahmen der ersten Säule sehr unterschiedliche Informationen über die Inflationsperspektiven sowie eine unverbindliche eigene Inflationsprojektion berücksichtigt, beeinträchtigt aber die Transparenz des geldpolitischen Entscheidungsprozesses im EZB-Rat. Zum einen ist zu bedenken, dass von einer veröffentlichten Inflationsprognose im Fall von Abweichungen zwischen der prognostizierten Inflationsrate und dem angekündigten Stabilitätsziel nur dann ein Zwang zur Rechtfertigung der EZB-Politik und damit ein disziplinierender Effekt auf den EZB-Rat ausgeht, wenn dieser der Inflationsprojektion im Rahmen der ersten Säule auch einen besonderen Stellenwert zuerkennt. Zum anderen bietet der diversifizierte Ansatz der EZB einen erheblichen Interpretations- und Ermessensspielraum. Probleme bei der Vermittlung geldpolitischer Entscheidungen ergeben sich hieraus insbesondere dann, wenn von beiden Säulen oder von den einzelnen Indikatoren der beiden Säulen unterschiedliche Signale bezüglich der Risiken für die zukünftige Preisniveaustabilität ausgehen und das Publikum nicht weiß, wie die EZB die unterschiedlichen Inflationssignale bei ihrer Abwägung im geldpolitischen Entscheidungsprozess gewichtet. Möglicherweise erschwert der Versuch, die geldpolitische Strategie durch einen Zwei-Säulen-Ansatz und die Verwendung einer Vielzahl von Frühindikatoren gegenüber den oben erwähnten Unsicherheiten robuster zu machen, die Bemühungen, den geldpolitischen Entscheidungsprozess transparent, konsistent und nachvollziehbar zu gestalten.

### b) Beschlüsse zum Geldmengenwachstum

Erstmals beschloss der EZB-Rat am 1. Dezember 1998 einen Referenzwert für das Wachstum eines breiten Geldmengenaggregats. Es handelt sich dabei um das Geldmengenaggregat M3 in der Abgrenzung der EZB. Es ist etwas umfassender als das früher von der Deutschen Bundesbank für das Geldmengenziel verwendete Geldmengenkonzept M3.

Das Geldmengenkonzept M3 im Sinne der EZB umfasst den Bargeldumlauf zuzüglich bestimmter Verbindlichkeiten der im Euro-Währungsraum niedergelassenen Kreditinstitute gegenüber Gebietsansässigen des Euro-Währungsraums (ohne Zentralstaat). Bei diesen Verbindlichkeiten handelt es sich um täglich fällige Einlagen, Einlagen mit vereinbarter Laufzeit bis zu zwei Jahren, Einlagen mit vereinbarter Kündigungsfrist bis zu drei Monaten, Verbindlichkeiten aus Wertpapierpensionsgeschäften (Verkäufe von Wertpapieren unter Rückkaufsvereinbarung, auch „Repos" genannt[28]) sowie um Schuldverschreibungen mit einer Laufzeit bis zu zwei Jahren (einschl. Geldmarktpapiere) und Geldmarktfondsanteile (jeweils

28 Siehe zu den Repos auch den Unterabschnitt III. 3a) dd).

netto[29]), wobei die Schuldverschreibungen (einschl. Geldmarktpapiere) und Geldmarktfondsanteile um die von Gebietsfremden gehaltenen Schuldverschreibungen (einschließlich Geldmarktpapiere) und Geldmarktfondsanteile bereinigt werden.

Für das Wachstum von M3 im Sinne der EZB wurde ein Referenzwert von 4,5 v.H. festgesetzt und angekündigt. Dieser Wert ergibt sich aus der *Quantitätsgleichung*[30] und basierte auf einem geschätzten trendmäßigen Potenzialwachstum des realen Inlandsprodukts im Euro-Währungsgebiet von 2 bis 2,5 v.H. pro Jahr, einem trendmäßigen (zu kompensierenden) Rückgang der Einkommensumlaufgeschwindigkeit des breiten Geldmengenaggregats von 0,5 bis 1 v.H. pro Jahr und einer im Sinne von Preisniveaustabilität angestrebten jährlichen Inflationsrate von unter 2 v.H. Sowohl im Dezember 1999 als auch im Dezember 2000, Dezember 2001 und Dezember 2002 bestätigte der EZB-Rat jeweils für das Folgejahr den Referenzwert von 4,5 v.H. Ihm lagen dabei die gleichen Annahmen bezüglich der relevanten Bemessungsdaten zu Grunde wie beim erstmaligen Beschluss. Die Beurteilung der Geldmengenentwicklung erfolgt anhand eines gleitenden Dreimonatsdurchschnitts aus monatlichen Wachstumsraten des breiten Geldmengenaggregats, jeweils berechnet als prozentualer Anstieg von einem Monat des Vorjahrs bis zum gleichen Monat des laufenden Jahres. Anders als bei der früheren Geldmengenstrategie der Deutschen Bundesbank wird die Geldmengenwachstumsrate ohne Bandbreite angekündigt. Damit soll der Eindruck vermieden werden, dass die EZB zwangsläufig ihre Refinanzierungssätze ändern wird, wenn sich die Geldmengenwachstumsrate aus dem Korridor herausbewegt.

Im Zuge der Strategieveränderungen hat der EZB-Rat als *dritte* Neuerung beschlossen, den Referenzwert *nicht mehr jährlich* zu überprüfen und festzulegen, sondern ihn nur noch bei Bedarf (wie bei anhaltenden Änderungen des trendmäßigen Potenzialwachstums und der trendmäßigen Einkommenskreislaufgeschwindigkeit des Geldes) anzupassen. Damit will er die längerfristige Sichtweise der zweiten Säule unterstreichen. Vor dem Hintergrund der Tatsache, dass die Wachstumsrate von M3 in den vergangenen Jahren deutlich über dem Referenzwert lag, und zusammen mit der vorgenommenen Umstellung der beiden Säulen könnte diese Neuerung aber auch Anlass zu der Vermutung geben, dass die EZB dem Geldmengenwachstum im Rahmen ihrer geldpolitischen Strategie nicht mehr die gleiche *„herausragende Rolle“* zuerkennt wie vorher.

### c) Exkurs: EZB-Strategie und Vermögenspreise

Da den Zentralbanken bei der Liquiditätsversorgung der Wirtschaft eine entscheidende Rolle zukommt, beeinflussen sie mit ihrem geldpolitischen Kurs auch die Preisentwicklung auf Märkten für Vermögenswerte, insbesondere von Aktien und Immobilien. Wie Erfahrungen zeigen, stellen sich auf solchen Märkten nicht selten Entwicklungen ein, bei denen die Preise bzw. Kurse einen starken Anstieg verzeichnen, der nicht mehr mit fundamentalen Bestimmungsgrößen zu erklären ist.

---

29 Abzüglich der von Kreditinstituten im Euro-Währungsraum gehaltenen Bestände.
30 Siehe hierzu Unterabschnitt I. 3c) bb).

Derartige Preisblasen können sich in gesamtwirtschaftlicher Sicht sehr ungünstig auswirken. So führen stärkere Kurs- bzw. Preissteigerungen bei Aktien und Immobilien über eine Stimulierung der Nachfrage nach Konsum- und Investitonsgütern zu einem Preisauftrieb und dadurch u.U. zu inflationären Entwicklungen. Platzt dann die Preisblase im Zuge eines für Vermögensmärkte nicht untypischen *„Boom-Bust"-Zyklus*, dann kehren sich die gesamtwirtschaftlichen Wirkungszusammenhänge infolge von Preiseinbrüchen bei Aktien und Immobilien abrupt um, und es kommt durch Einschränkungen beim Konsum und der Investitionstätigkeit zu beträchtlichen gesamtwirtschaftlichen Produktionsverlusten[31].

Den von einer „Boomphase" auf Vermögensmärkten ausgehenden Inflationsrisiken trägt die EZB mit ihrer Zwei-Säulen-Strategie in gewisser Weise dadurch Rechnung, dass sie im Rahmen ihrer wirtschaftlichen Analyse (erste Säule) Vermögenspreisänderungen in ihren Auswirkungen auf das Ausgabeverhalten und die Entwicklung der Verbraucherpreise bewertet und im Rahmen ihrer monetären Analyse (zweite Säule) versucht festzustellen, ob eine zu großzügige Liquiditätsversorgung und übermäßige Kreditvergabe zum Entstehen von Preisblasen beigetragen haben könnte.

Nicht zuletzt in Anbetracht der im Zuge der „Bustphase" erfolgenden Preiseinbrüche auf Vermögensmärkten und der daraus resultierenden gesamtwirtschaftlichen Produktionsverluste stellt sich die Frage, ob Zentralbanken darüber hinaus eine aktive Rolle hinsichtlich der Vermeidung von Preisblasen auf Vermögensmärkten übernehmen sollten. In diesem Zusammenhang werden insbesondere vier Möglichkeiten diskutiert[32]. Erstens wird vorgeschlagen, Vermögenspreise in den für die Preisstabilisierungsnorm relevanten Preisindex einzubeziehen. Als eine zweite Option wird erwogen, eine vermutete Preisblase „anzustechen", d.h. sie durch eine entschiedene Straffung der geldpolitischen Ausrichtung mit der Folge spürbarer Zinserhöhungen zum Platzen zu bringen. Eine weniger radikale dritte Variante besteht darin, bei einer vermuteten Entwicklung einer Blase frühzeitig gegenzusteuern, indem ein etwas strafferer geldpolitischer Kurs eingeschlagen wird, als es ansonsten angemessen erscheinen würde. Eine vierte Möglichkeit bietet schließlich eine vorausschauende Kommunikationsstrategie, mit der die Zentralbank den Märkten bei von ihr vermuteter Blasenbildung verdeutlicht, dass die Liquiditätsversorgung in Zukunft eher knapper ausfallen wird und deshalb mit einer Wende in der Preisentwicklung auf Vermögensmärkten zu rechnen ist.

Bei allen aufgezeigten Möglichkeiten erweist es sich für die Zentralbank als ein Problem, eindeutig festzustellen, ob ein beobachteter starker Anstieg von Vermögenspreisen fundamental gerechtfertigt ist oder eine Blasenbildung mit inflationären Folgen und späteren Preiseinbrüchen indiziert. Daneben bestehen insbesondere bezüglich der beiden ersten Optionen weitere Bedenken, auf die hier aber nicht weiter eingegangen werden soll[33]. Gangbar erscheint deshalb am ehesten der Weg über die beiden zuletzt angeführten Optionen.

---

[31] Siehe hierzu auch auch Europäische Zentralbank, Monatsbericht April 2005, S. 62 ff.

[32] Zu den ersten drei Möglichkeiten siehe auch Europäische Zentralbank, Monatsbericht April 2005, S. 64 ff.

[33] Näheres hierzu siehe auch Europäische Zentralbank, Monatsbericht April 2005, S. 64 ff.

## Zusammenfassung

Die geldpolitische Strategie des Eurosystems besteht aus drei Hauptelementen:

- Das vorrangige Ziel der Preisniveaustabilität wird definiert als Steigerungsrate des Harmonisierten Verbraucherpreis-Index (HVPI) für das Euro-Währungsgebiet von nahe, aber unter 2. v. H. gegenüber dem Vorjahr.
- Um die kurz- bis mittelfristigen Inflationsrisiken im Rahmen einer wirtschaftlichen Analyse aufzudecken, wird eine umfassende Einschätzung der zukünftigen Preisentwicklung und möglicher Risiken für die zukünftige Preisniveaustabilität anhand zahlreicher anderer Indikatorgrößen und Inflationsprognosen bzw. -projektionen vorgenommen (erste Säule der Strategie).
- Um die mittel- und langfristigen Inflationstrends unter dem Aspekt der Preisniveaustabilisierung zu bewerten, erfolgt eine monetäre Analyse, wobei der Geldmenge durch Ankündigung eines Referenzwerts für die Wachstumsrate des Geldmengenaggregats M3 eine hervorgehobene Rolle zuerkannt wird (zweite Säule der Strategie).

Das zweite und dritte Hauptelement bilden den sog. Zwei-Säulen-Ansatz.

## 3. Geldpolitisches Instrumentarium

### a) Überblick

Die *Rechtsgrundlagen* für das geldpolitische Instrumentarium finden sich in Artikel 18 bis 20 in Verbindung mit Artikel 2 des Protokolls über die Satzung des Europäischen Systems der Zentralbanken als Anlage zum EG-Vertrag[34]. Artikel 18 bis 20 bilden dabei einen Rahmen für geldpolitische Operationen, deren Auswahl und Ausgestaltung dem Eurosystem mit der EZB als Beschlussorgan obliegt. Nach Artikel 2 müssen die angewendeten Instrumente dem Grundsatz einer offenen Volkswirtschaft mit freiem Wettbewerb entsprechen, d.h. sie dürfen *nicht wettbewerbsverzerrend* wirken.

Unter den geldpolitischen Operationen des Eurosystems[35] spielen die *Offenmarktgeschäfte* eine dominierende Rolle. Sie erfolgen auf Initiative des Eurosystems und dienen der Steuerung der Zinssätze und der Zentralbankgeldversorgung (Liquidität) „am Markt", insbesondere am Geldmarkt[36]. Der Ansatzpunkt ist dabei vor allem der Tagesgeldsatz EONIA (euro overnight index average). Wie bereits in Kapitel III erwähnt, wird er als gewogener Durchschnitt der Interbankensätze für Übernachtkredite berechnet, die von derzeit 43 am Interbankenmarkt aktiven Banken gemeldet werden. Die Offenmarktgeschäfte werden im Folgenden in drei Kategorien unterteilt, und zwar in Hauptrefinanzierungsgeschäfte und längerfristige Refinanzierungsgeschäfte (Unterabschnitt b)), Feinsteuerungsoperationen (Unterabschnitt c)) und strukturelle Operationen (Unterabschnitt d)). Neben die im Mittelpunkt stehenden Offenmarktgeschäfte treten als flankierende Instrumente zwei *ständige Fazilitäten*, nämlich die Spitzenrefinanzierungsfazilität und die Einlagefazilität (Unterabschnitt e)). Erstere steht für den Fall einer als übermäßig angesehenen Liquiditätsanspannung, letztere für den Fall einer als übermäßig angesehenen Liquiditätsverflüssigung zur Verfügung. Mit den Offenmarktgeschäften, insbesondere mit den Hauptrefinanzierungsgeschäften, steuert das Eurosystem kurzfristige Geldmarktsätze wie den Tagesgeldsatz EONIA im Sinne eines kurzfristigen Operationsziels, und zwar innerhalb einer Bandbreite, die durch die ständigen Fazilitäten i.Allg. nach oben und unten begrenzt werden. Neben den traditionellen Instrumenten einer derartigen Zinssteuerungspolitik führte die EZB Mitte 2009 im Zuge der immer noch anhaltenden internationalen Finanzkrise ein neues geldpolitisches Instrument ein: outright-Ankäufe von Wertpapieren. Ihre Behandlung im Unterabschnitt f) bb) wird zum Anlass genommen, *vorweg* auf neuartige, „jenseits der traditionellen Zinssteuerung" einzuordnende geldpolitische Maßnahmen einzugehen, wie sie insbesondere von anderen wichtigen Zentralbanken als Reaktion auf die Verspannungen an Finanzmärkten eingesetzt wurden (Unterabschnitt f) aa)). Ergänzt werden die geldpolitischen Operationen der EZB schließlich noch durch ein *Mindestreservesystem* (Unterabschnitt g)).

---

[34] Siehe Vertrag von Amsterdam ..., a.a.O.

[35] Siehe hierzu Europäische Zentralbank, Durchführung der Geldpolitik im Euro-Währungsgebiet. Allgemeine Regelungen für die geldpolitischen Instrumente und Verfahren des Eurosystems. November 2008. S. 88 ff.

[36] Siehe hierzu Kapitel III.

### b) Hauptrefinanzierungsgeschäfte und längerfristige Refinanzierungsgeschäfte

*aa) Hauptrefinanzierungsgeschäfte.* – Wie schon aus der Bezeichnung hervorgeht, sind die Hauptrefinanzierungsgeschäfte das wichtigste Offenmarktgeschäft. Das **Hauptrefinanzierungsgeschäft** bilden regelmäßig *wöchentlich* stattfindende Liquidität zuführende Transaktionen mit einer Laufzeit von i.d.R. einer Woche. Diese Geschäfte werden – wie grundsätzlich alle geldpolitischen Operationen des Eurosystems – dezentral von den nationalen Zentralbanken durchgeführt. Die Liquiditätszuführung erfolgt im Tenderverfahren[37], d.h. durch Versteigerung von Zentralbankgeld, und zwar in Form eines **Standardtenders**. Charakteristisch hierfür ist, dass er allen als Geschäftspartner des Eurosystems fungierenden Kreditinstituten, die die allgemeinen Zulassungskriterien erfüllen[38], angeboten und innerhalb von höchstens 24 Stunden von der Tenderankündigung bis zur Bestätigung des Zuteilungsergebnisses abgewickelt wird.

Genauer beinhaltet der normale Zeitrahmen bei Standardtendern folgende Verfahrensschritte: Die Tenderankündigung mit den für die Gebotserstellung erforderlichen Angaben erfolgt am Tag T-1, dem Ankündigungstag (i.d.R. ein Montag). Die Tenderzuteilung wird am folgenden Tag T, dem Abschluss- bzw. Zuteilungstag, beschlossen und bekannt gegeben. Die Abrechnung mit der Gutschrift der zugeteilten Beträge wird schließlich am Tag T+1, dem Abwicklungs- bzw. Valutierungstag (i.d.R. ein Mittwoch), vorgenommen. Am Abwicklungstag erfolgt auch die Rückzahlung des vorangegangenen Hauptrefinanzierungsgeschäfts.

Die Durchführung kann als Mengen- oder als Zinstender erfolgen. Bei einem **Mengentender** wird der Zinssatz im Voraus von der Zentralbank festgelegt, und die teilnehmenden Geschäftspartner geben Gebote über den Geldbetrag ab, für den sie zum angekündigten Festzinssatz abschließen wollen. Übersteigt das gesamte Bietungsaufkommen bei einem Liquidität zuführenden Mengentender den von der Zentralbank vorgesehenen Betrag der Liquiditätsbereitstellung, dann erfolgt bei der Zuteilung von Zentralbankgeld eine Repartierung. Dabei werden die Gebote der Geschäftspartner mit einer Zuteilungsquote berücksichtigt, die durch das Verhältnis des vorgesehenen Zuteilungsbetrages zum gesamten Bietungsaufkommen bestimmt wird. Die Abwicklung wird durch das Beispiel 1 veranschaulicht[39].

---

37 Deshalb werden die Hauptrefinanzierungsgeschäfte auch als *wöchentliche Tender* bezeichnet.

38 Vgl. dazu EUROPÄISCHE ZENTRALBANK. Durchführung der Geldpolitik ..., a.a.O., S. 12 ff.

39 Siehe zu den im Folgenden verwendeten Beispielen auch ebenda, S. 71 ff.

Beispiel 1: *Liquidität zuführender Mengentender*

Gebote der Geschäftspartner des Eurosystems in Mio. EUR:

| **Geschäftspartner** | **Gebot** |
|---|---|
| Bank A | 30 |
| Bank B | 50 |
| Bank C | 70 |
| **Insgesamt** | 150 |

Von der EZB festgelegter Zuteilungsbetrag in Mio. EUR: 75
Zuteilungsquote: $(75/150) \cdot 100 =$ 50 v.H.
Zuteilungen an die Geschäftspartner in Mio. EUR:

| **Geschäftspartner** | **Gebot** | **Zuteilung** |
|---|---|---|
| Bank A | 30 | 15 |
| Bank B | 50 | 25 |
| Bank C | 70 | 35 |
| **Insgesamt** | 150 | 75 |

Bei einem **Zinstender** geben die teilnehmenden Geschäftspartner Gebote über die Beträge und Zinssätze ab, zu denen sie mit der Zentralbank Geschäfte abschließen wollen.

Bei einem Liquidität bereitstellenden Zinstender beginnt die Zentralbank mit der Zuteilung von Zentralbankgeld bei dem Gebot mit dem höchsten Zinssatz und akzeptiert in absteigender Reihenfolge der Zinsgebote so lange Offerten, bis der vorgesehene Betrag an Zentralbankgeld erreicht ist. Überschreitet das Gesamtvolumen der Gebote bei dem gerade noch akzeptierten Zinssatz, dem sog. **marginalen Zinssatz**, den vorgesehenen Zuteilungsbeitrag, dann werden die Gebote zum marginalen Zinssatz repartiert. Die Zuteilung erfolgt beim Zinstender entweder einheitlich zum marginalen Zinssatz (*„holländisches"* Zuteilungsverfahren) oder zu den jeweiligen individuellen Bietungssätzen (*„amerikanisches"* Verfahren). Die Abwicklung eines Zinstenders wird mit beiden Varianten durch das Beispiel 2 veranschaulicht.

Beispiel 2: *Liquidität zuführender Zinstender*

Gebote der Geschäftspartner des Eurosystems in Mio. EUR:

| **Zinssatz (v.H.)** | **Bank A** | **Bank B** | **Bank C** | **Gebote/ Zinssatz** | **Gebote kumulativ** |
|---|---|---|---|---|---|
| 4,0 | 0 | 10 | 5 | 15 | 15 |
| 3,8 | 5 | 15 | 10 | 30 | 45 |
| 3,6 | 10 | 20 | 20 | 50 | 95 |
| *3,4* | *10* | *10* | *20* | *40* | *135* |
| 3,2 | 0 | 10 | 5 | 15 | 150 |
| **Insgesamt** | 25 | 65 | 60 | 150 | |

Von der EZB festgelegter Zuteilungsbetrag in Mio. EUR: 115
Marginaler Zinssatz: 3,4 v.H.
Repartierungsquote beim marginalen Zinssatz:
[(115 - 95)/40] · 100 = 50 v.H.
(Repartierte Beträge für: A: 5; für B: 5; für C: 10).

Zuteilungen an die Geschäftspartner in Mio. EUR:

| **Geschäftspartner** | **Bank A** | **Bank B** | **Bank C** | **Insgesamt** |
|---|---|---|---|---|
| **Gebote insgesamt** | 25 | 65 | 60 | 150 |
| **Zuteilung insgesamt** | 20 | 50 | 45 | 115 |

Bei Zuteilung nach dem holländischen Verfahren beträgt der Zinssatz für die den Geschäftspartnern zugeteilten Beträge einheitlich 3,4 v.H.
Bei Zuteilung nach dem amerikanischen Verfahren erhält beispielsweise Bank A 5 Mio. EUR zum Zinssatz 3,8 v.H., 10 Mio. EUR zum Zinssatz 3,6 v.H. und 5 Mio. EUR zum Zinssatz 3,4 v.H.

Da das Bietungsaufkommen beim Liquidität zuführenden Mengentender i.Allg. den von der Zentralbank vorgesehenen Betrag der Liquiditätsbereitstellung (beträchtlich) überschreitet, kann die Zentralbank bei Anwendung dieses Instruments wegen der Rationierung der zugeteilten Zentralbankgeldmenge sowohl die zusätzliche Zentralbankgeldmenge als auch den Refinanzierungssatz autonom fixieren. Beim marktkonformeren Zinstender ist das nicht möglich. Dort bestimmt der vorgesehene Zuteilungsbetrag bei gegebenem Bietungsverhalten der Geschäftspartner zwangsläufig den marginalen Zinssatz, d.h. Zuteilungsbetrag und marginaler Zinssatz sind nicht unabhängig voneinander.

Zunächst wurden Hauptrefinanzierungsgeschäfte vom Eurosystem nur als Mengentender durchgeführt. Da hierbei der Hauptrefinanzierungssatz als Festzinssatz vorgegeben wird, signalisiert die EZB hiermit den Marktteilnehmern ihren zinspolitischen Kurs. Es zeigte sich dann aber, dass die sich aus der Repartierung ergebende Zuteilungsquote infolge massiver Überbietungen auf einen sehr niedrigen Prozentsatz sank (bis unter 1 v.H.) und vor allem kleinere Banken deshalb bei der Zuteilung zu kurz kamen. Um die Geschäftspartner zu einem vorsichtigeren Bietungsverhalten zu veranlassen, beschloss die EZB, beginnend mit der am 28. Juni 2000 abgewickelten Operation, bei Hauptrefinanzierungsgeschäften zu einem Zinstender mit Zuteilung nach dem amerikanischen Zuteilungsverfahren überzuwechseln. Diese Form eines Tenders hat gegenüber einem Mengentender den Vorteil, dass sie das marktkonformere Versteigerungsverfahren darstellt, weil sich die Verteilung von Zentralbankgeld an der Höhe der von den Geschäftsbanken gebotenen Zinssätze orientiert. Der EZB-Rat behält sich aber das Recht vor, zu einem Mengentender bei Hauptrefinanzierungsgeschäften zurückzukehren, wenn er dieses für notwendig hält.

Der von der EZB bei Hauptrefinanzierungsgeschäften praktizierte Standardtender wird in seiner Ausgestaltung durch bestimmte Rahmendaten ergänzt. Diese bestehen darin, dass die EZB bei der Tenderankündigung für die Zinsgebote der Geschäftspartner einen Mindestbietungssatz vorgibt und regelmäßig Angaben zur geschätzten Liquiditätsposition und -versorgung des Geschäftsbankensystems während des Zeitraums bis zum Zuteilungstag des folgenden Hauptrefinanzierungsgeschäfts veröffentlicht. Der Mindestbietungssatz soll dabei als Leitzins die geldpolitische Signalfunktion übernehmen, die der Festzinssatz beim Mengentender erfüllt. Der Mindestbietungssatz signalisiert den geldpolitischen Kurs um so verlässlicher, je besser es der EZB gelingt, die von ihr akzeptierten Zinsgebote und damit auch die kurzfristigen Geldmarktsätze in der Nähe des Mindestbietungssatzes zu halten. Zu diesem Zweck erstellt die EZB im Rahmen ihrer **Liquiditätssteuerung** regelmäßig Prognosen bezüglich der Liquiditätsbedingungen im Geschäftsbankensystem (sog. Liquiditätsprognosen).

Im Rahmen ihrer Liquiditätsprognosen spielt insbesondere die Schätzung des künftigen Liquiditätsbedarfs eine Rolle. Maßgeblich hierfür sind: das tagesdurchschnittliche Mindestreserve-Soll und die tagesdurchschnittlichen Überschussreserven sowie die durch autonome Faktoren (wie den Bargeldumlauf, die Einlagen öffentlicher Haushalte beim Eurosystem oder die Nettoaktiva des Eurosystems) im Tagesdurchschnitt bewirkten Veränderungen der Liquiditätsposition der Geschäftsbanken[40]. Die Schätzung des künftigen Liquiditätsbedarfs wird zusammen mit anderen geschätzten Größen von der EZB dazu benutzt, eine sog. **Benchmark-Zuteilung** zu berechnen. Diese berücksichtigt u.a. auch das über längerfristige Refinanzierungsgeschäfte bereitgestellte Zentralbankgeld und dient der EZB als Grundlage für ihre Entscheidung über den tatsächlichen Zuteilungsbetrag bei Hauptrefinanzierungsgeschäften[41]. Der Zuteilungsbetrag liegt dabei grundsätzlich leicht über dem Benchmarkbetrag und soll eine problemlose Erfüllung der Mindestreserveverpflichtung bis zur Abwicklung des nächsten Hauptrefinanzierungsgeschäfts ermöglichen.

In besonderen Fällen wird der Zuteilungsbetrag aber auch *deutlich* über dem Benchmarkbetrag festgesetzt. Ein solcher Fall liegt vor, wenn die Geschäftsbanken bezüglich ihrer Liquiditätsentwicklung unsicher sind (wie bei den Finanz-

---

40 Siehe zu den autonomen Faktoren genauer den Unterabschnitt III. 4a).

41 Einzelheiten zur Benchmark-Zuteilung und ihrer Berechnung siehe EUROPÄISCHE ZENTRALBANK, Monatsbericht April 2004, S. 20 ff.

marktturbulenzen seit Mitte 2007) und deshalb vorsorglich schon relativ früh in der Mindestreserveerfüllungsperiode[42] Überschussreserven ansammeln. Um die kurzfristigen Geldmarktzinssätze trotz des hieraus resultierenden Zentralbankbedarfs bei den Geschäftsbanken in der Nähe des von der EZB festgelegten Festzinssatzes bzw. Mindestbietungssatzes zu halten, verstärkt die EZB zu Beginn der Mindestreserveerfüllungsperiode ihre Liquiditätszufuhr, um sie gegen Ende wieder einzuschränken. Sie betreibt also im Rahmen von Hauptrefinanzierungsgeschäften ein sog. **Frontloading**.

Die Benchmarkzuteilung wird zusammen mit einer Prognose der tagesdurchschnittlichen Nettowirkungen der autonomen Faktoren sowohl am Ankündigungs- als auch am Zuteilungstag des laufenden Hauptrefinanzierungsgeschäfts veröffentlicht. Unterschiede zwischen den jeweiligen Angaben an den beiden Tagen, die i.Allg. gering sind, beruhen darauf, dass die EZB ihre Liquiditätsprognosen am Zuteilungstag gegenüber dem Ankündigungstag aktualisiert. Die von der EZB wöchentlich bereitgestellten Informationen bieten den Geschäftsbanken eine Orientierungshilfe für ihre Gebotserstellung. Insofern trägt auch die weiter verbesserte Kommunikationspolitik der EZB dazu bei, die von der EZB akzeptierten Zinsgebote der Geschäftsbanken und damit auch die kurzfristigen Geldmarktzinsen in der Nähe des Mindestbietungssatzes zu halten.

Wie bereits erwähnt, schließt der im Juni 2000 erfolgte Wechsel zum Zinstender nicht aus, dass in besonderen Situationen Hauptrefinanzierungsgeschäfte auch für längere Zeit wieder in Form eines Mengentenders abgewickelt werden. So kehrte das Eurosystem unter dem Eindruck der großen Finanzkrise im Oktober 2008 - als zeitlich befristete Maßnahme - zum Mengentender mit Festzinssatz zurück, wobei sie die Gebote voll zuteilte[43].

Bei Hauptrefinanzierungsgeschäften handelt es sich um befristete (reversible) Transaktionen[44], d.h. am Ende der Laufzeit eines Liquidität zuführenden Standardtenders erfolgt ein automatischer Rückfluss an Zentralbankgeld zum Eurosystem. Deshalb lassen sich durch Einsatz von Hauptrefinanzierungsgeschäften auch kontraktive Effekte auf dem Geldmarkt erzielen. Sie stellen sich ein, wenn ein auslaufender Standardtender am Fälligkeitstermin nur teilweise oder gar nicht durch einen neuen ersetzt wird.

Die Besicherung der Forderungen des Eurosystems an die Geschäftspartner des Eurosystems erfolgt bei reversiblen Offenmarktgeschäften in der Weise, dass die Geschäftspartner entweder Wertpapiere unter Rückkaufsvereinbarung an das Eurosystem verkaufen (wie bei den sog. Wertpapierpensionsgeschäften) oder

---

42 Siehe hierzu Unterabschnitt IV. 3f) bb).

43 Zur Finanzkrise und den Gegenmaßnahmen der EZB siehe genauer Unterabschnitt III. 4d).

44 Generell sind unter **befristeten (reversiblen) Transaktionen** Geschäfte zu verstehen, bei denen das Eurosystem refinanzierungsfähige Titel entweder mit Rückkaufsvereinbarung kauft oder verkauft oder sie beleiht.

Wertpapiere verpfänden[45]. Im ersten Fall wird das Eigentum an dem Vermögenswert auf das Eurosystem übertragen, im zweiten Fall erhält das Eurosystem ein Sicherungsrecht an den als Pfand hinterlegten Vermögenswerten. Welche der beiden Varianten gewählt wird, bleibt den nationalen Zentralbanken überlassen. Die Deutsche Bundesbank verwendet bei Liquidität zuführenden reversiblen Offenmarktgeschäften des Eurosystems ab 1.1.1999 die Pfandlösung, d.h. sie gewährt Offenmarktkredite gegen Verpfändung von Sicherheiten. Genauer handelt es sich um eine **Pfandpool-Lösung**, d.h. es erfolgt keine spezifische Zuordnung eines bestimmten Pfandes zu einem bestimmten Refinanzierungsgeschäft. Erforderlich ist lediglich, dass der Gesamtbestand an Sicherheiten auf dem Pfandkonto eines Kreditinstituts unter Berücksichtigung der Bewertungsabschläge ( sog. *„haircuts"*) mindestens dem Gesamtbetrag seiner Zentralbankverschuldung entspricht.

Die Hauptrefinanzierungsgeschäfte werden - ebenso wie die im Folgenden noch zu behandelnden längerfristigen Refinanzierungsgeschäfte - nach einem vom Eurosystem veröffentlichten, unverbindlichen Zeitplan durchgeführt. Dieser „Kalender" wird mindestens drei Monate vor Beginn des Jahres, in dem die entsprechenden Tenderoperationen stattfinden, bekannt gegeben[46].

*bb) Längerfristige Finanzierungsgeschäfte.* - aaa) Neben den wöchentlichen Standardtendern der Hauptrefinanzierungsgeschäfte, über das den Geschäftsbanken der größte Teil ihres Zentralbankgeldbedarfs bereitgestellt wird, sind die sog. **längerfristigen Refinanzierungsgeschäfte** ein weiteres wichtiges reversibles Offenmarktgeschäft, das der Liquiditätszuführung dient. Auf sie entfällt nur ein geringerer Teil der Zentralbankgeldbereitstellung. Wie bei den Hauptrefinanzierungsgeschäften wird den Geschäftsbanken auch durch die längerfristigen Refinanzierungsgeschäfte Zentralbankgeld im Wege eines regelmäßig vom Eurosystem angebotenen Standardtenders zugeführt. Die Ankündigung einer Tenderoperation über längerfristige Refinanzierungsgeschäfte enthält Angaben über das beabsichtigte Zuteilungsvolumen. Da das Eurosystem mit längerfristigen Refinanzierungsgeschäften i.Allg. nicht die Absicht verfolgt, dem Markt Zinssignale zu geben und sich dementsprechend als „Preisnehmer" verhält[47], werden die längerfristigen Refinanzierungsgeschäfte gewöhnlich als *Zinstender* ohne Festlegung eines Mindestbietungssatzes durchgeführt. Auch hierin besteht ein Unterschied gegenüber Hauptrefinanzierungsgeschäften.

Nachdem dieses Versteigerungsverfahren zunächst im Wege des holländischen Zuteilungsverfahrens eingeführt wurde, wird nach einem Beschluss der EZB vom 4.3.1999 nunmehr bis auf weiteres bei längerfristigen Refinanzierungs-

---

[45] Die als Sicherheiten bei geldpolitischen Operationen des Eurosystems verwendbaren Wertpapiere, die sowohl öffentliche als auch private Schuldtitel umfassen, sind in zwei Kategorien eingeteilt. In die erste Kategorie werden nur marktfähige Schuldtitel aufgenommen, die von der EZB für den gesamten Währungsraum festgelegte Zulassungskriterien erfüllen. Zur zweiten Kategorie zählen neben weiteren marktfähigen Schuldtiteln auch nicht marktfähige Sicherheiten, die für nationale Finanzmärkte und Bankensysteme von besonderer Bedeutung sind und von den NZBen im Einklang mit EZB-Mindeststandards als refinanzierungsfähig eingestuft werden. Einzelheiten zu den Sicherheiten siehe EUROPÄISCHE ZENTRALBANK, Durchführung der Geldpolitik ..., a.a.O., S. 37 ff.

[46] Siehe dazu http://www.ecb.int/events/calendar/caleu/html/index.en.html.

[47] Siehe hierzu EUROPÄISCHE ZENTRALBANK, Durchführung der Geldpolitik ..., a.a.O., S. 16.

geschäften das amerikanische Zuteilungsverfahren angewendet. Wie bereits erwähnt, werden dabei die Zuteilungsbeträge für längere Zeiträume nach einem vom Eurosystem veröffentlichten, unverbindlichen Zeitplan (Kalender) im Voraus bekannt gegeben und dann in den einzelnen Tenderankündigungen bestätigt. Die Versteigerungen von Zentralbankgeld erfolgen i.Allg. in einem monatlichen Rhythmus (normalerweise am letzten Mittwoch eines jeden Kalendermonats mit Abwicklung am folgenden Tag) bei einer Regellaufzeit von drei Monaten.

In Ausnahmefällen kann das Eurosystem die auch als *monatliche Tender* bezeichneten längerfristigen Refinanzierungsgeschäfte als *Mengentender* durchführen. So wurden neben den Hauptrefinanzierungsgeschäften auch die längerfristigen Refinanzierungsgeschäfte im Oktober 2008 nach Verschärfung der Finanzmarktturbulenzen - zeitlich begrenzt - vom Zinstender auf einen Mengentender bei voller Zuteilung umgestellt. Dabei wurden auch Operationen mit über die Regellaufzeit hinausgehenden Fristen von 6 und 12 Monaten durchgeführt.

bbb) In Übereinstimmung mit dem Verfahren bei längerfristigen Finanzierungsgeschäften führte das Eurosystem in Abstimmung mit der US-amerikanischen Zentralbank (Federal Reserve) und anderen Zentralbanken (wie der Bank von England und der Bank von Japan) seit Ende 2007 Liquidität zuführende Geschäfte auch in US-Dollar durch. Sie sind in Zusammenhang mit der Finanzkrise und der dadurch verursachten Geldmarktklemme zu sehen und dienten der Verbesserung der Liquiditätslage der Geschäftsbanken. Die erforderlichen Dollarbeträge beschaffte sich das Eurosystem durch Inanspruchnahme einer *Swap-Vereinbarung*[48] mit dem Federal Reserve, das als temporäre Sonderrefinanzierungsfazilität die **Term Auction Facility** eingerichtet hatte. Die im Rahmen dieser Fazilität vom Eurosystem vorgenommenen Geschäfte unterstützten die amerikanischen Maßnahmen zur Bereitstellung von Dollar-Liquidität. Sie wurden als Zins- bzw. Mengentender in Form eines Standardtenders durchgeführt und als overnight-Geschäft abgeschlossen bzw. als Geschäfte mit einer Laufzeit von rd. 7, 28 und 84 Tagen. Sie waren wie andere Refinanzierungsgeschäfte in Euro zu besichern und wurden nach einem vom Eurosystem veröffentlichten Zeitplan im Voraus bekannt gegeben.

Genauer wurde bei den Tendergeschäften wie folgt verfahren: Bei overnight-Geschäften fand ein Zinstender Anwendung, wobei die Zuteilung nach den individuell gebotenen Zinssätzen erfolgte (amerikanisches Zuteilungsverfahren), und die Tenderankündigung enthielt das insgesamt beabsichtigte (maximale) Zuteilungsvolumen. Geschäfte mit Laufzeiten von rd. 7, 28 und 84 Tagen wurden in Form eines Mengentenders mit Festzinssatz durchgeführt, und die Gebote wurden in voller Höhe zugeteilt.

Anders als die regelmäßig durchgeführten Hauptrefinanzierungsgeschäfte und die längerfristigen Refinanzierungsgeschäfte stellen die im Rahmen der Term Auction Facility durchgeführten Tendergeschäfte keine permanente Einrichtung

48 Bei **Swap-Vereinbarungen** (Swapabkommen, Swaplinien) handelt es sich um eine gegenseitige Einräumung von Kreditlinien, die jedem Vertragspartner die Möglichkeit bietet, die Partnerwährung (z.B. US-Dollar) gegen Hergabe der eigenen Währung (z.B. Euro) bis zum vereinbarten Betrag und für einen bestimmten Zeitraum zu erhalten.

dar. Werden sie bis zu einem bestimmten Zeitpunkt befristet, dann können sie aber auch danach jederzeit - wenn nötig - wieder aufgenommen werden.

### c) Feinsteuerungsoperationen

**Feinsteuerungsoperationen** dienen dazu, unerwartete Liquiditätsschwankungen im Bankenbereich und dadurch ausgelöste reversible Zinsausschläge am Geldmarkt zu dämpfen bzw. auszugleichen. Im Unterschied zu den Hauptrefinanzierungsgeschäften und den längerfristigen Refinanzierungsgeschäften finden Feinsteuerungsoperationen unregelmäßig statt, ihre Laufzeit ist nicht standardisiert, sie werden entweder über sog. bilaterale Geschäfte oder als sog. *Schnelltender* durchgeführt und dienen auch zur Liquiditätsabschöpfung. Auf die verschiedenen Verfahren zur Feinsteuerung wird im Folgenden näher eingegangen.

*aa) Befristete Transaktionen.* - Im Rahmen der Feinsteuerung wird dem Geldmarkt durch **befristete (reversible) Transaktionen**[49] für eine bestimmte Zeitspanne Zentralbankgeld zugeführt oder entzogen. Liquidität zuführende Transaktionen erfolgen dabei üblicherweise als sog. Schnelltender[50], Liquidität entziehende Maßnahmen in der Regel über sog. *bilaterale Geschäfte*. **Schnelltender**, die für eine rasche Beeinflussung der Geldmarktsituation und nur zur Feinsteuerung eingesetzt werden, unterscheiden sich vom Standardtender in zweierlei Hinsicht: *Erstens* erfolgt die Abwicklung beim Schnelltender von der Tenderankündigung bis zur Bestätigung des Zuteilungsergebnisses innerhalb von neunzig Minuten, und *zweitens* nehmen an einem Schnelltender nach einem Rotationsprinzip nur eine begrenzte Anzahl von Geschäftspartnern teil, die auf der Grundlage von einheitlichen Kriterien für das gesamte Euro-Währungsgebiet (wie der Geldmarktaktivität, der Leistungsfähigkeit der Geldhandelsabteilungen und dem Bietungspotenzial) ausgewählt werden. **Bilaterale Geschäfte** stellen Geschäfte dar, die das Eurosystem *ohne* Einsatz des Tenderverfahrens entweder direkt mit einem bzw. wenigen Geschäftspartnern abschließt (direkte Kontaktaufnahme) oder über Börsen und Marktvermittler abwickelt. Nur im Fall von bilateralen Geschäften kann der EZB-Rat entscheiden, ob die Operationen in Ausnahmefällen von der EZB selbst durchgeführt werden können. Im Rahmen bilateraler Geschäfte zur Feinsteuerung in Form *Liquidität absorbierender* befristeter Transaktionen verkauft das Eurosystem unter Rückkaufsvereinbarung Wertpapiere an ihre Geschäftspartner und entzieht ihnen damit Zentralbankgeld.

*bb) Devisenswapgeschäfte.* - aaa) Im Rahmen eines **Devisenswapgeschäfts** werden vom Eurosystem Fremdwährungen per Kasse gegen Euro gekauft und gleichzeitig per Termin wieder verkauft (Liquidität zuführende Devisenswaps) *oder* Fremdwährungen per Kasse gegen Euro verkauft und gleichzeitig wieder per Termin zurückgekauft (Liquidität absorbierende Devisenswaps). Bei Devisentransaktionen *per Kasse* erfolgt die Übergabe und Bezahlung der Fremdwährungen innerhalb von zwei Tagen nach Vertragsschluss, und zwar zum Kassakurs bei Vertragsschluss. Bei Devisentransaktionen *per Termin* erfolgt die Übergabe und

---

[49] Siehe zur Definition Fußnote 44.

[50] Ein Rückgriff auf bilaterale Geschäfte ist jedoch nicht ausgeschlossen.

Bezahlung der Fremdwährungen eine bestimmte Zeit nach Vertragsschluss, und zwar zu dem bei Vertragsschluss vereinbarten Terminkurs.

Devisenswaps, die auch zu den Offenmarktgeschäften zählen, werden vom Eurosystem nur zur Feinsteuerung eingesetzt, und zwar als Liquidität zuführende oder als Liquidität absorbierende Geschäfte. Dabei spielt die Differenz zwischen dem Termin- und Kassakurs eine wesentliche Rolle. Sie wird hier – in Anlehnung an die Terminologie des Eurosystems – als **Swapsatz** bezeichnet[51]. Der den Swapsatz bestimmende Termin- und Kassakurs ist dabei als Preis eines Euro, ausgedrückt in Fremdwährung, z.B. in US-Dollar ($/EUR), zu verstehen[52]. Liegt der Zinssatz für Fremdwährungsanlagen, z.B. Dollaranlagen, *über* dem Zinssatz für entsprechende Euroanlagen, dann bewirkt die Zinsarbitrage[53], dass der Eurokurs ($/EUR) per Termin mit einem Aufschlag notiert, d.h. der Terminkurs des Euro (ausgedrückt in Dollar) ist größer als der Kassakurs und der Swapsatz damit *positiv*. Liegt der Dollar-Zinssatz dagegen *unter* dem Euro-Zinssatz, dann wird der Eurokurs per Termin umgekehrt mit einem Abschlag notiert, d.h. der Swapsatz ist *negativ*.

Devisenswapgeschäfte werden über bilaterale Geschäfte oder (abweichend von der früheren Bundesbankpraxis) über Tender, und zwar über Schnelltender durchgeführt. Das Tenderverfahren, das normalerweise bei Offenmarktgeschäften angewendet wird, kann dabei in Form eines Mengen- oder Zinstenders durchgeführt werden. Bei einem Devisenswapgeschäft über einen *Mengentender* fixiert die EZB den Swapsatz, und die Geschäftspartner nennen in ihren Geboten den Geldbetrag, für den sie bei dem vorgegebenen Swapsatz abschließen wollen. Übersteigt das gesamte Bietungsaufkommen der Geschäftsbanken den von der EZB vorgesehenen Betrag der Liquiditätsbereitstellung bzw. -absorption, dann werden die Gebote der Geschäftspartner mit einer Quote berücksichtigt, die durch das Verhältnis des vorgesehenen Betrages der Liquiditätsbereitstellung bzw. -absorption zum gesamten Bietungsaufkommen bestimmt wird.

Bei einem Devisenswap über einen *Zinstender* geben die teilnehmenden Geschäftspartner Gebote über die Beträge und Swapsätze ab, zu denen sie mit dem Eurosystem Geschäfte abschließen wollen. Wie schon erwähnt, ist der Swapsatz für den Euro dabei positiv, d.h. der Wechselkurs des Euro, ausgedrückt in Dollar ($/€), notiert per Termin mit einem Aufschlag, wenn der Dollar-Zinssatz über dem Euro-Zinssatz liegt. Wird dieses angenommen und ein *Liquidität zuführendes* Devisenswapgeschäft betrachtet, dann nennen die Geschäftsbanken in ihren Geboten Eurobeträge, die sie bei bestimmten (positiven) Swapsätzen vom Eurosystem im Rahmen einer Swaptransaktion per Kasse gegen Dollar *kaufen* möchten (siehe z.B. die Bank A im Beispiel 3). Bei der Zuteilung beginnt das Eurosystem bei den Geboten mit dem niedrigsten positiven Swapsatz des Euro,

---

51 Häufig wird auch die auf den Kassakurs bezogene Differenz als Swapsatz bezeichnet. Siehe H.-J. JARCHOW, P. RÜHMANN, Monetäre Außenwirtschaft, I. Monetäre Außenwirtschaftstheorie. Göttingen 2000. S. 93.

52 Diese Form der Wechselkursnotierung wählt die EZB in ihren Beispielen über Devisenswapgeschäfte. Siehe EUROPÄISCHE ZENTRALBANK. Durchführung der Geldpolitik ..., a.a.O., S. 75 ff. Wegen der besseren Vergleichbarkeit wird der von der EZB verwendeten sog. *Mengennotierung* des Wechselkurses hier gefolgt.

53 Vgl. dazu JARCHOW, RÜHMANN, Monetäre Außenwirtschaft I, a.a.O., S 90 ff. Zu beachten ist dabei, dass dort die Wechselkurse in *Preisnotierung* ausgedrückt werden.

d.h. dem niedrigsten (Termin-) Aufschlag für den Euro, und akzeptiert in aufsteigender Reihenfolge der Swapsätze (Aufschläge) so lange Offerten, bis der von ihr vorgesehene Zuteilungsbetrag erreicht ist[54]. Überschreitet das Gesamtvolumen der Gebote bei dem gerade noch akzeptierten Swapsatz, dem sog. **marginalen Swapsatz**, den vorgesehenen Zuteilungsbetrag, dann werden die Gebote zum marginalen Swapsatz repartiert. Weitere Einzelheiten zum Verfahren lassen sich Beispiel 3 entnehmen.

Wird ein Liquidität absorbierendes Devisenswapgeschäft über einen Zinstender betrachtet und weiterhin ein positiver Swapsatz angenommen, dann nennen die Geschäftsbanken in ihren Geboten Eurobeträge, die sie bei bestimmten (positiven) Swapsätzen an das Eurosystem im Rahmen einer Swaptransaktion per Kasse gegen Dollar *verkaufen* möchten. Die Zuteilung beginnt das Eurosystem bei den Geboten mit dem höchsten (positiven) Swapsatz, d.h. es werden vom Eurosystem zunächst Gebote angenommen, bei denen Geschäftspartner beim Rückkauf von Euro-Beträgen den höchsten (Termin-) Aufschlag für den Euro hinnehmen müssen. Danach akzeptiert das Eurosystem in absteigender Reihenfolge der Aufschläge so lange Offerten, bis der von ihr vorgesehene Abschöpfungsbetrag an Zentralbankgeld erreicht ist[55].

bbb) Das Eurosystem hat seit Herbst 2008 Devisenswapgeschäfte durchgeführt. Sie sind in Zusammenhang mit der Finanzkrise und den daraus für Banken im Euroraum resultierenden Liquiditätsengpässen auch in Fremdwährungen wie dem US-Dollar und Schweizer Franken zu sehen. Sie betreffen insbesondere Banken mit hohen Fremdwährungsverbindlichkeiten. In Anbetracht derartiger Liquiditätsprobleme stellte das Eurosystem US-Dollar- und Schweizer Franken-Guthaben im Rahmen von Devisenswapgeschäften zur Verfügung. Diese verbessern die Bankenliquidität in US-Dollar und Schweizer Franken; in Bezug auf die Barreserven von Banken in Euro wirken sie Liquidität absorbierend. Die erforderlichen Beträge an US-Dollar und Schweizer Franken beschaffte sich das Eurosystem durch Rückgriff auf die mit dem Federal Reserve bzw. der Schweizerischen Nationalbank vereinbarten Swaplinien. Die im Zuge der Devisenswapgeschäfte vom Eurosystem durchgeführten Maßnahmen zur Bereitstellung von Dollar- und Schweizer Franken-Liquidität wurden als Mengentender in Form eines Schnelltenders zu einem festen Swapsatz[56] durchgeführt. Gebote bei US-Dollar/Euro-Swaps wurden voll zugeteilt; bei Schweizer Franken/Euro-Swaps wurde in der Ankündigung der beabsichtigte maximale Zuteilungsbetrag genannt. Überstieg das gesamte Bietungsaufkommen diesen Betrag, wurde repartiert. Eine Be-

---

[54] Ist der Swapsatz des Euro negativ, d.h. wird der Euro per Termin mit einem Abschlag gehandelt, dann beginnt das Eurosystem die Zuteilung bei den Geboten mit dem höchsten Abschlag und akzeptiert in absteigender Reihenfolge der Abschläge so lange Offerten, bis der von ihr vorgesehene Zuteilungsbetrag erreicht ist.

[55] Ist der Swapsatz negativ, dann beginnt das Eurosystem die Zuteilung bei den Geboten mit dem niedrigsten Abschlag für den Euro und akzeptiert in aufsteigender Reihenfolge der Abschläge so lange Offerten, bis der von ihr vorgesehene Abschöpfungsbetrag erreicht ist.

[56] Wie bereits erwähnt, handelt es sich in der Terminologie des Eurosystems um die Differenz zwischen Termin- und Kassakurs.

Beispiel 3: *Liquidität zuführender Devisenswap über Zinstender*

Im Beispiel kauft das Eurosystem US-Dollar gegen Euro zum Kassakurs von 1,100 $/EUR von Geschäftsbanken, wobei sich diese verpflichten, die US-Dollar per Termin gegen Euro zurückzukaufen. Der Euro weist dabei einen Terminaufschlag auf, d.h. der Swapsatz, hier definiert als Differenz zwischen dem Terminkurs des Euro ($/EUR) und dem Kassakurs des Euro ($/EUR), ist positiv.

Gebote der Geschäftspartner des Eurosystems in Mio. EUR:

| **Swapsatz x 10 000** | **Bank A** | **Bank B** | **Bank C** | **Gebote/ Swapsatz** | **Gebote kumulativ** |
|---|---|---|---|---|---|
| 6,60 | 5 | 10 | 10 | 25 | 25 |
| 6,65 | 10 | 10 | 15 | 35 | 60 |
| 6,70 | 20 | 40 | 20 | 80 | 140 |
| *6,75* | *0* | *20* | *20* | *40* | *180* |
| 6,80 | 0 | 15 | 5 | 20 | 200 |
| **Insgesamt** | 35 | 95 | 70 | 200 | |

Von der EZB festgelegter Zuteilungsbetrag in Mio. EUR: 150
Marginaler Swapsatz (x 10 000): 6,75
Repartierungsquote beim marginalen Swapsatz:
$[(150 - 140)/40] \cdot 100 =$ 25 v.H.
(Repartierte Beträge für A: 0, für B: 5, für C: 5).

Zuteilungen an die Geschäftspartner in Mio. EUR:

| **Geschäftspartner** | **Bank A** | **Bank B** | **Bank C** | **Insgesamt** |
|---|---|---|---|---|
| **Gebote insgesamt** | 35 | 95 | 70 | 200 |
| **Zuteilung insgesamt** | 35 | 65 | 50 | 150 |

Bei Zuteilung nach dem holländischen Verfahren beträgt der Swapsatz (x 10 000) für die den Geschäftspartnern vom Eurosystem bereitgestellten Euro-Beträge einheitlich 6,75, d.h. das Eurosystem verkauft Euro gegen Dollar per Kasse zu 1,100 $/EUR und kauft sie per Termin zu 1,100675 $/EUR zurück. Bei Zuteilung nach dem amerikanischen Verfahren erhält beispielsweise Bank A 5 Mio. EUR zum Swapsatz 6,60, 10 Mio. EUR zum Swapsatz 6,65 und 20 Mio. Euro zum Swapsatz 6,70.

sicherung durch Pfänder entfällt[57]; eine von den Banken zu entrichtende Risikoprämie wurde jedoch durch einen Abschlag auf den Kassakurs berücksichtigt. Die Laufzeiten lagen zwischen 7 und 84 Tagen.

---

57 Für Banken mit knappen Pfändern ist das im Vergleich zu einer Dollar-Beschaffung im Rahmen der Term Auction Facility ein Vorteil.

Devisenswapgeschäfte der beschriebenen Art stellen wie die im Rahmen der Term Auction Facility durchgeführten Tendergeschäfte keine permanente Einrichtung dar. Werden sie bis zu einem bestimmten Zeitpunkt befristet, dann können sie aber auch danach jederzeit – wenn nötig – wieder aufgenommen werden.

*cc) Hereinnahme von Termineinlagen.* – Das Eurosystem kann zur *Liquiditätsabschöpfung* Geschäftsbanken die **Hereinnahme verzinslicher Termineinlagen** für eine feste Laufzeit anbieten, und zwar jeweils bei der nationalen Zentralbank des Mitgliedstaats, in dem die an einer Termineinlage interessierten Geschäftsbanken niedergelassen sind. Diese Möglichkeit, die gegenüber der früheren Bundesbankpraxis eine Neuerung darstellt, bildet das dritte Instrument der geldpolitischen Feinsteuerung des Eurosystems. Es wird in der Regel als Schnelltender eingesetzt; eine Hereinnahme von verzinslichen Termineinlagen im Wege bilateraler Geschäfte ist aber nicht ausgeschlossen. Wird die Hereinnahme von Termineinlagen über einen Zinstender angeboten, dann nennen die Geschäftsbanken in ihren Geboten Geldbeträge, die sie bei bestimmten Zinssätzen in Form verzinslicher Einlagen beim Eurosystem halten möchten. Die Zuteilung beginnt das Eurosystem bei den Geboten mit dem niedrigsten Zinssatz und akzeptiert danach in aufsteigender Reihenfolge der genannten Zinssätze so lange Offerten, bis der von ihr vorgesehene Abschöpfungsbetrag an Zentralbankgeld erreicht ist. Weitere Einzelheiten zum Verfahren kann man Beispiel 4 im Unterabschnitt d) entnehmen.

*dd) Definitive Käufe und Verkäufe.* – Schließlich kann das Eurosystem im Rahmen der Feinsteuerung den Geschäftsbanken auch durch *definitive* Käufe bzw. Verkäufe von Schuldtiteln Zentralbankgeld zuführen bzw. entziehen. Anders als bei befristeten (reversiblen) Transaktionen, bei denen die Zentralbank Wertpapiere unter Rückkaufsvereinbarung kauft bzw. verkauft oder sie beleiht, handelt es sich bei *definitiven* Käufen bzw. Verkäufen von Wertpapieren um Transaktionen, bei denen die Zentralbank bestimmte Wertpapiere endgültig kauft bzw. verkauft. Sie werden als bilaterale Geschäfte abgewickelt, und zwar entsprechend den Marktgepflogenheiten, die für den Handel mit den verwendeten Wertpapieren üblich sind. Befristete Transaktionen wie die Tenderoperationen haben gegenüber definitiven Wertpapierkäufen und -verkäufen i.Allg. den Vorteil, dass sie nicht direkt den Kurs bzw. den Zinssatz von am Markt gehandelten Wertpapieren beeinflussen, sondern indirekt über die Bankenliquidität auf die Geldmarktkonditionen einwirken.

In der Vergangenheit hat die EZB eine Reihe von Feinsteuerungsmaßnahmen durchgeführt. Die erste Feinsteuerungsoperation erfolgte in Form einer Liquidität absorbierenden Hereinnahme von Termineinlagen im Januar 2000. Sie wurde als Zinstender nach dem amerikanischen Zuteilungsverfahren abgewickelt. Danach hat die EZB verschiedentlich Liquidität zuführende und Liquidität absorbierende Feinsteuerungsmaßnahmen vorgenommen, und zwar erstere als befristete Transaktionen und letztere als Hereinnahme von Termineinlagen (jeweils häufig mit einer Laufzeit von einem Tag). Sie hatten die Form eines Zins- oder Mengentenders und erfolgten zu dem Zweck, Zinsausschläge am Geldmarkt zu glätten, nicht zuletzt im Zusammenhang mit Liquiditätsungleichgewichten am Ende der Mindestreserveerfüllungsperiode. Mit den Liquidität zuführenden Mengentendern an den beiden Tagen nach den Terroranschlägen in den USA am 11. September 2001 wollte die

EZB auch das „normale Funktionieren" des Geldmarktes sichern und akzeptierte dabei zu einem von ihr fixierten Festzinssatz sämtliche Mengengebote in voller Höhe. Zu derartigen Liquidität zuführenden Feinsteuerungsmaßnahmen sah sich die EZB auch wiederholt veranlasst, als sich die Finanzmarktkrise im zweiten Halbjahr 2008 verschärfte und zu gravierenden Spannungen am Geldmarkt führte.

### d) Strukturelle Operationen

Auch die **strukturellen Operationen** gehören zu den Offenmarktgeschäften. Im Vergleich zu den Feinsteuerungsmaßnahmen, die kurzfristig auf den Geldmarkt einwirken, soll durch strukturelle Operationen, die sowohl zur Liquiditätsbereitstellung als auch zur Liquiditätsabschöpfung eingesetzt werden, ein eher längerfristiger (nachhaltiger) Einfluss auf die Bankenliquidität ausgeübt werden. Auf diese Weise soll die sog. „strukturelle Liquiditätsposition" des Bankensektors gegenüber dem Eurosystem angepasst werden. So könnten Liquidität absorbierende strukturelle Operationen etwa zu dem Zweck vorgenommen werden, die Refinanzierungsabhängigkeit der Geschäftsbanken vom Eurosystem im Interesse der Steuerbarkeit kurzfristiger Geldmarktsätze (wieder) herzustellen oder zu erhöhen[58]. Auf die Verfahren, die bei strukturellen Operationen angewendet werden, wird im Folgenden eingegangen.

*aa) Befristete und definitive Transaktionen.* – Strukturelle Operationen in Form *befristeter Transaktionen* werden nur zum Zweck der *Liquiditätsbereitstellung* durchgeführt. Wie bei den Hauptrefinanzierungsgeschäften oder bei den längerfristigen Refinanzierungsgeschäften werden sie als Standardtender abgewickelt. Im Unterschied zu diesen beiden Geschäften ist die Laufzeit bei strukturellen Operationen aber nicht von vornherein standardisiert, und ihre Durchführung kann auch im unregelmäßigen Rhythmus erfolgen. Strukturelle Operationen in Form *definitiver Käufe bzw. Verkäufe* von Wertpapieren, mit denen das Eurosystem Geschäftsbanken Zentralbankgeld zuführt bzw. entzieht, werden als bilaterale Geschäfte, d.h. durch direkte Kontaktaufnahme mit Geschäftspartnern oder über Börsen und Makler, durchgeführt.

*bb) Emission von Schuldverschreibungen.* – Die EZB kann – regelmäßig oder unregelmäßig – *Schuldverschreibungen* emittieren, um damit am Markt einen Liquiditätsbedarf herbeizuführen oder zu vergrößern. Sie werden also zur *Liquiditätsabschöpfung* begeben. Sie haben eine Laufzeit von weniger als zwölf Monaten, sind uneingeschränkt übertragbar und werden abgezinst in Umlauf gebracht, d.h. zu einem Preis (Kurs) unter dem Nennwert begeben und bei Fälligkeit zum Nennwert eingelöst. Der Zinssatz $(i)$ p.a. wird nach der Eurozinsmethode, d.h. auf act/360-Basis, berechnet und ergibt sich dabei wie folgt

$$i = \frac{N - p_W}{p_W} \frac{360}{n} \cdot 100,$$

wobei $p_W$ den Emissionspreis (-kurs), $N$ den Nennwert und $n$ die Laufzeit der Schuldverschreibung in Tagen angeben.

---

[58] Vgl. auch DEUTSCHE BUNDESBANK, Informationsbrief zur Europäischen Wirtschafts- und Währungsunion, Nr. 4, Februar 1997, S. 12.

Wenn EZB-Schuldverschreibungen emittiert werden, dann erfolgt die Emission als Standardtender. Wird dabei ein Zinstender angewendet (was möglich ist)[59], nennen die Geschäftsbanken in ihren Geboten Geldbeträge, für die sie bei alternativen Zinssätzen[60] Schuldverschreibungen vom Eurosystem erwerben möchten. Die Zuteilung beginnt das Eurosystem bei den Geboten mit dem niedrigsten Zinssatz[61] und akzeptiert danach in aufsteigender Reihenfolge der genannten Zinssätze so lange Offerten, bis der von ihr vorgesehene Abschöpfungsbetrag erreicht ist. Weitere Einzelheiten zum Verfahren lassen sich Beispiel 4 entnehmen.

Beispiel 4: *Hereinnahme von Termineinlagen bzw. Emission von EZB-Schuldverschreibungen*

Gebote der Geschäftspartner des Eurosystems in Mio. EUR:

| **Zinssatz (v. H.)** | **Bank A** | **Bank B** | **Bank C** | **Gebote/ Zinssatz** | **Gebote kumulativ** |
|---|---|---|---|---|---|
| 3,02 | 0 | 10 | 10 | 20 | 20 |
| 3,04 | 10 | 15 | 15 | 40 | 60 |
| *3,06* | *20* | *40* | *20* | *80* | *140* |
| 3,08 | 0 | 20 | 20 | 40 | 180 |
| 3,10 | 0 | 10 | 10 | 20 | 200 |
| **Insgesamt** | 30 | 95 | 75 | | |

Von der EZB festgelegter Abschöpfungsbetrag in Mio. EUR: 80
Marginaler Zinssatz: 3,06 v.H.
Repartierungsquote beim marginalen Zinssatz:
$[(80 - 60)/80] \cdot 100 =$ 25 v.H.
(Repartierte Beträge für A: 5, für B: 10, für C: 5).

Zuteilungen an die Geschäftspartner in Mio. EUR:

| **Geschäftspartner** | **Bank A** | **Bank B** | **Bank C** | **Insgesamt** |
|---|---|---|---|---|
| **Gebote insgesamt** | 30 | 95 | 75 | 200 |
| **Zuteilung insgesamt** | 15 | 35 | 30 | 80 |

Bei Zuteilung nach dem holländischen Verfahren beträgt der Zinssatz für die von den Geschäftspartnern beim Eurosystem angelegten Beträge einheitlich 3,06 v.H. Bei Zuteilung nach dem amerikanischen Verfahren kann beispielsweise Bank B 10 Mio. EUR zum Zinssatz 3,02 v.H., 15 Mio. EUR zum Zinssatz 3,04 v.H. und 10 Mio. EUR zum Zinssatz 3,06 v.H. anlegen.

---

59 Siehe Europäische Zentralbank, Durchführung der Geldpolitik ..., a.a.O., S. 31 f.

60 Die EZB kann beschließen, dass die Gebote auf einen Preis (Kurs) anstatt eines Zinssatzes lauten müssen. In diesem Fall werden die gebotenen Preise (Kurse) als Vomhundertsatz des Nennwerts angegeben.

61 Lauten die Gebote auf Preise (siehe die vorherige Fußnote), dann beginnt das Eurosystem mit dem höchsten Preis und akzeptiert danach Offerten in absteigender Reihenfolge.

### e) Ständige Fazilitäten

Anders als bei Offenmarktgeschäften können Geschäftsbanken die ständigen Fazilitäten in eigener Initiative und grundsätzlich unbeschränkt in Anspruch nehmen, und zwar als Spitzenrefinanzierungsfazilität (zur Mittelaufnahme) und als Einlagefazilität (zur Mittelanlage).

*aa) Spitzenrefinanzierungsfazilität.* - Die **Spitzenrefinanzierungsfazilität** dient (wie der frühere deutsche Lombardkredit) der Deckung eines nur vorübergehenden Zentralbankgeldbedarfs[62]. Kredite in dieser Fazilität haben eine Laufzeit von einem Geschäftstag. Zentralbankgeld wird dementsprechend bis zum nächsten Geschäftstag, also „über Nacht“, bereitgestellt, wobei die Frist auf Antrag am Fälligkeitstag verlängert werden kann. Die Inanspruchnahme der Spitzenrefinanzierungsfazilität ist grundsätzlich unbegrenzt; in Ausnahmefällen kann sie jedoch für einzelne Geschäftsbanken begrenzt oder suspendiert werden. Der Rückgriff auf die Spitzenrefinanzierungsfazilität erfolgt zu einem von der EZB fixierten, im Voraus bekannt gegebenen und jederzeit änderbaren Zinssatz, der - wie schon erwähnt - i.Allg. die *Obergrenze* für den Tagesgeldsatz am Geldmarkt bildet. Er lag meistens 100 Basispunkte (einen Prozentpunkt) über dem Zinssatz für Hauptrefinanzierungsgeschäfte; derzeit beträgt der Abstand 75 Basispunkte. Die Inanspruchnahme der Fazilität erfordert die Stellung von Sicherheiten, wobei die NZBen zwischen einem Übernacht-Pfandkredit oder einem Übernacht-Pensionsgeschäft (Verkauf von Wertpapieren an das Eurosystem unter der Vereinbarung eines Rückkaufs am nächsten Tag) wählen können. Die Deutsche Bundesbank wendet - wie schon erwähnt - die Pfandlösung an. Die EZB kann die Bedingungen der Fazilität jederzeit ändern oder ihre Inanspruchnahme aussetzen.

*bb) Einlagefazilität.* - Die *Einlagefazilität*, die gegenüber der früheren Bundesbankpolitik eine Neuerung darstellt, bietet Geschäftsbanken die Möglichkeit, Zentralbankgeldüberschüsse kurzfristig zinstragend bei den NZBen anzulegen. Die Einlagen sind bis zum nächsten Geschäftstag befristet, wobei es für den Betrag, den die Geschäftsbanken „über Nacht“ anlegen, keine Obergrenze gibt. Die Anlage erfolgt zu einem von der EZB fixierten, im Voraus bekannt gegebenen und jederzeit änderbaren Zinssatz, der - wie schon erwähnt - i.Allg. die *Untergrenze* für den Tagesgeldsatz am Geldmarkt bildet. Er lag meistens 100 Basispunkte unter dem Zinssatz für Hauptrefinanzierungsgeschäfte; derzeit beträgt der Abstand 75 Basispunkte. Die Geschäftsbanken erhalten für die im ESZB gehaltenen Einlagen keine Sicherheiten. Die EZB kann die Bedingungen der Einlagefazilität jederzeit ändern oder ihre Inanspruchnahme aussetzen.

---

62 Am Tagesende ungedeckt gebliebene Schuldnerpositionen von Geschäftsbanken auf Konten bei NZBen werden automatisch als Antrag zur Inanspruchnahme der Spitzenrefinanzierungsfazilität behandelt.

### f) Outright-Ankäufe von Wertpapieren

Als Antwort auf die sich nach dem Konkurs von Lehmann Brothers Mitte September 2008 verschärfende internationale Finanzkrise musste die Zentralbankpolitik neue Wege beschreiten. Die Notwendigkeit hierfür ergab sich daraus, dass die mittlerweile traditionelle *Zinssteuerung*, ausgerichtet an einem sehr kurzfristigen Geldmarktzins als Operationsziel, an die Nullgrenze stieß bzw. sich ihr annäherte. So hatten die Federal Reserve, die Bank of Japan, die Bank of England, die Bank of Canada, die Sveriges Riksbank und die Schweizerische Nationalbank ihre Leitzinsen bis Mai 2009 auf nahe null gesenkt[63]. Auch der Hauptrefinanzierungssatz der EZB hatte mit 1 v.H. einen historischen Tiefstand erreicht. Der geldpolitische Handlungsspielraum in expansiver Richtung war also für die konventionelle Zinssteuerung vollständig oder weitgehend ausgeschöpft. Wie schon erwähnt, wird auf die daraufhin von anderen wichtigen Zentralbanken ergriffenen unkonventionellen Maßnahmen *vorweg* eingegangen, zumal zwischen ihnen und der neuartigen EZB-Politik wegen der ähnlichen Ausgangs- und Rahmenbedingungen ein Zusammenhang besteht.

*aa) Neuartige Geldpolitik.* – Bei den neuartigen geldpolitischen Maßnahmen anderer wichtiger Zentralbanken, unter ihnen insbesondere die Federal Reserve, die Bank of England und die Bank of Japan, bildet nicht der Leitzins den Ansatzpunkt, sondern direkt bestimmte Finanzmärkte wie der Markt für Commercial Papers (CPs), der Markt für durch Vermögenswerte (wie Hypothekenkredite) besicherte Wertpapiere (Asset-Backed Securities, kurz: ABS), der Markt für Staatstitel und auch der Aktienmarkt[64]. Ihr Ansatzpunkt ist also im Transmissionsmechanismus der Geldpolitik gegenüber der an einem sehr kurzfristigen Geldmarktsatz ausgerichteten Zinssteuerung eher nachgelagert. Ein wichtiges Instrument der neuartigen Geldpolitik sind **outright-Ankäufe** von Wertpapieren, d.h. Wertpapiere werden – anders als bei Repogeschäften im Rahmen der traditionellen Zinssteuerungspolitik – *endgültig* angekauft. Outright-Ankäufe von privaten Wertpapieren wie CPs oder Unternehmensanleihen stützen die unter Druck geratenen, in ihrer Funktionsfähigkeit gestörten Finanzmärkte und tragen so zu einer Verbesserung der Finanzierungsmöglichkeiten für Unternehmungen bei[65]. Ankäufe längerfristiger Staatsschuldverschreibungen durch Zentralbanken (wie sie von der Federal Reserve, der Bank of England und der Bank of Japan getätigt wurden) senken den langfristigen Zinssatz und stimulieren dadurch die Nachfrage nach Investitionsgütern und dauerhaften Konsumgütern. Wird der mit Zentralbankkäufen öffentlicher und privater Wertpapiere verbundene Zufluss an Zentralbankgeld nicht neutralisiert, dann steigt außerdem die monetäre Basis und erhöht dadurch tendenziell das Kreditangebot der Geschäftsbanken.

---

63 Siehe Bank für Internationalen Zahlungsausgleich. 79. Jahresbericht. 1. April 2008 – 31. März 2009, S. 109.

64 Die Bank of Japan kaufte Aktien aus Beständen der Finanzinstitute.

65 Mit den Stützungskrediten der Federal Reserve werden ähnliche Ziele verfolgt. So wurde die Emission von mit PKW-Krediten, Studentendarlehen oder Kreditkartenforderungen besicherten *asset backed securities* dadurch gefördert, dass Investoren, die diese Titel hielten, Kredite gewährt wurden. Dadurch wurden die Finanzierungsbedingungen für kleinere Unternehmungen und Haushalte verbessert.

Steht der Zufluss an Zentralbankgeld im Fokus der Geldpolitik (und damit ein *Passivposten* der Zentralbankbilanz), dann bezeichnet man die entsprechenden Maßnahmen auch als *quantitative Lockerung* („*quantatitive easing*"). Wird der Zufluss an Zentralbankgeld dagegen mehr als ein Nebenprodukt der Zentralbankoperationen angesehen und stehen die Stützungsaktionen der Zentralbank in Form von Wertpapierkäufen oder auch Krediten mit dem Ziel, Verspannungen an bestimmten Finanzmärkten entgegenzuwirken, im Vordergrund (und damit *Aktivposten* der Zentralbankbilanz), dann nennt man diese Form der Geldpolitik auch *Kreditlockerung* („*credit easing*")[66].

Handelt es sich bei den outright-Ankäufen der Zentralbank nicht um praktisch risikofreie Staatstitel (wie Schatzwechsel und Staatsanleihen), sondern um risikable private Wertpapiere, dann ist ein weiterer Effekt zu beachten: Indem Zentralbanken risikable Wertpapiere wie CPs oder Unternehmensanleihen aus dem Portefeuille der Banken übernehmen, verbessert sich in deren Bilanzen das Risikoprofil. Werden dadurch Beschränkungen auf Grund von Eigenkapitalerfordernissen gelockert, dann sind Banken eher bereit und in der Lage, mehr Kredite zu vergeben[67]. Dieser Effekt tritt auch ein, wenn die Zentralbank den Zufluss an Zentralbankgeld neutralisiert, indem sie z.B. Schatzwechsel verkauft und dadurch in den Bankbilanzen risikable Wertpapiere durch risikofreie ersetzt. Zusätzlich wird hierdurch die Geldbeschaffung der Banken auf dem Geldmarkt in Form von Repogeschäften erleichtert, weil die Besicherung hierbei vornehmlich durch Staatstitel erfolgt. Außerdem wird der Spielraum für eine Refinanzierung bei der Zentralbank vergrößert, vorausgesetzt, die durch Schatzwechsel ersetzten risikablen privaten Wertpapiere werden gar nicht oder nur mit spürbaren Bewertungsabschlägen („haircuts") als Pfänder akzeptiert.

Ähnliche Vorteile für die Geldbeschaffung ergeben sich auch durch eine bestimmte Form der *Wertpapierleihe*, wie sie von der Federal Reserve, der Bank of England, der Bank of Japan und der Bank of Canada praktiziert wurde. So verlieh die Federal Reserve im Rahmen ihrer „Term Securities Lending Facility" risikofreie Staatschuldverschreibungen an sog. „primary dealer"[68] gegen Hergabe von weniger liquiden, risikablen Wertpapieren als Pfand. Die Federal Reserve gab die Staatstitel im Zuge eines Auktionsprozesses ab.

Treten Zentralbanken auf Finanzmärkten als starker Käufer von weniger liquiden, risikablen Wertpapieren auf, dann stärkt ihr Engagement auch das Vertrauen in diese Schuldtitel und die Funktionsfähigkeit der entsprechenden Märkte. Dadurch vermindern sich die Bonitätsaufschläge („credit spreads") gegenüber risikofreien Staatstiteln, und Investoren sind bereit, die gleiche Menge an Wertpapieren zu niedrigeren Zinssätzen bzw. höheren Kursen nachzufragen. Hierdurch wird der ohnehin durch die zusätzliche Wertpapiernachfrage der Zentralbanken ausgeübte Zinsdruck unterstützt.

---

66 Diese Begriffe wurden z.B. von B. S. Bernanke (chairman der Federal Reserve) in seiner Rede über „ The Crisis and the Policy Response" am 13. Januar 2009 verwendet (www.federalreserve.gov/newsevents/speech/bernanke20090113a.htm). - Siehe auch Bank für Internationalen Zahlungsausgleich. 79. Jahresbericht, a.a.O., S. 113.

67 Siehe Bank für Internationalen Zahlungsausgleich. 79. Jahresbericht, a.a.O., S. 112 f.

68 *Primary dealer* sind Banken und Wertpapierbroker/händler, die direkt mit der Federal Reserve Wertpapiere handeln dürfen.

Schon auf Grund der ***Ankündigung*** der Zentralbanken, sich als Käufer von risikablen Wertpapieren zu betätigen, ist wegen der Einflussnahme auf die Zinserwartungen damit zu rechnen, dass die Zinssätze auf den entsprechenden Märkten nachgeben. Tatsächlich zeigte sich eine derartige **Signalwirkung** sehr deutlich, als die Federal Reserve und die Bank of England angekündigt hatten, langfristige Staatsanleihen im Rahmen von outright-Transaktionen anzukaufen, und die langfristige Rendite dieser Papiere daraufhin stark zurückging[69].

*bb) EZB-Ankäufe gedeckter Schuldverschreibungen.* – aaa) Ankäufe gedeckter Schuldverschreibungen sind das neuartige geldpolitische Instrument der EZB-Politik. Ihre Einführung erfolgte angesichts der an den Finanzmärkten herrschenden außergewöhnlichen Umstände und ist (wie erwähnt) im Kontext mit den oben behandelten outright-Ankäufen von Wertpapieren anderer Zentralbanken zu sehen. Die Umsetzung des Programms wurde von der EZB am 2. Juli 2009 beschlossen[70]. Das Programm beinhaltet, dass die NZBen des Eurosystems und ausnahmsweise die EZB in der EWWU begebene, in Euro denominierte gedeckte, d.h. besicherte Schuldverschreibungen („covered bonds") in einem angestrebten Nominalbetrag von 60 Mrd. EUR innerhalb eines Zeitraums von Anfang Juli 2009 bis Ende Juni 2010 kaufen können[71]. Angekauft werden i.d.R. Schuldverschreibungen mit Restlaufzeiten zwischen drei und zehn Jahren[72]. Zu den gedeckten Schuldverschreibungen gehören die unter den deutschen Finanzinstrumenten besonders wichtigen Pfandbriefe. Die Zins- bzw. Kurskonditionen werden mit den Geschäftspartnern bilateral ausgehandelt, aber nicht veröffentlicht. Die weiteren Modalitäten der Abwicklung sind im Einzelnen wie folgt geregelt[73]:

- Die Schuldverschreibungen werden direkt von den Geschäftspartnern endgültig (outright) gekauft.
- Die Käufe werden sowohl auf Primärmärkten als auch auf Sekundärmärkten durchgeführt.
- Zugelassene Geschäftspartner sind solche, die an geldpolitischen Operationen des Eurosystems teilnehmen, sowie im Euro-Währungsgebiet ansässige Geschäftspartner, bei denen das Eurosystem Euro-Wertpapieranlagen vornimmt.
- Um für EZB-Ankäufe infrage zu kommen, müssen gedeckte Schuldverschreibungen
  - als Sicherheiten für geldpolitische Operationen des Eurosystems zugelassen sein,

69 Siehe hierzu Bank für Internationalen Zahlungsausgleich. 79. Jahresbericht, a.a.O., S. 112.

70 Siehe hierzu Amtsblatt der Europäischen Union, L 175/18 vom 4.7.2009.

71 Das Ankaufsvolumen der einzelnen NZBen richtet sich in etwa nach ihrem Anteil am EZB-Kapital. Demnach kann die Deutsche Bundesbank Ankäufe von etwa 15 Mrd. EUR vornehmen. Für die EZB ist ein Gesamtbetrag von 5 Mrd. EUR vorgesehen.

72 Siehe Deutsche Bundesbank, Monatsbericht August 2009, S. 46.

73 Siehe European Central Bank, Press Release (4. June 2009) (www.ecb.europa.eu/press/pr/date/2009/html/pr090604_1.en.html).

- die Kriterien der so genannten OGAW-Richtlinie gemäß Artikel 22 Absatz 4 erfüllen oder [74] vergleichbare Sicherheiten aufweisen,
- i.d.R. auf einen Emissionsbetrag von rd. 500 Mio EUR oder mehr, in keinem Fall aber von weniger als 100 Mio EUR lauten,
- i.d.R. über ein Mindestrating von AA oder ein diesem gleichwertiges Rating von mindestens einer der großen Ratingagenturen (Fitch; Moody's, S&P oder DBRS) verfügen, dürfen aber auf keinen Fall ein niedrigeres Rating als BBB-/Baa3 aufweisen und
- durch Vermögenswerte gedeckt sein, die Forderungen gegen private und (oder) öffentliche Stellen darstellen.

bbb) Der Markt für gedeckte Schuldverschreibungen war durch die internationale Finanzkrise erheblich unter Druck geraten. Die zusätzliche Nachfrage der EZB nach gedeckten Schuldverschreibungen belebt den Handel in diesem Segment, stärkt also seine Marktliquidität (Handelbarkeit von Wertpapieren) und dürfte zu sinkenden Bonitätsaufschlägen führen sowie - hiermit zusammenhängend - tendenziell auf niedrigere Zinsen für gedeckte Schuldverschreibungen, also auch für Pfandbriefe, hinwirken. Jedenfalls bewirkte schon die Ankündigung des Programms eine Einengung der spreads gegenüber risikofreien Staatstiteln und einen Zinsrückgang. Dieses galt auch für den deutschen Pfandbriefmarkt[75]. Ferner zeigte sich, dass die Pfandbriefrenditen nach Abklingen des Ankündigungseffekts weiter sanken. Parallel dazu belebten sich die Handelsaktivitäten auf den durch das Ankaufsprogramm gestützten Märkten für gedeckte Schuldverschreibungen[76].

Vom Zinsrückgang bei gedeckten Schuldverschreibungen sind Folgewirkungen für Finanzinstrumente zu erwarten, die in einer Substitutionsbeziehung zu diesen Papieren stehen. Fallen z.B. die Renditen von Pfandbriefen, dann werden Geldmarktanlagen attraktiver. Die Nachfrage nach Geldmarktpapieren (z.B. nach CPs oder Einlagenzertifikaten, kurz: CDs) und das Angebot an Termingeldern dürften deshalb zunehmen. Dementsprechend ist damit zu rechnen, dass sich die Emissionsbedingungen für CPs verbessern und die Zinssätze für CDs sowie die Termingeldsätze zurückgehen. Ersteres erleichtert die Unternehmensfinanzierung durch Begebung von CPs, Letzteres verbilligt die Refinanzierung der Geschäftsbanken auf dem Geldmarkt. Günstigere Refinanzierungsmöglichkeiten für Geschäftsbanken dürften diese veranlassen, ihr Kreditangebot im Kundengeschäft tendenziell auszuweiten und dabei die zu erwartenden Zinssenkungen auf dem Geldmarkt zumindest teilweise an die Kreditnehmer weiterzugeben[77]. Die geschilderten Erwartungen entsprechen den erklärten Zielen des Ankaufsprogramms der EZB[78]: Belebung des Handels am Markt für gedeckte Schuldverschreibungen (und damit eine Verbesserung seiner Marktliquidität), Förderung

[74] OGAW ist eine Abkürzung für **O**rganismen für **g**emeinsame **A**nlagen in **W**ertpapieren.
[75] Siehe Deutsche Bundesbank, Monatsbericht August 2009, S. 46.
[76] Zu diesem und dem vorhergehenden Satz siehe ebenda.
[77] Wie die Europäische Zentralbank (Monatsbericht Dezember 2008, S. 52) feststellt, passen die Geschäftsbanken ihre kurzfristigen Zinssätze im Kundengeschäft nach wie vor insbesondere an Änderungen der Termingeldsätze an.
[78] Siehe hierzu Amtsblatt der Europäischen Union, L 175/18 vom 4.7.2009.

rückläufiger Geldmarktzinsen, Stimulierung der Kreditgewährung der Geschäftsbanken durch Verbesserung ihrer Refinanzierung sowie Lockerung der Finanzierungs- und Kreditbedingungen für Unternehmungen.

## g) Mindestreserven

*aa) Funktionen.* – Mit der Errichtung eines Mindestreservesystems werden verschiedene Zwecke verfolgt. *Erstens* führt die Mindestreserveverpflichtung bei den Geschäftsbanken – über die Bargeldabzüge hinaus – zu einem zusätzlichen stabilen Zentralbankgeldbedarf, vergrößert so das strukturelle Liquiditätsdefizit und erhöht damit deren Abhängigkeit von der Zentralbankgeldversorgung. *Zweitens* dient die Mindestreservehaltung den Geschäftsbanken als Liquiditätspuffer, da sie nur im Periodendurchschnitt zu erfüllen ist, und erspart der Zentralbank dadurch häufige Feinsteuerungsinterventionen am Geldmarkt. *Drittens* wirkt der Mindestreservesatz im Fall von Störungen bezüglich des Geldangebots wie ein eingebauter Stabilisator (oder eine „Geldschöpfungsbremse"), weil er eine direkte Verbindung zwischen Mindestreserven und Geldschöpfung herstellt[79]. *Viertens* kann der Mindestreservesatz als geldpolitischer Aktionsparameter eingesetzt werden, z.B. erhöht werden, um dadurch (wie durch strukturelle Operationen) bei Geschäftsbanken eine strukturelle (mehr längerfristige) Liquiditätsknappheit herbeizuführen oder zu vergrößern. In ihrer zuletzt genannten Funktion als *prozesspolitisches* Instrument hatten die Mindestreserven ihre Bedeutung schon in der früheren Bundesbankpolitik zunehmend verloren; stattdessen wurde ihre Aufgabe in erster Linie darin gesehen, dass sie über die zuerst genannten Funktionen die *ordnungspolitischen* Rahmenbedingungen für geldpolitische Maßnahmen verbessern.

*bb) Ausgestaltung.* – Der Mindestreserveverpflichtung unterliegen grundsätzlich die im Euro-Währungsgebiet niedergelassenen Kreditinstitute[80]. Sie werden dadurch abgegrenzt, dass sie das Kredit- und Einlagengeschäft mit jedermann betreiben und zur Geldschöpfung befähigt sind. Berechnungsgrundlage der Mindestreserven ist die sog. *Mindestreservebasis*. In die Mindestreservebasis mit einem *positiven* Reservesatz einbezogene bilanzielle Verbindlichkeiten der Kreditinstitute sind täglich fällige Einlagen, Einlagen mit einer vereinbarten Laufzeit bzw. Kündigungsfrist von bis zu zwei Jahren und ausgegebene Schuldverschreibungen mit einer Ursprungslaufzeit von bis zu zwei Jahren (einschließlich Geldmarktpapiere). *Ausgenommen* sind jedoch Verbindlichkeiten gegenüber anderen reservepflichtigen Kreditinstituten und gegenüber der EZB sowie nationalen Zentralbanken. Kann ein Einzelnachweis über die von anderen reservepflichtigen Kreditinstituten gehaltenen Bestände an Schuldverschreibungen mit einer Laufzeit von bis zu zwei Jahren und an Geldmarktpapieren nicht erbracht

[79] Formal betrachtet resultiert die stabilisierende Funktion des Mindestreservesatzes daraus, dass er im Nenner von Geldangebotsmultiplikatoren steht. Siehe hierzu z.B. JARCHOW, Theorie und Politik des Geldes, a.a.O., S 109 ff.

[80] Siehe hierzu genauer EUROPÄISCHE ZENTRALBANK, Durchführung der Geldpolitik ..., a.a.O., S. 64 f.

werden, dann kann das emittierende Kreditinstitut die Mindestreservebasis um 30 v.H. dieser Verbindlichkeiten kürzen. Ein Reservesatz von *Null* soll für Verbindlichkeiten aus Wertpapierpensionsgeschäften (Verkäufe von Wertpapieren unter Rückkaufsvereinbarung)[81], die auch als *Repo-Geschäfte* bezeichnet werden, sowie aus Einlagen mit einer vereinbarten Laufzeit bzw. Kündigungsfrist von über zwei Jahren und ausgegebenen Schuldverschreibungen mit einer Ursprungslaufzeit von mehr als zwei Jahren angewendet werden[82].

In Hinblick auf elektronisches Geld (E-Geld) und seine in der Zukunft vermutlich wachsende Bedeutung bleibt anzumerken, dass dieses unter den täglich fälligen Einlagen der Kreditinstitute erfasst wird, sofern diese die Emittenten von E-Geld sind. Damit ist das von den Kreditinstituten emittierte E-Geld Teil der für die Berechnung des Mindestreservesolls relevanten Reservebasis. Sollten in der Zukunft auch Nicht-Kreditinstitute E-Geld emittieren, bestünde die Möglichkeit, auch diese in die Mindestreservepflicht einzubeziehen.

Das *Mindestreserve-Soll* eines Kreditinstituts wird ermittelt, indem auf den Betrag der reservepflichtigen Verbindlichkeiten die von der EZB festgesetzten *Reservesätze* der entsprechenden Verbindlichkeitenkategorie angewendet werden. Die EZB kann auf die gesamte Reservebasis einen *einheitlichen* Reservesatz anwenden oder die Reservesätze nach Verbindlichkeitenkategorien *differenzieren*. Die Mindestreservesätze dürfen dabei 10 Prozent der entsprechenden Verbindlichkeitenkategorie nicht überschreiten; sie können aber (wie oben erwähnt) null Prozent betragen[83]. Nach dem Beschluss des EZB-Rats vom 13. Oktober 1998 wird ein **einheitlicher Reservesatz von 2 v.H.**, bezogen auf die mindestreservepflichtigen Verbindlichkeiten, angewendet. Für die Berechnung des Mindestreserve-Solls werden die reservepflichtigen Verbindlichkeiten am Ende eines Monats zu Grunde gelegt. Die so (z.B. Ende Januar) ermittelte Reservebasis ist dann für das Mindestreserve-Soll in der erst im übernächsten Monat (z.B. im März) beginnenden Erfüllungsperiode maßgeblich. Dass die Erfüllungsperiode dem für die Ermittlung des Mindestreserve-Solls maßgeblichen Berechnungszeitpunkt zeitlich versetzt folgt, erleichtert den Kreditinstituten die Dispositionen über die von ihnen zu haltenden Mindestreserven.

Die Mindestreserveerfüllungsperiode beträgt rund einen Monat. Nach der bereits erwähnten seit März 2004 praktizierten Neuregelung beginnt sie am Abwicklungstag desjenigen Hauptrefinanzierungsgeschäfts, das auf die Sitzung folgt, für die die monatliche Erörterung des geldpolitischen Kurses vorgesehen ist, d.h. auf der möglicherweise zinspolitische Entscheidungen fallen. Wie schon erwähnt,

---

81 Da Verbindlichkeiten gegenüber dem ESZB und mindestreservepflichtigen Kreditinstituten nicht mindestreservepflichtig sind, handelt es sich hierbei um Verbindlichkeiten von Kredit nehmenden und dabei Wertpapiere „in Pension“ gebenden Kreditinstituten gegenüber *anderen* (Pension nehmenden) Darlehnsgebern.

82 Ein Reservesatz von *Null* schließt nicht aus, dass für die genannten Verbindlichkeiten in Zukunft auch einmal ein *positiver* Mindestreservesatz festgesetzt wird.

83 Die Angaben finden sich in Artikel 4 (1) der VERORDNUNG (EG) Nr. 2531/98 DES RATES vom 23. November 1998 über die Auferlegung einer Mindestreservepflicht durch die Europäische Zentralbank. Siehe dazu Amtsblatt der Europäischen Gemeinschaften vom 27.11.1998.

geschieht dieses i.d.R. nur in der ersten Sitzung im Monat. Sie endet einen Tag vor dem entsprechenden Abwicklungstag im folgenden Monat. Von der EZB wird spätestens drei Monate vor Beginn eines Jahres ein Kalender der Mindestreserveerfüllungsperioden veröffentlicht.

Die im März 2004 vorgenommene Neuregelung der Mindestreserveerfüllungsperiode bedeutet, dass während dieser Periode die Refinanzierungssätze der EZB für die Hauptfinanzierungsgeschäfte i.Allg. festliegen. Die zur gleichen Zeit vorgenommene Verkürzung der Laufzeit der Hauptrefinanzierungsgeschäfte von zwei Wochen auf eine Woche hat zur Folge, dass die Refinanzierung im Rahmen dieser Geschäfte nicht in die nächste Mindestreserveerfüllungsperiode hineinreicht. Durch beide Änderungen zusammen wird verhindert, dass bei den Bietern ins Gewicht fallende Zinsänderungserwartungen für den Zeitraum innerhalb der Mindestreserveerfüllungsperiode entstehen können, durch die der Abstand der akzeptierten Zinsgebote und damit auch der kurzfristigen Geldmarktsätze von dem als Leitzins fungierenden Festzinssatz bzw. Mindestbietungssatz temporär ausgeweitet wird. Die ab März 2004 wirksamen Änderungen tragen somit dazu bei, dass die akzeptierten Zinsgebote und die kurzfristigen Geldmarktsätze in der Nähe des Festzinssatzes bzw. Mindestbietungssatzes bleiben, und stärken damit dessen geldpolitische Signalfunktion[84].

Die EZB gestattet den Abzug eines einheitlichen Freibetrages vom Reserve-Soll der Institute in Höhe von 100 000 Euro. Diese Regelung bewirkt, dass für Kreditinstitute mit entsprechend kleiner Mindestreservebasis die Pflicht zur Haltung von Mindestreserven entfällt.

Das *Mindestreserve-Ist* ergibt sich aus dem *Durchschnitt* der Tagesendstände der bei den NZBen auf den Reservekonten während der Mindestreserveerfüllungsperiode gehaltenen Guthaben. Im Unterschied zu den bis Ende 1998 gültigen Mindestreserveregelungen im Rahmen der Bundesbankpolitik werden die im Rahmen des Eurosystems zu haltenden Mindestreserveguthaben bis zur Höhe des Reserve-Solls *verzinst*. Dabei erfolgt die Verzinsung mit dem durchschnittlichen Zinssatz der EZB für die Hauptrefinanzierungsgeschäfte in der Mindestreserveerfüllungsperiode[85].

Unterschreitet das Mindestreserve-Ist das Mindestreserve-Soll, wird also die Mindestreservepflicht nicht eingehalten, dann kann die EZB eine der beiden folgenden *Sanktionen* beschließen:

- Sie kann entweder eine Zahlung festsetzen, die sich aus einem Sonderzins auf den Fehlbetrag ergibt, wobei der Sonderzins bis zu 5 Prozentpunkte über dem Spitzenrefinanzierungssatz liegt *oder* bis zum Zweifachen des Spitzenrefinanzierungssatzes betragen kann.

---

84 Siehe zu diesen Überlegungen genauer EUROPÄISCHE ZENTRALBANK, Monatsbericht Oktober 2001, S. 59 ff., und August 2003, S. 45 ff.

85 Siehe hierzu genauer EUROPÄISCHE ZENTRALBANK. Durchführung der Geldpolitik ..., a.a.O., S. 68 f.

- Sie kann aber auch das betreffende Kreditinstitut zu einer unverzinslichen Einlage bei der EZB oder den NZBen von bis zum Dreifachen der Mindestreserveunterschreitung verpflichten[86].

Tatsächlich erhebt sie einen Strafzins, der im Normalfall 2,5 Prozentpunkte über dem Spitzenrefinanzierungssatz liegt und dessen Aufschlag sich im Wiederholungsfall[87] auf 5 Prozentpunkte erhöht.

### h) EZB-Politik und Transmissionsprozess

Abschließend soll noch kurz skizziert werden, wie das Eurosystem mit seinem geldpolitischen Instrumentarium auf den monetären Bereich einwirkt und über welche Transmissionskanäle sich die monetären Impulse dann auf den Gütermarkt ausbreiten, d.h. zunächst Produktion und Beschäftigung und später auch die Preisentwicklung verändern[88]. Im Bereich der geldpolitischen Implementierung konzentrieren sich die Betrachtungen dabei auf die besonders wichtigen Hauptrefinanzierungsgeschäfte. Wie im Einzelnen ausgeführt, werden diese als Standardtender in Form eines Mengen- oder Zinstenders abgewickelt. Im Fall eines Mengentenders entspricht der von der Zentralbank fixierte Festzinssatz dem Refinanzierungssatz der EZB, im Fall eines Zinstenders lässt sich der Mindestbietungssatz als Refinanzierungssatz interpretieren. Mit dem Refinanzierungssatz als Leitzins steuert das Eurosystem in der ersten Stufe des Transmissionsprozesses einen Tagesgeldsatz wie den EONIA als Operationsziel.

Beispielsweise sinkt im Zuge einer *expansiven* Geldpolitik mit dem Refinanzierungssatz der EZB auch der EONIA. Tendenziell sinken dann auch die Zinssätze für Termingelder am Euro-Geldmarkt. Da bei einem Rückgang der Geldmarktzinsen die Refinanzierungskosten für die Geschäftsbanken niedriger werden, erhöhen bzw. verbilligen die Banken ihr Kreditangebot. Die Sollzinssätze für Kredite, d.h. die Kreditzinssätze, fallen dementsprechend, und die Habenzinssätze für Kundeneinlagen folgen dieser Anpassung. Von der Zinssenkung wird auch der Wertpapiermarkt erfasst; denn Banken und Nichtbanken begnügen sich bei fallenden Bankzinsen bei Wertpapieranschaffungen mit niedrigeren Zinssätzen. Im Zuge der expansiven Geldpolitik sinkt also allgemein das Zinsniveau. Bei sinkenden Zinssätzen werden Obligationen durch Aktien, aber auch durch Immobilienzertifikate bzw. Immobilien, ersetzt. Infolge zunehmender Nachfrage steigen die Preise

---

86 Die Angaben finden sich in Artikel 7 (1) der in Fußnote 83 zitierten Verordnung. – Siehe auch Europäische Zentralbank. Durchführung der Geldpolitik ..., a.a.O., S. 69.

87 Der Wiederholungsfall liegt vor, wenn sich bei einem Kreditinstitut mehr als zweimal innerhalb von zwölf Monaten Fehlbeträge bei der Mindestreserveerfüllung ergeben. Siehe hierzu Europäische Zentralbank, Jahresbericht 2000, S. 71 f.

88 Eingehende Darstellungen zum Transmissionsmechanismus finden sich in Lehrbüchern zur Geldtheorie. Siehe dazu z.B. Jarchow, Theorie und Politik des Geldes, ..., a.a.O. – Siehe auch R. Anderegg, Grundzüge der Geldtheorie und Geldpolitik. München 2007, E. Görgens, K. Ruckriegel, F. Seitz, Europäische Geldpolitik. Theorie, Empirie, Praxis. 5., völlig neu bearb. Aufl. mit einem Geleitwort von Jürgen Stark. Stuttgart 2008, O. Issing, Einführung in die Geldtheorie. 14., wesentlich überarb. Auflage. München 2007 und H.-P. Spahn, Geldpolitik. Finanzmärkte, neue Makroökonomie und zinspolitische Strategien. München 2006.

auf den entsprechenden Vermögensmärkten, z.B. der Aktienkurs. Schließlich wirken sich sinkende Zinssätze im Euroraum auch auf den Wechselkurs des Euro aus, z.B. gegenüber dem Dollar. Tendenziell ergibt sich eine Abwertung für den Euro, d.h. der Preis eines Euro in Dollar ($/€) fällt. Ein wichtiger Grund hierfür liegt darin, dass Finanzinvestoren aus dem Euroraum bei sinkenden Zinssätzen im Euroraum auf ausländische Anlagen, z.B. Dollaranlagen, ausweichen. Die Folge ist eine steigende Dollarnachfrage und ein steigendes Euroangebot, wodurch der Dollarkurs eines Euro ($/€) fällt.

Der *Zinssatz* ist *ein* wichtiger geldpolitischer Transmissionskanal. Niedrigere Zinsen regen die Investitionstätigkeit an und erhöhen die Nachfrage nach dauerhaften Konsumgütern. Dadurch nehmen Produktion und Beschäftigung zu, und mit der Zeit steigen die Preise bzw. in einer nominal wachsenden Wirtschaft mit Geldmengenwachstum steigt die Inflationsrate. In die gleiche Richtung wirkt der *zweite* Transmissionskanal, den die *Vermögenspreise* bilden. Steigen die Preise auf Vermögensmärkten, z.B. der Aktienkurs, dann wird das private Finanzvermögen größer. Demzufolge wird de Nachfrage nach Konsumgütern ausgeweitet. Bei steigenden Aktienkursen erscheint außerdem die Finanzierung von Investitionen durch Begebung von Aktien günstiger. Die Veränderung der Vermögenspreise steht in engem Zusammenhang mit einem *dritten* Transmissionskanal, dem *Kreditkanal*. Steigen die Vermögenspreise, z.B. die Aktienkurse, dann erhöht sich das Reinvermögen der betroffenen Unternehmungen, wodurch sich ihre Bonität verbessert und der Zugang zu Krediten erleichtert wird. Im Fall einer Besicherung von Krediten führen die Wertsteigerungen außerdem zu einer Erhöhung des Beleihungswertes der Pfänder, was in die gleiche Richtung wirkt. Der *vierte* Transmissionskanal ist schließlich der *Wechselkurskanal*. In dem betrachteten Fall einer Euro-Abwertung gegenüber dem Dollar werden Güter aus dem Dollarraum teurer und Güter aus dem Euroraum für die USA billiger. Hierdurch steigt der Außenbeitrag, wodurch sich für die gesamtwirtschaftliche Nachfrage - wie über die anderen drei Transmissionskanäle - ein expansiver Effekt ergibt.

Die Ausweitung der gesamtwirtschaftlichen Produktion und der Anstieg des Preisniveaus (bzw. der Inflationsrate) führen zu einer Erhöhung der Geld- und Kreditnachfrage. Mit der Zeit steigen dadurch die Zinssätze wieder. Hierdurch wird der Expansionsprozess abgebremst. Ob die gesamtwirtschaftliche Produktion bei steigenden Preisen (bzw. einer steigenden Inflationsrate) dabei schließlich wieder auf das Ausgangsniveau zurückfällt, hängt maßgeblich davon ab, wie stark sich die Geldlohnsätze an die Preissteigerungen anpassen. Einzelheiten hierzu und zum Transmissionsmechanismus bieten die gesamtwirtschaftlichen Analysen in der Geldtheorie[89].

---

89 Vgl. hierzu Fußnote 88.

**Zusammenfassung**

1. Das EZB-Instrumentarium umfasst Offenmarktgeschäfte, ständige Fazilitäten und das Mindestreservesystem. Die Offenmarktoperationen lassen sich in folgende Kategorien einteilen: Hauptrefinanzierungsgeschäfte sowie längerfristige Refinanzierungsgeschäfte, Feinsteuerungsoperationen und strukturelle Operationen. Die ständigen Fazilitäten bestehen aus der Spitzenrefinanzierungsfazilität und der Einlagefazilität.

2. Das zentrale Instrument zur Steuerung der Zentralbankgeldversorgung, der Zinssätze und der Geldmengenentwicklung sind die Hauptrefinanzierungsgeschäfte, daneben spielen auch die längerfristigen Refinanzierungsgeschäfte eine wichtige Rolle. Mit beiden Instrumenten versteigert das Eurosystem Zentralbankgeld in Form eines sog. Standardtenders, und zwar im ersten Fall wöchentlich mit einer Regellaufzeit von einer Woche, im zweiten Fall regelmäßig monatlich mit einer Regellaufzeit von drei Monaten. Die Geschäfte werden bei Hauptrefinanzierungsgeschäften als Mengentender (mit fester Zinsvorgabe) oder als Zinstender (mit der Aufforderung zu Zinsgeboten), bei längerfristigen Refinanzierungsgeschäften i. Allg. als Zinstender abgewickelt.

3. Feinsteuerungsmaßnahmen dienen dem Ausgleich unerwarteter Liquiditäts- und Zinsschwankungen am Geldmarkt. Sie erfolgen als befristete Transaktionen, Devisenswapgeschäfte, Hereinnahme von Termineinlagen und definitive Käufe bzw. Verkäufe von Schuldtiteln. Im Rahmen von Feinsteuerungsmaßnahmen kommen typischerweise sog. Schnelltender zur Anwendung: Sie werden mit einer begrenzten Zahl von Geschäftspartnern innerhalb von 90 Minuten durchgeführt.

4. Durch strukturelle Operationen soll ein längerfristiger (nachhaltiger) Einfluss auf die Bankenliquidität ausgeübt und dadurch die sog. „strukturelle Liquiditätsposition“ des Bankensystems gegenüber dem Eurosystem angepasst werden. Sie erfolgen als Liquidität bereitstellender Standardtender, durch die Liquidität absorbierende Emission von EZB-Schuldverschreibungen und durch definitive Käufe und Verkäufe von Wertpapieren. Letztere bedeuten, dass Wertpapiere endgültig (ohne Rückkaufsvereinbarung) vom Eurosystem ge- oder verkauft werden.

5. Von Ausnahmefällen abgesehen, obliegt die Durchführung der geldpolitischen Maßnahmen den NZBen.

6. Mit der Spitzenrefinanzierungsfazilität bietet das Eurosystem Geschäftsbanken für den Fall eines vorübergehenden Liquiditätsengpasses die Möglichkeit eines (unbegrenzten) Übernachtkredits zu einem im Voraus festgelegten Zinssatz. Die Einlagefazilität bietet Geschäftsbanken die Möglichkeit, Zentralbankgeldüberschüsse bis zum nächsten Geschäftstag (unbegrenzt) beim Eurosystem zu einem im Voraus festgelegten Zinssatz als Einlage zu halten. Diese beiden ständigen Fazilitäten begrenzen die insbesondere durch die Hauptrefinanzierungsgeschäfte gelenkten Bewegungen des Tagesgeldsatzes nach oben und unten.

7. Angesichts der an den Finanzmärkten herrschenden außergewöhnlichen Umstände beschloss die EZB Mitte 2009 als neuartige geldpolitische Operation, gedeckte Schuldverschreibungen outright, d. h. endgültig, in einem Gesamtumfang von 60 Mrd. EUR anzukaufen. Man wollte damit den Handel auf diesem Markt beleben, den Rückgang von Geldmarktzinsen fördern, die Kreditgewährung der Banken stimulieren und die Finanzierungsbedingungen für Unternehmungen lockern. Diese Maßnahme ist im Kontext mit der von anderen wichtigen Zentralbanken betriebenen neuartigen Geldpolitik zu sehen. Sie wurde erforderlich, nachdem sich der Spielraum für die konventionelle Zinssteuerungspolitik durch Annäherung an die Nullgrenze nach unten praktisch erschöpft hatte. Sie bestand insbesondere darin, dass die Zentralbanken auf unter Druck gekommenen Finanzmärkten stützend eingriffen, und zwar durch outright-Käufe entsprechender Papiere und Kreditgewährung. Daneben wurden auch längerfristige Staatsanleihen gekauft, um das langfristige Zinsniveau zu senken.

8. Mindestreserven erhöhen die Abhängigkeit der Geschäftsbanken von der Zentralbankgeldversorgung, dienen den Geschäftsbanken als Liquiditätspuffer, fungieren als „Geldschöpfungsbremse" und können durch Änderungen des Mindestreservesatzes als geldpolitisches Instrument eingesetzt werden. Die Basis der Mindestreserveverpflichtung gegenüber dem Eurosystem bilden die Monatsendstände der reservepflichtigen Verbindlichkeiten der Kreditinstitute, auf die die von der EZB festgesetzten Mindestreservesätze angewendet werden. Derzeit besteht ein einheitlicher Mindestreservesatz von 2 v. H. Das Mindestreserve-Ist (das verzinst wird) ergibt sich aus dem Durchschnitt der Tagesendstände der bei den NZBen während der Mindestreserveerfüllungsperiode gehaltenen Guthaben. Die Mindestreserveerfüllungsperiode beträgt einen Monat und beginnt – zeitlich versetzt – im übernächsten Monat nach dem für die Berechnung des Mindestreserve-Solls maßgeblichen Monatsende.

9. Die Geldpolitik des Eurosystems wirkt i. d. R. in der ersten Stufe des Transmissionsmechanismus auf den Geldmarkt ein. Danach breiten sich die monetären Impulse über den monetären Bereich aus und beeinflussen über den Zins-, Vermögenspreis-, Kredit- und Wechselkurskanal die gesamtwirtschaftliche Produktion und Beschäftigung sowie das Preisniveau bzw. die Inflationsrate.

## Ausgewählte Literaturangaben zum IV. Kapitel


R. ANDEREGG, Grundzüge der Geldtheorie und Geldpolitik. München 2007 (zu **2** und **3**).

BANK FÜR INTERNATIONALEN ZAHLUNGSAUSGLEICH, 79. Jahresbericht. 1. April 2008 - 31. März 2009, S. 107 ff. (zu **3**).

P. BOFINGER, Monetary Policy. Goals, Institutions, Strategies, and Instruments. Oxford 2001 (zu **1**).

BUNDESZENTRALE FÜR POLITISCHE BILDUNG, Vertrag von Amsterdam. Texte des EU-Vertrages und des EG-Vertrages mit deutschen Begleittexten, hrsg. von T. LÄUFER. Bonn 2000 (zu **1**).

DEUTSCHE BUNDESBANK, Informationsbrief zur Europäischen Wirtschafts- und Währungsunion, Nr. 4, Februar 1997, S. 3 ff. (zu **2** und **3**).

-, Informationsbrief zur Europäischen Wirtschafts- und Währungsunion, Nr. 9, September 1997, S. 3 ff (zu **3**).

-, Monatsbericht Januar 1998, S. 33 ff. (zu **2**).

EUROPÄISCHE ZENTRALBANK, Monatsbericht Januar 1999, S. 43 ff. (zu **2**).

-, Monatsbericht Juli 1999, S. 59 ff. (zu **1**).

-, Die Geldpolitik der EZB. Frankfurt am Main 2001 (zu **2** und **3**).

-, Die Geldpolitik der EZB. Frankfurt am Main 2004 (zu **2** und **3**).

-, Die Europäische Zentralbank, Geschichte, Rolle und Aufgaben. 2., überarb. Aufl. von H. K. SCHELLER. Frankfurt a. M. 2006 (zu **1**, **2** und **3**).

-, Durchführung der Geldpolitik im Euro-Währungsgebiet. Allgemeine Regelungen für die geldpolitischen Instrumente und Verfahren des Eurosystems. November 2008 (zu **3**).

E. GÖRGENS, K. RUCKRIEGEL, F. SEITZ, Europäische Geldpolitik. Theorie, Empirie, Praxis. 5., völlig neu bearb. Aufl. mit einem Geleitwort von J. STARK. Stuttgart 2008 (zu **1**, **2** und **3**).

O. ISSING, The Monetary Policy of the European Central Bank: Strategy and Implementation. "Beihefte zu Kredit und Kapital", H. 15 (2000), S. 353 ff. (zu **2** und **3**).

O. ISSING, V. CASPAR, I. ANGELONI, O. TRISTANT, Monetary Policy in the Euro Area. Strategy and Decision Making at the European Central Bank. Cambridge 2001 (zu **2**).

H.-J. JARCHOW, Von der Deutschen Bundesbank zur Europäischen Zentralbank. In: Quantitative Wirtschaftspolitik in offenen Volkswirtschaften: Theoretische Ansätze und aktuelle Entwicklungen (Festschrift zum 65. Geburtstag von HELMUT KUHN). Hrsg. von K. FARMER, H.-W. WOHLTMANN. Münster 1998. S. 23ff. (zu **1**, **2** und **3**).

# Literaturverzeichnis


ALESINA, A.: Politics and business cycles in industrial democracies. „Economic Policy, A European Forum“, 8 (1989), S. 55 ff.

ANDEREGG, R.: Grundzüge der Geldtheorie und Geldpolitik. München, Wien 2007.

ANDO, A., BROWN, E.C., KAREKEN, J., SOLOW, R.M.: Lags in Fiscal and Monetary Policy. In: Stabilization Policies. A Series of Research Studies. Prepared for the Commission on Money and Credit, Englewood Cliffs. N.J., 1963. S. 2 ff.

BALTENSPERGER, E.: Geldpolitik bei wachsender Integration (1979 - 1996). In: Fünfzig Jahre Deutsche Mark. Notenbank und Währung in Deutschland seit 1948. Hrsg. von der DEUTSCHEN BUNDESBANK. München 1998. S. 475 ff.

BERNHOLZ, P.: Die Bundesbank und die Währungsintegration in Europa. In: Fünfzig Jahre Deutsche Mark. Notenbank und Währung in Deutschland seit 1948. Hrsg. von der DEUTSCHEN BUNDESBANK. München 1998. S. 773 ff.

BLOOMFIELD, A.I.: Monetary Policy and the International Goldstandard: 1880 - 1914. New York 1959.

BOFINGER, P. in colloboration with J. REISCHLE and A. SCHÄCHTER: Monetary Policy. Goals, Institutions, Strategies, and Instruments. Oxford 2001.

BOFINGER, P., REISCHLE, J., SCHÄCHTER, A.: Geldpolitik. Ziele, Institutionen, Strategien und Instrumente. München 1996.

BORCHARDT, K.: Währung und Wirtschaft. In: Währung und Wirtschaft in Deutschland 1876 - 1975. Hrsg. von der DEUTSCHEN BUNDESBANK. Frankfurt a.M. 1976. S. 3 ff.

BORCHERT, M.: Geld und Kredit. Einführung in die Geldtheorie und Geldpolitik. 7., überarb. u. erw. Aufl. München, Wien 2001.

BREHMER, E.: Struktur und Funktionsweise des Geldmarktes der Bundesrepublik Deutschland seit 1948. Zugleich eine theoretische Grundlegung für Geldmärkte im allgemeinen. 2., neu bearb. u. erw. Aufl. (Kieler Studien, 65). Tübingen 1964.

BUCHANAN, J.M.: The Limits of Liberty. Between Anarchy and Leviathan. Chicago, London 1975.

BUCHHEIM, C.: Die Errichtung der Bank deutscher Länder und die Währungsreform in Westdeutschland. In: Fünfzig Jahre Deutsche Mark. Notenbank und Währung in Deutschland seit 1948. Hrsg. von der DEUTSCHEN BUNDESBANK. München 1998. S. 91 ff.

BÜSCHGEN, H.E.: Der Deutsche Geldmarkt. (Schriftenreihe der Österreichischen bankwissenschaftlichen Gesellschaft, H. 31). Wien 1969.

-: Bankbetriebslehre. Bankgeschäfte und Bankmanagement. 5., vollständig überarb. u. erw. Aufl. Wiesbaden 1998.

BUNDESZENTRALE FÜR POLITISCHE BILDUNG, Vertrag von Amsterdam. Texte des EU-Vertrages und des EG-Vertrages mit den deutschen Begleittexten. Hrsg. von TH. LÄUFER. Bonn 2000.

BURDA, M.C., WYPLOSZ, C.: Makroökonomie. Eine europäische Perspektive. 2., völlig überarb. Aufl. München 2003.

CAESAR, R.: Der Handlungsspielraum von Notenbanken. Theoretische Analyse und internationaler Vergleich. (Schriften zur monetären Ökonomie. Hrsg. von D. DUWENDAG, Bd. 13). Baden-Baden 1981.

–: Die „Autonomie“ der Deutschen Bundesbank – Ein Modell für Europa? In: Europäische Zentralbank. Europas Währungspolitik im Wandel. Hrsg. v. R. H. HASSE, W. SCHÄFER. Göttingen 1990. S. 111 ff.
–: Währungsreformen in Deutschland von 1870 bis 1945. „Bankhistorisches Archiv“, Beiheft 21 (1991), S. 11 ff.
–: Central Banks and Governments: Issues, Traditions, Lessons. „Diskussionsbeiträge aus dem Institut für Volkswirtschaftslehre. Universität Hohenheim“, Nr. 94 (1994).
CHARI, V. V., KEHOE, P. J.: Modern Macroeconomics in Practice: How Theory is Shaping Policy. „The Journal of Economic Perspectives”, Vol. 20, 4 (2006), S. 3 ff.
CLARIDA, R., GALI, J., GERTLER, M.: Monetary policy rules in practice. Some international evidence. „European Economic Review“, Vol. 42 (1998), S. 1033 ff.
DEPPE, H.-D.: Geldmarkt und Geldmarktkonzepte. In: Unternehmen und Gesellschaft. (Festschrift zum 75. Geburtstag von W. HASENACK.). Hrsg. von H.-J. ENGELEITER. Herne/Berlin 1976, S. 163 ff.
DEUTSCHE BUNDESBANK (Hrsg.): Deutsches Geld- und Bankwesen in Zahlen 1876–1975. Frankfurt a. M. 1976.
–: Sonderdrucke Nr. 7. Die Deutsche Bundesbank. Geldpolitische Aufgaben und Instrumente. 6. Aufl. Frankfurt a. M. 1993.
–: Die Geldpolitik der Deutschen Bundesbank. Frankfurt am Main 1995.
–: (Eds.), Monetary Policy Strategies in Europe. A Symposium at the Deutsche Bundesbank. München 1996.
–: Informationsbrief zur Europäischen Wirtschafts- und Währungsunion, Nr. 4, Februar 1997.
–: Informationsbrief zur Europäischen Wirtschafts- und Währungsunion, Nr. 9, September 1997.
–: Der Markt für deutsche Bundeswertpapiere. 3. Aufl. Frankfurt a.M. 2000.
DICKERTMANN, D., SIEDENBERG, A.: Instrumentarium der Geldpolitik. 4., neubearb. u. erw. Aufl. Düsseldorf 1984.
DRUKARCZYK, J.: Finanzierung. Eine Einführung. 9., neu bearb. Aufl. Stuttgart 2003.
DUWENDAG, D., KETTERER, K.-H., KÖSTERS, W., POHL, R., SIMMERT, D.B.: Geldtheorie und Geldpolitik. Eine problemorientierte Einführung mit einem Kompendium monetärer Fachbegriffe. 5., neubearb. Aufl. Köln 1999.
ELLER, R., SPINDLER, C.: Zins- und Währungsrisiken optimal managen. Analyse, Risiko, Strategien. Wiesbaden 1994.
EMMINGER, O.: Deutsche Geld- und Währungspolitik im Spannungsfeld zwischen innerem und äußerem Gleichgewicht. In: Währung und Wirtschaft in Deutschland 1876-1975. (Hrsg. v. DEUTSCHE BUNDESBANK). Frankfurt a.M. 1976. S. 485 ff.
ENGEL, G.: Verstetigung des Geldmengenwachstums und politische Unabhängigkeit der Zentralbank. „Kredit und Kapital“, 17. Jg. (1984), S. 540 ff.
EUROPÄISCHES WÄHRUNGSINSTITUT: Die einheitliche Geldpolitik in Stufe 3. Festlegung des Handlungsrahmens, Januar 1997.
EUROPÄISCHE ZENTRALBANK: Die Geldpolitik der EZB. Frankfurt a. M. 2004.
–: Die Europäische Zentralbank. Geschichte, Rolle und Aufgaben von H. K. SCHELLER. 2., überarb. Aufl. Frankfurt 2006.
–: Durchführung der Geldpolitik im Euro-Währungsgebiet. November 2008.
EUROPEAN CENTRAL BANK: The Monetary Policy of the ECB. Frankfurt a.M. 2000.

–:The Euro Money Market. July 2001. Frankfurt a.M. 2001.
–: Euro Money Market Study 2008. February 2009. Frankfurt a.M. 2009. (www.ecb.europa.eu/pub/pdf/other/euromoneymarketstudy200902en.pdf).
EYNERN, G. V.: Die Reichsbank. Probleme des deutschen Zentralnoteninstituts in geschichtlicher Darstellung. Jena 1928.
FISCHER, L.: Swapgeschäft. In: Handwörterbuch des Bank- und Finanzwesens. 3., völlig überarb. u. erw. Aufl. Stuttgart 1995. S. 2042 f.
FRIEDMAN, M.: The Role of Monetary Policy. „The American Economic Review", Vol. 58 (1968), S. 1 ff.
GERLACH, S., SCHNABEL, G.: The Taylor rule and interest rates in the EMU area. „Economics Letters", 67 (2000), S. 165 ff.
GERLACH, S., SVENSSON, L.E.O.: Money and inflation in the Euro Area: A case for monetary indicators? „Bank for International Settlements. Working Papers", No. 98 (2001).
GESTRICH, H.: Kredit und Sparen. Hrsg. v. W. EUCKEN. 3., durchges. Aufl. Düsseldorf u. München 1957.
GLESKE, L.: Die Liquidität in der Kreditwirtschaft. Frankfurt a.M. o. J.
GÖRGENS, E., RUCKRIEGEL, K., SEITZ, F.: Europäische Geldpolitik. Theorie, Empirie, Praxis. 5., völlig neu bearb. Aufl. mit einem Geleitwort von JÜRGEN STARK. Stuttgart 2008.
GOODHART, C.: The Evolution of Central Banks. Cambridge, Mass., London 1988.
GRILL, W., PERCZYNSKI, H.: Wirtschaftslehre des Kreditwesens. 42. Aufl. Troisdorf 2008.
GRILLI, A., MASCIANDARO, D., TABELLINI, G.: Political and monetary institutions and public financial policies in the industrial countries, „Economic Policy", Vol. 13 (1991), S. 342 ff.
HAGEN, J. V.: Geldpolitik auf neuen Wegen (1971-1978). In: Fünfzig Jahre Deutsche Mark. Notenbank und Währung in Deutschland seit 1948. Hrsg. von der DEUTSCHEN BUNDESBANK. München 1998. S. 439 ff.
HALLMAN, J.J., PORTER, R.D., SMALL, D.H.: M2 per Unit of Potential GNP as an Anchor for the Price Level. „Board of Governors of the Federal Reserve System. Staff Study", No. 157 (1989).
–: Is the Price Level Tied to the M2 Monetary Aggregate in the Long Run? „The American Economic Review"; Vol. 81 (1991), S. 841 ff.
HANSMEYER, K.-H., CAESAR, R.: Kriegswirtschaft und Inflation (1936–1948). In: Währung und Wirtschaft in Deutschland 1876–1975. Hrsg. von der DEUTSCHEN BUNDESBANK. Frankfurt a.M. 1976. S. 367 ff.
HASEWINKEL, V.: Geldmarkt und Geldmarktpapiere. Frankfurt a.M. 1993.
HERRMANN, A.: Die Geldmarktgeschäfte. 3., neubearb. u. erw. Aufl. Frankfurt a.M. 1986.
– : Geldmarkt. In: Knapps enzyklopädisches Lexikon des Geld-, Bank- und Börsenwesens. 5., neu bearb. Aufl. Frankfurt a. M. 2007, S. 763 ff.
HESSE, H.: Zweifache Währungsunion: Probleme und Aussichten. (Kieler Vorträge, 118). Kiel 1991.
HÖFERMANN, F.: Geldmarkt und Geldmarktgeschäfte. (Veröffentlichungen des Bank- und Börsenseminars der Universität Köln, Bd. 4). Frankfurt a. M. 1959.
HOHLFELD, H.: Die Systematik des Kreditmarkts. „Zeitschrift für Handelswissenschaftliche Forschung", N.F. Jg. 7 (1955), S. 22 ff.

HOLTFRERICH, C.-L.: Geldpolitik bei festen Wechselkursen (1948-1970). In: Fünfzig Jahre Deutsche Mark. Notenbank und Währung in Deutschland seit 1948. Hrsg. von der DEUTSCHEN BUNDESBANK. München 1998. S. 347 ff.

ILLING, G.: Theorie der Geldpolitik. Eine spieltheoretische Einführung. Berlin 1997.

IRMLER, H.: Bankenkrise und Vollbeschäftigungspolitik (1931-1936). In: Währung und Wirtschaft in Deutschland 1876-1975. Hrsg. von der DEUTSCHEN BUNDESBANK. Frankfurt a.M. 1976. S. 283 ff.

ISSING, O.: Einführung in die Geldpolitik. 6., überarb. Aufl. München 1996.

-: The Monetary Policy of the European Central Bank: Strategy and Implementation. „Beihefte zu Kredit und Kapital", H. 15 (2000), S. 353 ff.

-: Einführung in die Geldtheorie. 14., wesentlich überarb. Aufl. München 2007.

ISSING, O., CASPAR, V., ANGELONI, I., TRISTANT, O.: Monetary Policy in the Euro Area. Strategy and Decision Making at the European Central Bank. Cambridge 2001.

JAMES, H.: Die Reichsbank 1876 bis 1945. In: Fünfzig Jahre Deutsche Mark. Notenbank und Währung in Deutschland seit 1948. Hrsg. von der DEUTSCHEN BUNDESBANK. München 1998. S. 29 ff.

JARCHOW, H.-J.: Theorie und Politik des Geldes. II. Geldpolitik. 7., neubearb. u. erw. Aufl. Göttingen 1995.

-: Zur Strategie und zum Instrumentarium der Europäischen Zentralbank. „Aussenwirtschaft", Jg. 50 (1995), S. 423 ff.

-: Von der Deutschen Bundesbank zur Europäischen Zentralbank. In: Quantitative Wirtschaftspolitik in offenen Volkswirtschaften: Theoretische Ansätze und aktuelle Entwicklungen. Festschrift zum 65. Geburtstag von H. KUHN. (Hrsg. von K. FARMER, H.-W. WOHLTMANN). Münster 1998. S. 23 ff.

-: Theorie und Politik des Geldes. 11., neu bearb. u. wesentlich erw. Aufl. Göttingen 2003.

JARCHOW, H.-J., RÜHMANN, P.: Monetäre Außenwirtschaft. I. Monetäre Außenwirtschaftstheorie. 5., neubearb. u. wesentlich erw. Aufl. Göttingen 2000.

-: Monetäre Außenwirtschaft. II. Internationale Währungspolitik. 5., neu bearb. u. wesentlich erw. Aufl. Göttingen 2002.

LERBINGER, P.: Zins- und Währungsswaps. Neue Instrumente im Finanzmanagement von Unternehmen und Banken. Wiesbaden 1988.

LIFFE, Short Term Interest Rate Futures and Options. London 1999 (unter www.liffe.com).

MATTES, H.: Securitization. In: Handwörterbuch des Bank- und Finanzwesens. 2., überarb. u. erw. Aufl. Stuttgart 1995. S. 1702 ff.

MC.CALLUM, B.T.: Robustness Properties of a Rule for Monetary Policy. „Carnegie-Rochester Conference Series on Public Policy, Vol. 29 (1988), S.173 ff.

MISHKIN, F.S.: What Should Central Banks Do? „Federal Reserve Bank of St. Louis Review", Vol. 82, No. 6 (2000), S. 5 f.

MISHKIN, F.S., POSEN, A.S.: Inflation Targeting: Lessons from Four Countries. „Federal Reserve Bank of New York Economic Policy Review", Vol. 3, No. 3 (1997), S. 17 ff.

MÖLLER, H.: Die westdeutsche Währungsreform von 1948. In: Währung und Wirtschaft in Deutschland 1876-1975. Hrsg. von der DEUTSCHEN BUNDESBANK. Frankfurt a.M. 1976. S. 433 ff.

MÖLLER, H., JARCHOW, H.-J.: Zur Umlaufsgeschwindigkeit von M3. „Jahrbücher für Nationalökonomie und Statistik", Bd. 215 (1996), S. 308 ff.

NEUBAUER, W.: Strategien, Techniken und Wirkungen der Geld- und Kreditpolitik. Eine theoretische und empirische Untersuchung für die Bundesrepublik Deutschland. Göttingen 1972.

NEUBERGER, D.: Geldmarkt und Geldmarktpolitik. In: Handwörterbuch des Bank- und Finanzwesens. 3., völlig neubearb. u. erw. Aufl. Stuttgart 2001, S. 946 ff.

PERRIDON, L., STEINER, M.: Finanzwirtschaft der Unternehmung. 14., überarb. u. erw. Aufl. München 2007.

PFLEIDERER, O.: Die Reichsbank in der Zeit der großen Inflation, die Stabilisierung der Mark und die Aufwertung von Kapitalforderungen. In: Währung und Wirtschaft in Deutschland 1876–1975. Hrsg. von der DEUTSCHEN BUNDESBANK. Frankfurt a.M. 1976. S. 157 ff.

ROMER, D.: Openess and Inflation. Theory and Evidence. „Quarterly Journal of Economics", Vol. 108 (1993), S. 869 ff.

SCHIERENBECK. H.: Ertragsorientiertes Bankmanagement. Band 2: Risiko-Controlling und Bilanzstruktur-Management. 6., überarb. u. erw. Aufl. Wiesbaden 1999.

SCHIERENBECK, H., LISTER, M., KIRMSSE, S.: Ertragsorientiertes Bankmanagement. Band 2: Risiko-Controlling und integrierte Rendite-/Risikosteuerung. 9., aktualisierte u. überarb. Aufl. Wiesbaden 2008.

SCHIERENBECK, H., HÖLSCHER, R.: BankAssurance. Institutionelle Grundlagen der Bank- und Versicherungsbetriebslehre. 4., vollständig überarb. u. erw. Aufl. Stuttgart 1999.

SCHINKE, C.: Der Geldmarkt im Euro-Währungsraum. Geldmarkt, Zinsbildung und die Taylor Rule. (CeGE-Schriften, Bd. 7). Frankfurt a. M. 2004.

SCHLESINGER, H., BOCKELMANN, H.: Monetary Policy in the Federal Republic of Germany. In: Monetary Policy in Twelve Industrial Countries. (Ed. by K. HOLBIK). Boston 1973. S. 161 ff.

SEIDEL, K.-D.: Die Deutsche Geldgesetzgebung seit 1871. München 1973.

SMITH, W.L.: On the Effectiveness of Monetary Policy. „The American Economic Review", Vol. 46 (1956), S. 588 ff.

STAHN, H.-P.: Geldpolitik. Finanzmärkte, neue Makroökonomie. München 2006.

STOLPER, G., fortgeführt von K. HÄUSER und K. BORCHARDT, Deutsche Wirtschaft seit 1870. 2., erg. Aufl. Tübingen 1966.

STREIT, M.E.: Die deutsche Währungsunion. In: Fünfzig Jahre Deutsche Mark. Notenbank und Währung in Deutschland seit 1948. Hrsg. von der DEUTSCHEN BUNDESBANK. München 1998. S. 675 ff.

STUCKEN, R.: Deutsche Geld- und Kreditpolitik 1914–1963. 3. Aufl. Tübingen 1964.

SVENSSON, L.E.O.: Does the $P^*$ Model Provide Any Rational for Monetary Targeting? „German Economic Review", Vol. 21 (2000), S. 69 ff.

TAYLOR, J.B.: Discretion versus policy rules in practice. „Carnegie-Rochester Conference Series on Public Policy", Vol. 39 (1993), S. 195 ff.

–: The ECB and the Taylor-Rule. „The International Economy", September/October 1998, S. 24 ff.

–: A Historical Analysis of Monetary Policy Rules. In: Monetary Policy Rules. (Ed. by J.B. TAYLOR). Chicago, London 1999.

VEIT, O.: Grundriss der Währungspolitik. 3., durchgängig erneuerte Aufl. Frankfurt a.M. 1969.

# Personenregister[1]



---

[1] Die im Literaturverzeichnis (S. 166 ff.) genannten Autoren sind hier nicht vollständig aufgeführt.

# Sachregister[1]



[1] Die fett gedruckten Ziffern geben die Seiten an, an denen der betreffende Begriff erläutert wird.